유아영재의 이해와 효과적인 영재교육 전략

유아영재교육

이경화 · 박숙희 공저

Education for the Gifted Children

동문사

머리말

Preface

Education for the Gifted Children

『유아 영재 교육』이 출판된 후 6년이라는 시간이 흘러갔다. 그동안 우리나라 영재교육의 현실에는 많은 변화가 일어났다. 특히 영재교육진흥법이 개정되어 제2차 영재교육진흥 종합계획이 발표된 이후 영재교육은 정규 교육과정 속에서 고려되고 더욱 확대되게 되었다. 이에 따라 더욱 논란이 되는 것은 영재란 누구인가? 어떻게 판별할 것이며, 효과적으로 교육할 수 있는 방법은 무엇인가의 문제이다.

영재교육은 분명히 영재를 위한 교육이며, 다양한 영역에서 탁월성을 보이는 영재를 판별하여 선발하고, 그들의 능력과 흥미에 적합한 교육적 지원을 해야 한다. 초기에 비하여 영재교육에 대한 인식에는 많은 변화가 생겼음에도 불구하고 여전히 선발 문제와 관련된 논란은 끊이지 않고 있다. 우리나라도 국가적으로 지원받으며 영재교육이 실시된 지 10여 년이 되어가고 있다. 이제는 영재교육과 관련된 다양한 영역의 사람들이 영재교육에 대해 올바르게 인식해야 할 때이다.

우리나라 영재교육은 초등학교 고학년 시기부터 시작된다. 교육의 문제를 논의할 때 언제나 언급되는 것은 조기교육의 중요성이다. 이는 영재교육에 있어서도 예외는 아닐 것이다. 그럼에도 불구하고 아직까지는 유아기 영재교육에 대한 연구와 지원은 턱없이 부족한 실정이다. 2004년 이 책을 집필할 당시에도 이와 같은 얘기를 언급했었는데 6년이 지난 지금, 이러한 문제를 다시 언급하는 것은 안타까운 일의 하나라고 하겠다.

영재교육은 세계적인 관심을 받으며 발전해가고 있다. 그러나 영재분야에서 유아기만큼 관심을 받지 못하는 영역도 드물 것이다. 인간발달에 있어서 유아기의 중요성은 언제나 강조되고 있지만, 대부분의 어린 유아 영재들은 주목받지 못하고 있는 실정이다. 이는 유아영재는 발달적으로 조숙하며 또래와 비교할 때 인지적인 측면에서 발달상 진행이 빠른 것을 부모나 교사들이 잘 알아차리지 못하거나 이러한 발달에 적절한 반응을 해주지 못하고 있기 때문이다. 만일 영재아가 조기에 영재로 판별되어 그들의 능력에 적절한 문화적, 교육적 혜택을 받지 못한다면 영재들은 학교생활을 성공적으로 할 수 없을지도 모른다. 국가는 유아영재를 위한 교육에 대한 법적인 규정이 있든지 없든지 간에 모든 아동들에게 적절한 교육을 시켜야 할 책임이 있다.

필자는 그동안 유아 및 아동 영재에 관한 연구를 계속해왔고, 이론과 실제가 접목되어야 한다는 언제나 변하지 않는 필자의 관점에 의해 필자가 소속한 대학에서 영재연구원을 운영하면서 조기 영재교육을 실시해왔다. 그동안 현장에서는 유아영재교육에 대한 인식도 많이 달라졌고, 필요성에 대한 요구도 높아져 가고 있다.

유아를 대상으로 하는 영재교육은 유아영재의 특성, 유아영재의 판별 및 영재교육과정 모형과 차별화된 유아영재 교육 프로그램 등에 관해 고려함으로써 시작해야 한다. 즉 유아영재의 구체적인 욕구에 관한 일반화 문제라든가 유아의 특성에 따른 다양한 평가도구나 교육 프로그램의 상대적인 적절성 등을 고려해야 한다. 또한 영재교육 프로그램은 영재들의 인지적, 신체적, 사회적 기술의 발달을 위해 개별화 프로그램으로 구성되어야 하고, 판별 체제에서 중점을 두었던 요인들을 계발시킬 수 있는 특별한 자극을 포함해야 한다. 따라서 프로그램 개발자들은 그들의 목적을 정확하게 정의하여야 하며, 그 목적에 부합되는 기법을 연습해야 한다.

『유아 영재 교육』은 시대적 변화를 반영하여 영재교육, 특히 유아영재교육에 관심을 가지고 공부하고 연구하는 학생 및 연구자들과 유아교사 및 학부모, 영재교육 행정 담당자들이 유아영재교육의 의미와 중요성을 인식할 수 있게 하며, 영재교육을 위한 교육과정 및 교수-학습방법, 영재교육의 현장 적용을 위한 방안 등에 대한 정보를 제공해주고자 하는데 목적이 있다.

이 책은 유아영재교육을 이해하고 이를 실천하는데 도움을 주기 위하여, 유아영재의 개념과 특성에 대한 이해, 유아영재의 판별, 영재교육과정 모형과 교수-학습방법, 유아영재의 창의성 교육 및 영재교육프로그램, 영재 부모의 역할과 상담 등과 관련하여 내용을 구성하였다. 특히 이 책은 필자들이 번역한 「제5판 영재교육(Education of the Gifted and Talented; G. A. Davis & S. B. Rimm 공저, 이경화 · 최병연 · 박숙희 공역)」「유아영재교육의 이해(Gifted Young Children; W. C. Roedell, N. E. Jackson & H. B. Robinson 공저, and Talented; G. A. Davis & S. B. Rimm 공저, 이신동 · 이경화 · 최병연 · 박숙희 공역)」의 내용을 기초로 삼았음을 밝혀둔다.

이 책이 앞으로 영재교육 영역에서 연구자로 실천가로 행정가로, 또한 부모로서 역할을 담당할 많은 사람들에게 유용한 자료로 읽혀지기를 바란다.

이 책이 출판될 수 있도록 도움을 주신 동문사 사장님과 편집국장님께 감사드립니다.

2010년 8월

저자 대표 이경화 씀

차 례

Contents

Education for the Gifted Children

제 1 장 유아영재는 누구인가?

제 2 장 유아영재는 어떤 특성이 있는가?

제 3 장 유아영재의 판별

제 4 장 영재교육과정 모형

제 5 장 유아영재교육 프로그램

제 7 장 영재 부모의 역할

제 8 장 영재아 상담

제 1 장

유아영재는 누구인가?

1. 영재성의 개념과 유아영재
2. 유아영재의 이해와 교육
3. 영재교육의 역사
4. 유아영재교육의 의의

부산영재학교의 최연소 합격자인 부산 해연중학교 1학년 김종욱(13) 군. 김 군은 5,6세 때 책을 통해 일식과 월식을 스스로 깨달은 뒤 부모에게 자세히 설명해 주었다. 그때 부모는 "과학에 관심이 많구나." 하고 생각하게 됐다고 한다. 이때부터 아버지와 어머니는 김 군이 원하는 책을 모두 사주고 읽도록 했다. 하지만 사설학원에는 일절 보내지 않았다. 김 군이 원하지 않았고 부모도 마음이 내키지 않았기 때문이다.

김 군은 오전 7시 일어나 등교하면 오후 4시쯤 귀가한다. 예·복습을 한 뒤 오후 8시부터 자정까지 자유롭게 생활한다. 자유 시간에는 수학과 과학 관련 교양과 전문서적을 본다. 무슨 책이든 일단 들면 다 읽은 후 독후감을 쓸 수 있을 정도로 숙독을 한다. 특히 일기는 초등학교 1학년 때부터 하루도 빠짐없이 쓰고 있다. A4용지 한 장 분량의 일기에는 그날 본 별자리를 그려 넣거나 인상 깊었던 일을 기록한다.

지식정보사회라고 불리는 현대사회에서는 다양한 영역에서 변화가 급속히 일어나게 되고, 글로벌화가 가속됨에 따라 과학, 기술, 지식 정보에 있어서 세계적인 경쟁이 치열해지게 되었다. 이러한 사회적 변화와 더불어 각 나라에서는 인재개발이 주요 이슈가 됨에 따라 발달 초기부터 영재교육 문제에 관심을 두게 되었다. 우리나라도 예외는 아니어서, 부모의 열의에 따른 가정에서의 영재교육에 대한 관심에서 벗어나 국가적, 사회적인 관심으로 이동하게 되었다. 우리나라는 2002년 영재교육진흥법이 제정되어 발표된 이후, 국가적인 지원 하에 영재교육은 지속적으로 발전해가고 있다.

이와 같이 영재교육은 세계적인 관심을 받으며 발전해가고 있다. 그러나 영재분야에서 노인들을 제외하고 유아기만큼 관심을 받지 못하는 영역도 드물 것이다. 인간발달에 있어서 유아기의 중요성은 언제나 강조되고 있지만, 대부분 어린 유아영재들은 주목받지 못하고 있는 실정이다. 이는 유아영재는 발달적으로 조숙하며 또래와 비교할 때 인지적인 측면에서 발달상 진행이 빠른 것을 부모나 교사들이 잘 알아차리지 못하거나 이러한 발달에 적절한 반응을 해주지 못하고 있기 때문이다.

헤드스타트 정책처럼 정부가 지원하는 프로그램의 주요 강조점은 취학전 열악한 환경으로 인해 문화 혜택을 받지 못함으로 인한 학교적응 실패를 방지하고자 하는 것이다. 또한 학습장애 혹은 학습부진아의 경우에도 아동들이 학업에 실패하거나 학업을 중도 포기하지 않도록 하기 위해 정부와 학교는 이를 위한 중재와 개입을 위한 연구와 지원을 아끼지 않는다. 그런데 만일 영재아일지라도 조기에 영재로 판별되어 그들의 능력에 적절한 문화적, 교육적 혜택을 받지 못한다면, 또한 이들이 학교에 들어가서 일반 교육과정에 따라 교육받게 된다면 영재들은 학교생활을 성공적으로 할 수 없을지도 모른다. 국가는 유아영재를 위한 교육에서 법적인 규정이 있든지 없든지 간에 모든 아동들에게 적절한 교육을 시켜야 할 책임이 있다.

유아영재들이 잘 드러나지 않으며 그들에 대한 교육적 관심을 기울이지 않는 또 다른 이유가 있다. 많은 전문가들은 유아들이 어려서 나타내는 징후들이 매우 불안정적이므로 이러한 징후들이 커서도 계속 나타날 것인가에 대하여 매우 회의적으로 생각하고 있는 것이다. 이러한 상황 때문에 우리는 가능성이 있는 유능한 유아들을 교육시키거나, 특히 어려운 환경에 있는 유아의 경우에는 더욱 그들이 지닌 영재성을 확인할 소중한 기회조차 얻지 못하게 되는 것이다.

따라서 출생에서 7세까지 유아들의 영재성에 대하여 우리는 무엇을 알고 무엇을 모르고 있는지, 이들을 위해 할 수 있는 것이 무엇인지 등을 파악하는 것은 매우 중요한 일이다.

제1장에서는 영재성의 개념과 유아영재에 대해 살펴보고, 영재교육의 역사와 유아영재교육의 의의를 살펴보기로 한다.

Section

1. 영재성의 개념과 유아영재

'영재성의 개념'은 매우 복잡한 것으로서 보편적으로 수용되는 '영재', '재능', '영재성'에 관한 단일한 정의는 없다. 전문가들조차도 이러한 용어들을 애매하고 일관성 없게 사용하는 경우가 많으며, 해마다 그 설명 또한 달라지고 있으므로, 오늘날에는 이 개념이 여러 학자에 따라 다양한 의미로 해석되게 되었다.

따라서 영재성에 대한 개념 정의는 그 사회가 추구하는 가치에 따라 달라진다. 원시적이지만 안정된 사회에서는 영재란 가장 유능한 사냥꾼이나 능력 있는 이야기꾼이었을 것이다. 하지만 오늘날과 같이 발전되고 복잡한 사회에서는 일반적으로 추상적 추론에서의 수월성이 중요한 재능으로 인식된다. 우리는 올림픽 금메달리스트와 유명한 음악가, 그리고 존경받는 저명한 정치가, 과학과 문학 부문에서의 노벨상 수상자들이 가진 재능을 또한 영재성이라 간주한다. 그러나 우리 사회에서든 혹은 다른 어떤 사회에서든지 특별히 잘한다고 해서 그 모든 것이 영재성의 증거로 받아들여지는 것은 아니다.

영재성의 개념을 정의하는 데는 대부분 전문적인 탁월함이나 인정될 만한 성취 등이 포함된다. 이는 지능검사에서의 높은 점수와 반드시 일치하지 않을 수 있다. 이는 오히려 현실생활에서의 탁월한 수행과 일치한다. 성인 영재임을 증명하는 것은 과학적 발견, 정치적 승리, 아름다운 서정시, 철학 등과 같이 그가 산출하는 산출물이다. 잠재적으로 높은 능력을 가진 사람일지라도 그 재능이 드러나지 않는다면 영재로 여겨지지 않을 수 있다.

그러나 성공에 대한 기준이 명확하지 못한 영재아들은 그들의 영재성을 최대한 확산하여 실현시킬 수 있는 기회가 부족하다. 재능은 길러질 수 있다고 전제하고 이를 확인한다는 관점에서 영재아를 판별하게 되므로 아동들의 영재성에 대한 개념이 검사수행이라는 관점에 의해 정의되기 쉽다. 아동들에 관한 연구에서 영재성은 종종 지적 조숙성의 형태로 간주되고, 일반지능검사에서의 높은 점수로 정의된다. 높은 수준의 수행에 대한 규준은 연구에 따라 달리 설정된다. 대부분 연구들은 IQ 120~140을 최소 규준으로 구체화하지만, 많은 실례에서 영재성의 한계를 최고 IQ 160~180으로 정의한다.

최근 영재의 정의가 광범위해졌다. 미국교육위원회(1972)에 따르면, 영재를 정의하는데 인지적 능력과 학업 적성의 측정에서만이 아니라 창의성, 리더십, 시각공연예술에 대한 재능, 심리운동 능력으로 정의되어 판별된다. 하지만 아무리 다양한 준거를 제시한다고 해도 이러한 영재성에 관한 논란을 해결하지는 못한다. 즉, 영재성이 잠재적인 단계에서 하나의 속성을 이해하기 위한 다른 방법들로 구성된 하나의 현상인가? 아니면 비교적 독립적인 차별적 요소들로 구성된 다원적(multifactorial)인 것인가?

아직까지 영재성을 발견하기 위해 다양한 준거를 사용해야 하지만, 만일 영재성을 단일 특성이라고 본다면, 우리가 아는 영재성이란 한 가지를 잘하면 다른 모든 것도 잘할 수 있다는 것이다. 이러한 가정은 높은 능력이란 수많은 영역과 관련되어 있으므로 능력이 높은 사람은 다양한 영역에서 성취를 이룰 수 있다는 것이다. 예를 들어, 뛰어난 읽기 능력을 지닌 아동은 추리나 수학에서 또한 신속한 학습능력을 나타낸다는 것이다. 이렇게 단일 특성이라는 기준으로 볼 때, 영재성을 다양한 기준으로 정의하는 것은 마치 장님이 코끼리를 설명하는 것과 같이 영재아가 지닌 단일한 현상을 각기 다르게 표현하는 것과 같다. 단일에 관한 잠재능력의 다른 측면을 제시하는 것 중 기준에 관한 가설은 몇몇의 교육체제에서 프로그램을 설계하기 위한 기초를 제공한다(Pennsylvania Department of Education, 1973). 그래서 영재아를 위한 어떤 프로그램에서는 비록 그것이 다양한 여러 영역에서의 성취를 근거로 하여 아동들에게 허용되도록 설계되었을지라도 일단 등록된 아동들을 유사한 대상으로 다룬다. 어떤 것에 의해 판별되었건 지도력, 예술 능력 혹은 수리적 추론 기술을 지닌 모든 영재아들은 그들의 개인차를 반영하여 구성된 단일 프로그램에 함께 참여함으로써 이득을 얻는다.

그러나 만일 영재성을 다양한 재능과 기술로 구성되었다고 본다면 이들은 다소 독립적인 것으로 각 능력들이 일치된 것이라 여기지는 않을 것이다. 교육에 있어서 3R(reading, writing, arithmetic)을 고려할 때, 만일 이러한 세 학문 영역에서 기술이 독립적이라면 한 영역에서 높은 수준을 나타낸다고 해서 다른 영역에서도 동일하게 높은 수준이 되어야 할 필요는 없다. 읽기, 쓰기 혹은 산수에서 뛰어난 아동이 다 동일한 아동은 아니다. 마찬가지로 예술적 재능이 뛰어난 사람이라고 해서 학문영역에서도 뛰어나리라고 기대할 수는 없다. 여러 가지 다양한 종류의 성취를 기준으로 아동들을 다루도록 고안되긴 했으나 실제로 영재성의 다요인적 개념을 기초로 한 프로그램은 다면적이다. 수학 영재아를 위한 프로그램은 언어, 대인관계 및 예술 영재아를 위한 프로그램과는 다르게 구성되어야 한다. 이와 같이 다양한 유형의 영재아들이 가진 독특한 재능을 기르기 위해서는 다른 준비가 필요하다. 다시 말하면, 영재성의 정의는 교육 프로그램을 만드는 데 있어서 직접적이고 반드시 있어야 하는 것이다.

비록 영재성의 형태는 다양할지라도 영재아에 관한 대부분 연구에서 영재성을 지적으로 뛰어난 능력이라는 관점으로 보았다. 그러나 지능에 의해 영재성을 정의하는 것은 영재성을 단일 요인으로 여길 수 있는지 없는지에 대한 문제를 극복하지는 못한다. 사실, 지능 그 자체가 단일 요인인지에 관해서는 계속적으로 논의되고 있기 때문이다.

한편 일반인들은 영재에 대해 신화(myths)를 가지고 있다. 영재에 대한 몇 가지 신화를 살펴보면 다음 **표 1-1**과 같다.

＊ 표 1-1 영재아에 관한 몇 가지 신화의 이해

대중적으로 알려진 보편적 신화
영재는 모든 것을 그들 뜻대로 한다.
영재는 도움 없이 성공할 수 있다.
영재의 특수능력은 언제나 가족들로부터 칭찬받는다.
영재는 무엇보다도 그들이 가진 지적 능력에 대해 일차적인 가치를 두어야 한다.
영재는 정서적으로 좀 더 안정적이고 성숙되어 있다.
영재는 모든 것을 갖추고 있다.
영재는 선천적으로 사회적으로 고립되기를 원한다.
부모 혹은 교사들 간에 인식되는 신화
영재는 얘기해주지 않는 한 자신이 남과 차이가 있다는 것을 인식하지 못한다.
영재는 자신이 가진 영재성을 나타낼 것이다.
영재가 지닌 영재성은 그 무엇보다도 강조될 필요가 있다.
영재는 그들이 성취하게 된다면, 다른 사람들에 의한 지속적인 도전을 요구한다.
영재는 다른 아동들에 비해 원리를 좀 더 설명해주길 요구한다.
영재는 다른 사람들에 대한 또 다른 책임감을 가져야만 한다.
영재는 다른 아동들에 대한 '모범사례'로 봉사하기를 즐긴다.

'영재'와 '재능'이라는 용어를 정의하는 것은 다음과 같은 이유로 중요하고도 복잡한 문제이다. 첫째, 특정한 교육기관에서 선택한 영재에 관한 정의는 영재의 판별과 그에 따른 영재교육 대상자 선별에 영향을 미칠 것이다. 둘째, 영재에 대한 특정한 정의와 그에 따른 판별 방법은 빈곤층, 소수민족, 장애인, 부진아, 그리고 어떤 경우에는 여성 영재와 같은 계층을 차별시킬 수 있을 것이다. 셋째, 영재와 재능에 관한 정의는 프로그램 설계와도 관련이 있다. 영재와 재능의 구체적인 유형에 따라 제공되는 프로그램이 다를 것이다. 넷째, '영재아'라는 명칭은 자아존중감과 자기 기대감을 향상시킬 수 있다는 긍정적 측면뿐만 아니라 또래들이나 형제·자매로부터 소외될 수 있다는 부정적인 측면도 있다.

Cox(Cox, Daniel, & Boston, 1985)는 영재라는 용어 대신에 '유능한 학습자(able learner)'라는 용어를 선호한다. 또한 Renzulli(1986, 1991b; Treffinger & Renzulli, 1986)는 '영재 행동(gifted behaviors)'이라는 말을 제안했는데

영재 행동은 특정한 시기와 상황에서 특정한 아동에게 발달될 수 있다고 한다. Renzulli 등은 영재아 판별의 대상이 되었던 아동들에게 판별의 결과로서 '평재', '영재'라는 명칭을 부여해서는 안 된다고 한다.

영재에 대한 일부 정의는 조작적으로 정의되어서 판별의 지침이 되기도 한다. 예를 들어, Stankowski와 미국 교육부의 정의가 그렇다. 또한 어떤 정의들은 판별을 안내하기도 하지만 영재아들이 갖고 있는 명확한 특성을 더 중요시한다. Renzulli의 세 고리 정의, 일반 영재와 특수 재능 혹은 수행을 강조한 Cohn과 Gagné의 정의, Taylor의 다중-재능 토템 기둥, Gardner의 다중지능이 그러한 정의의 예이다.

1) Stankowski의 정의

Stankowski(1978)는 영재와 재능에 대한 정의를 다음 **표 1-2**와 같이 다섯 가지로 범주화했다.

*** 표 1-2** 영재성의 정의 분류

정의의 범주	특 성
수행결과 정의	어느 한 분야의 뛰어난 성취를 강조 인간 활동의 가치 있는 영역에서 뛰어난 성취를 지속적으로 보여주는 사람
IQ 정의	지능검사에서 높은 점수를 획득한 사람(Stanford-Binet 검사에서 IQ 135 이상을 획득한 사람)
퍼센트 정의	학교에서 고정된 비율에 해당되는 학생, 이 기준은 지능검사, 전체성적, 수학이나 과학과 같은 특정 영역 성적을 기준 퍼센트는 15 ~ 20%, 혹은 좀 더 엄격하게 1 ~ 5%로 정할 수 있으나 퍼센트는 이용 가능한 공간, 시설, 인적 자원, 전체 아동 중 5%는 영재라는 통념 등을 근거로 설정
재능 정의	미술, 음악, 과학, 다른 심미적, 학문적 분야에 우수한 사람
창의성 정의	창의적 능력이 우수한 사람

2) 미국 교육부의 정의

1972년 미국 교육부의 정의에 따르면, 영재란 능력이 뛰어나고 탁월한 성취를 보일 가능성이 있는 자로서, 그들이 자아를 실현하고 사회에 공헌하기 위해서는 정규학교 교육과정이 제공하는 것 이상의 특수한 교육 프로그램과 지원을 필요로 하는 아동들이라고 본다. 그리고 그 능력들을 일반적 지적 능력, 특정교과에 대한 능력, 창의적 사고 능력, 리더십, 예능계 능력, 심리운동 능력의 6개 영역으로 나누어, 영재란 이와 같은 분야에서 우수한 성취를 입증했거나 그러한 성취를 할 잠재력이 있는 아동으로 보아 영재의 개념을 일반지능에만 국한시킨 것이 아니라 넓은 개념으로 보았다.

3) Renzulli의 세 고리 모형

사회에 공헌하는 창의적, 생산적 사람이나 위인들에 대한 기술을 바탕으로 Renzulli(1986; Renzulli & Reis, 1991b)는 "영재 행동이란 평균 이상의 일반 혹은 특수 능력, 높은 과제 집착력(동기), 높은 창의성과 같은 세 가지 기본적인 인간 특성의 상호작용으로 나타난다. 영재아와 재능아는 이러한 특성들을 소유하고 있거나 장차 발달시킬 가능성이 있는 아동으로서 인간이 수행하는 잠재적으로 가치 있는 분야에 이러한 특성들을 적용하는 아동이다."라고 하였다. 그는 이 세 가지가 비슷하게 중요하며 적어도 각 특성이 85% 이상이면서 적어도 한 가지 특성에서는 98% 이상일 때

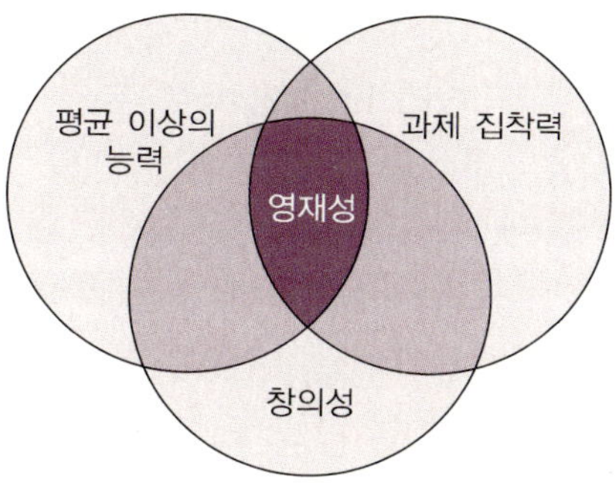

그림 1-1 Renzulli의 세 고리 모형

뛰어난 성취를 할 가능성이 더 높아지며 일반 학생의 15~20%가 영재교육의 대상이 되어야 한다고 주장하였다. 이와 같은 Renzulli의 관점에 의하면 영재교육의 대상이 되는 학생의 폭이 확대된다.

4) 일반 영재성과 특수 재능

어떤 교육자들은 지적으로 매우 우수한 사람을 영재아라고 하고 예술, 수학, 과학 등과 같은 한두 영역에서 우수한 기능이나 능력을 가진 사람을 재능아라고 한다. 이처럼 일반적 영재와 특수 재능의 개념에 관한 몇 가지 견해가 있다.

먼저 Cohn(1981)은 영재성을 지적, 예술적, 사회적 영역으로 구분하고 있는데 이것은 또다시 재능의 범주로 각각 구분된다. 지적 영재성은 수량적 재능, 언어적 재능, 공간적 재능, 기타 특수 재능 등의 영역으로 나뉜다. 예술적 영재성은 미술 재능, 공연예술 재능과 기타 특수 재능 영역으로 구분된다. 사회적 영재성은 리더십 재능, 감정이입 및 이타주의적 재능, 그리고 기타 특수 재능 영역으로 분류된다.

한편 Gagné(1985, 1991)는 Cohn과 Renzulli의 모델을 바탕으로 영재와 재능 간의 구분에는 능력과 수행 간의 심리학적 구분이 반영되어야 한다고 주장하였다. 즉 영재아는 지적, 창의적, 사회정서적, 감각 운동적, 그리고 그 밖의 일반 능력 영역에서 보통 이상인 사람이다. 재능아란 재능으로 간주될 수 있는 수학, 음악, 천문학 등의 영역에서 보통 이상의 수행을 보여주는 사람이다. Gagné는 흥미, 인성, 환경 등은 특별한 재능을 갖도록 해주는 촉매제 역할을 하며 능력과 결합된 동기는 재능을 표현하는 강도에 영향을 미친다고 하였다. Gagné의 능력-수행 구분이 의미하는 바는 저성취아(부진아)는 잠재력은 있지만 그것을 실제로 수행할 수 없기 때문에 영재아로 분류될 수 있지만 재능아로는 분류될 수 없다는 것이다.

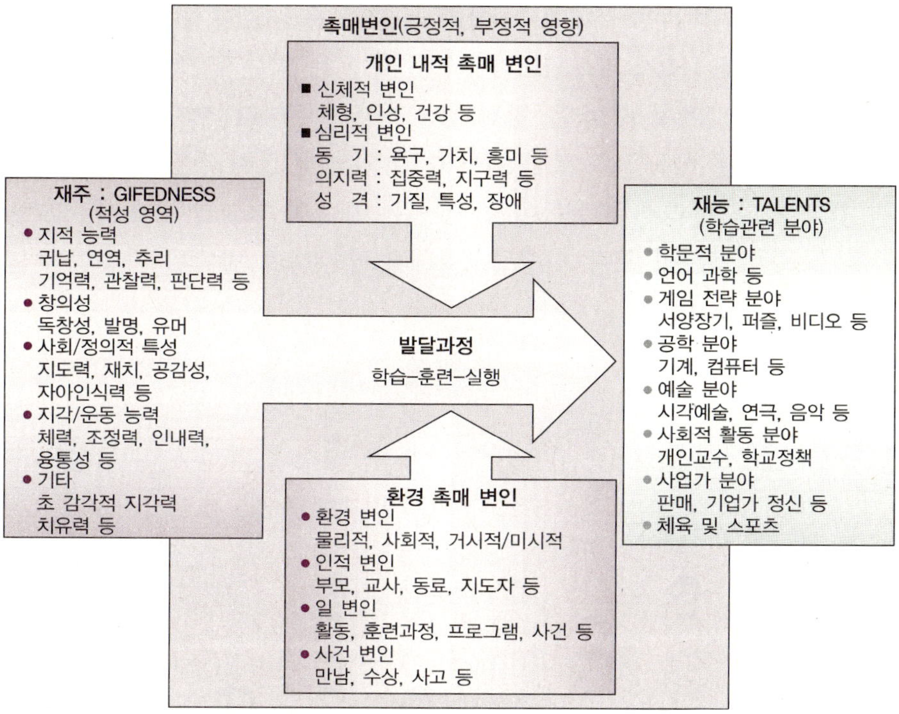

그림 1-2 F. Gagné(1991)의 영재 및 재능 개념

5) Taylor의 다중-재능 토템 기둥

Taylor(1978, 1986, 1988)의 다중-재능 토템 기둥(multiple-talent totem pole) 개념은 영재와 재능을 정의한 것이라기보다는 대다수의 학생들은 특수한 기능이나 재능을 보유하고 있을 것이라는 인식을 갖도록 해준다. Taylor는 학업적 재능, 생산적 사고 재능, 의사소통 재능, 예측 재능, 의사결정 재능, 계획(설계) 재능, 실행 재능, 인간관계 재능, 기회분별 재능과 같은 9가지 재능을 제안했다. 이러한 재능 중 생산적 사고 재능, 의사소통 재능, 예측 재능, 의사결정 재능, 계획(설계) 재능은 창의성과 문제해결에 기여하는 '사고 재능'이라고 한다. 한편 실행 재능, 인간관계 재능, 기회분별 재능은 '실행 재능'이라고 한다.

다중-재능 토템 기둥 개념은 영재와 재능을 어떻게 정의할 것인가와 누구를 영재로 판별해야 할 것인가와 같은 문제를 야기시킬 수 있다. 즉 강조하는 재능이 무엇이냐에 따라 각기 다른 아동들이 판별될 수 있다. 예를 들어, **그림 1-3**에 따르면 '의사소통 재능'은 영주가 가장 우수하지만 '예측 재능'과 '계획 재능'은 명진이가 가장 우수하다. 이에 대해 Taylor (1986)는 "모든 아동들은 토템 기둥의 전 영역에 걸쳐 강점과 약점 모두를 갖고 있다. 따라서 아동들이 갖고 있는 재능이 학교를 통해서 계발될수록 그러한 재능이 보통 이상 혹은 매우 우수하게 발달될 가능성이 많아진다."라고 하였다.

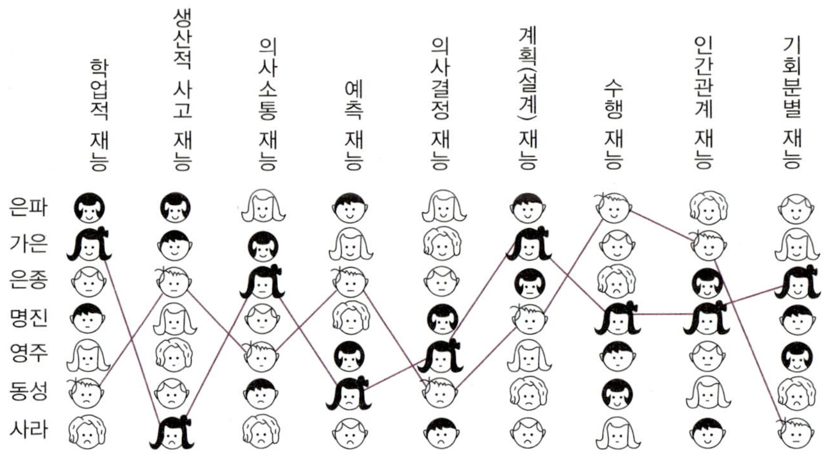

그림 1-3 Taylor의 다중-재능 토템 기둥

영재 프로그램이 모든 혹은 대부분 아동들의 독특한 강점과 재능을 수용하려고 한다면 이것은 모든 아동들을 위한 심화학습 프로그램이 될 것이기 때문에 영재 프로그램의 질은 떨어지게 될 것이다. Taylor의 영재성에 대한 포괄적 정의는 아동들을 지각하고 이해하고 가르치는데 도움을 줄 수 있는 하나의 적절한 방법으로 보는 것이 좋을 것이다.

6) Gardner의 다중지능

Gardner(1983, Ramos-Ford & Gardner, 1991)의 지능에 대한 개념은 영재교육 담당자들의 관심을 불러일으켰다. Gardner의 이론은 부분적으로 뇌손상 환자들의 증상(뇌손상은 흔히 특정한 영역의 기능을 방해하지만 다른 영역은 정상적으로 기능을 한다)을 바탕으로 하고 있다.

많은 교육자들은 Gardner가 제안한 지능을 7가지 형태의 재능으로 간주한다. 7가지 지능을 간략히 살펴보면 다음과 같다.

- 언어 지능 : 언어 이해, 구문론, 의미론, 문어체와 구어체 표현과 관련이 있으며 소설가나 변호사에게 필요한 지능이다
- 논리-수학 지능 : 수학자나 물리학자에게 필요한 것으로 귀납적, 연역적 추론과 수학이 포함된다.
- 공간 지능 : 3차원 도형을 표상하거나 조작할 수 있는 능력을 의미하며 건축가, 공학자, 실내 장식가, 조각가 등에게 필요하다.
- 음악 지능 : 음의 고조 변별, 리듬이나 음색에 대한 민감성, 음악 감상력, 작곡 등이 포함된다.
- 신체 운동 지능 : 과제 수행이나 산출을 목적으로 신체의 전부 혹은 부분을 사용할 수 있는 능력으로 무용수, 체육 선수에게서 나타난다.
- 대인간 지능 : 타인의 행동과 동기를 이해하고 타인에 대한 지식을 바탕으로 합리적이고 생산적으로 행동할 수 있는 능력으로 상담가, 교사, 정치가 등에게 필요한 능력이다.
- 개인 내적 지능 : 자신, 즉 인지의 강점과 약점, 사고유형, 감정, 정서 등에 대한 이해를 의미한다. 또한 이 지능은 계획 수립과 활동 수행에서의 지식을 사용하는 능력과 관계가 있다.

이러한 7가지의 지능 이외에 Gardner는 자연 지능과 실존 지능을 추가하여 9가지 지능으로 구분하였다. Gardner의 정의가 시사해 주는 것은 영재아를 담당하는 교육자들은 영재의 증거로서 각 영역에서의 강점을 살펴보고 그러한 능력을 계발하는데 도움을 줄 수 있는 활동을 계획해야 한다는 것이다.

7) Clark의 지능의 통합적 기능

Clark(1997)은 지능이 가진 일반적 기능 이외에 탁월한 성취를 위한 좀 더 발전되고 심화된 지적 기능이 있다고 가정하였다. Clark은 인간의

뇌에는 인지적, 정의적, 신체적 영역과 통찰적 영역을 포괄하는 통합적 구조가 있다고 주장하며 **그림 1-4**와 같은 모형을 제안하였다. 이와 같은 뇌의 기능은 유전과 환경이 통합되어 상호작용한 결과로 발달되는 것으로, 각 영역은 상호작용적이다.

Clark은 지능의 각 요인이 분리되어 작용한다는 관점에 반대하고, 뇌의 네 영역의 각 요소들은 서로 조화를 이루며 함께 작용하는 것이라는 사실을 강조하였다.

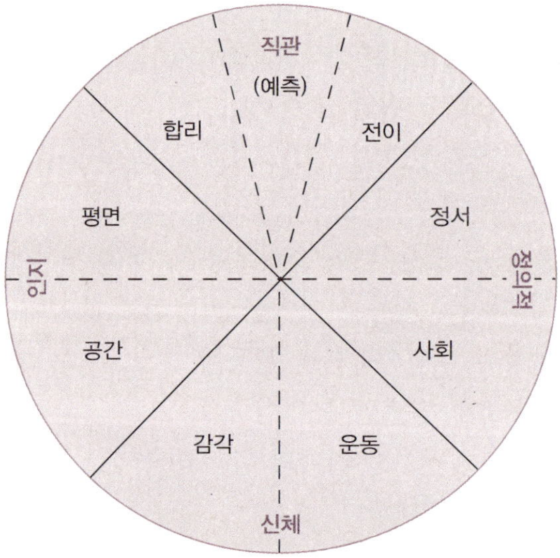

그림 1-4 Clark의 지능의 통합모형

8) 영재교육진흥법

영재교육진흥법(법률 제6215호, 2000.1.28)에 의하면 제2조 1항에서 영재는 재능이 뛰어난 사람으로서 타고난 잠재력을 계발하기 위하여 특별한 교육을 필요로 하는 자를 말한다. 제5조 1항에서는 영재교육 대상자는 일반지능, 특수학문적성, 창의적 사고능력, 예술적 재능, 신체적 재능, 기타 특별한 재능이 있는 자를 말한다. 영재와 유사하거나 관련이 있는 용어들의 의미를 살펴보면 다음과 같다.

첫째, 영재아(gifted)이다. 영재아를 특수아의 한 범주에 넣는다면 학문적 우수아(academically talented)로 간주하는 경향이 있다. 고도의 영재(highly gifted)란 IQ가 160~170 이상으로 인구 중에 0.03% 미만의 아동이 이 그룹에 속한다.

둘째, 재능아(talented)이다. 영재아와 동의어로 쓰이고 있어 음악적인 영재아 또는 음악적인 재능아라고 혼용을 하고 있다. 영재라는 구조는 지능만을 일컫는 단일 개념보다는 복합적 지능과 재능을 모두 포함하는 광의의 의미이다. Gardner는 지능을 7가지 종류로 구분하여 나누었으며 문화와 시대의 변천에 따라 다르고 영재의 한 개념 속에 포함된다고 할 수 있으며 대인관계가 뛰어나거나 대화에 능숙한 것도 재능의 하나가 될 수가 있고 넓은 의미로는 그러한 사람도 재능아이다.

셋째, 조숙아(precocious child)이다. 나이에 비해서 기대되는 이상으로 역량을 보이는 아동으로 조기에 재능이 비상하게 싹트는 아동을 말하며 지적인 조숙아나 음악, 미술 등의 영역에서 조숙한 현상을 보이는 아동이 있다.

넷째, 신동(prodigy)이다. 10세 이전에 특별한 영역에서의 능력이 어른 수준에 이른 경우를 말한다.

다섯째, 천재(genius)이다. 어떤 영역에서 극단적으로 고도의 수준에서 능력을 발휘한 사람을 말하며 Webster의 사전에는 대개 IQ 140이나 그 이상의 지능지수를 가진 사람 또는 탁월한 정신적 우수성, 창의성과 능력을 부여받은 사람을 말한다.

따라서 영재는 능력이 뛰어난 사람을 말하는데 지적 능력, 사회적으로 가치가 있는 여러 가지 능력, 과제집착력, 자존심, 기회, 창의성 등과 같은 비지적 요소가 중요하며 영재성이 계발되어 특수재능으로 발현된다. 그리하여 영재란 특정한 분야에서 뛰어난 능력을 보이거나 탁월한 재능을 나타내는 사람을 말한다.

지금까지 살펴본 바와 같이 모두가 동의하는 영재와 재능의 정의는 없으며, 프로그램이 택하는 특정한 정의는 판별 도구와 절차에 영향을 미칠 것이다. 또한 프로그램이 선택한 도구와 의사결정 준거는 실제로 누가 영재아와 재능아인지, 즉 누가 특별한 교육을 받을 것인지를 실제적으로 정의할 것이다.

사진 1-1 유아영재 : 수 활동

Section

2. 유아영재의 이해와 교육

대체로 어떤 분야에서든지 간에 또래에 비해 현저하게 탁월한 능력을 보이는 유아를 유아영재로 간주할 수 있다. 또한 또래 유아보다 발달 속도가 훨씬 빠른 유아도 포함시킬 수 있다. 이러한 유아들이 가진 영재성은 그들의 재능분야에서 적절한 훈련을 받게 된다면 그들의 발달적 징후는 탁월하게 진보할 수 있을 것이다.

지금까지 유아영재에 관한 연구는 인지나 학습 분야에서 영재성을 보이는 유아에게 초점을 맞추어 진행됐다. 대부분 연구들은 탁월한 성취를 이룬 사람들의 유아기, 영재성과 관련된 부모의 육아형태, 영재성의 조기발견, 일반적인 또는 특수한 능력의 안정성, 인지 능력이 가속화되는 시기 그리고 유치원 조기 입학 등을 주제로 하여 진행되었다. 그리고 조기의 중재개입은 인지 능력을 신장시키는데 효과적이라는 결과가 보고되고 있다(송인섭, 이경화 외 공역, 2009, pp. 232~241, 요약 및 재정리).

1) 저명인사의 유아기 가족경험 회고

초기에 유아영재에 관해 연구하기 위해서 저명인사의 유아기 시절에 대한 회고를 분석하는 방법을 사용하였다. 즉 전기문 형식의 연구는 가족에 대해서 부정적인 관점을 가졌거나 긍정적 관점을 가졌거나 간에 그들이 경험한 가족과의 관계에 대해서 광범위하게 조사하여 요약한 것에 의하여 이루어진다.

대개 그들은 유아기 때 조숙하였으며 가족으로부터 지지와 격려를 받았다. 일반적인 가정에서 유아영재들이 영재교육의 혜택을 받을 수 있었던 것은 아니지만 어릴 때부터 성장 과정에서 가정으로부터 많은 지지를 받으면서 자랐음을 알 수 있다. 어떤 가족들은 장기적인 안목으로 성공과 성취를 위한 탁월한 능력과 결부된 자기신뢰감, 독립심, 자기주도성, 창의성을 기를 수 있도록 해 주었다(Olszewski, Kulieke, & Buescher, 1987; Olszewski, Kubilius, 2002).

2) 영재 아동의 유아기

성인기 이전에 영재아로 판명된 아동들에 관한 연구들을 살펴보면, 그들은 유아기 때부터 또래들과는 다른 특별한 특성을 나타내었다. Gross (1993, 2004)의 종단연구에 의하면 8세 이하에 영재아로 판명된 아동들은 또래들보다 더 일찍 걷고, 말하기와 읽기를 시작하였다. 또한 이들은 학업성취에서뿐만 아니라 사회적으로도 성공적이었음을 알 수 있었다. 그런데 이들의 가정 배경을 살펴보면 특별히 가족들의 학벌이 높거나, 부모의 양육태도가 지지적이고 호의적인 것만은 아니었다. 따라서 사실 영재아동들의 유아기는 좀 더 나은 가정환경과 연관되는 경향이 있기는 하지만 유아가 영재가 되는 것이 가정환경만으로 이루어지는 것은 아니라는 것도 알 수 있다. 그들은 실제 어릴 때부터 일반 아이들과 매우 다르며 그들의 부모는 읽기, 놀기, 리듬 타기, 노래하기, 흥미 있는 곳에 견학 가기와 같은 중요하고 결정적인 활동들은 하는데 유아들과 대부분의 시간을 보낸다.

Oxford, Spieker, 그리고 Robinson(2006)은 영아기 부터 조사해온 1,000명

가운데 4, 5학년에서 상위 12% 이내에 드는 아동들을 대상으로 유아기의 양육경험을 조사하였다. 연구자들은 이전에 특별한 성취를 보이는 54개월 된 유아들을 대상으로 가정의 소득, 어머니의 학력, 어머니의 진취적 신념, 아이에 대한 민감성, 초기의 유아 언어, 수행 통제력 등을 조사하였는데 이러한 요인들은 초등학교 입학 이후 나타내는 학업적 탁월성과 관련이 있는 것으로 나타났다.

3) 발달의 비동시성

다른 영재아들과 마찬가지로 유아영재는 발달에 있어 각각의 영역이 다르게 발달하는 경향이 나타난다. 예를 들면, 인지적 발달은 정서적 통제와 운동기능보다 더 앞서서 발달한다. 이러한 현상은 영재성 연구의 초기부터 알려져 왔다(Hollingworth, 1931; Terman, 1931). 연령이 어릴수록 그 불일치는 더욱 크다고 할 수 있다(Silverman, 2002). 인지 능력에 있어서도 수학 조숙아의 경우(Robinson et al., 1997) 그들은 수학 능력이 공간, 언어 능력보다 뛰어났지만 공간, 언어 능력이 다른 또래의 일반아들보다는 높은 경향이었다.

지금까지 영재의 특성과 영재교육에 대한 관심이 높아지고 있기는 하지만 유아영재에 대해서는 잘 알려져 있지도 않고 연구도 미진하다. 유아영재의 연구와 관련하여 논란이 되는 문제가 있다.

첫째는 성숙의 문제이다. 즉 유아영재가 생활연령이 유사한 다른 일반 유아들에 비해 그들의 추론이나 학습이 질적으로 다른가? 또는 정신연령이 유사한 연상의 아동들과 더 유사한가? 이 문제는 변화가 매우 빠르고 급속하게 변하는 유아기에 있어 매우 중요한 연구과제가 될 것이다. 둘째는 발달과제의 문제이다. 지능이 높은 것에 의해 유아기의 발달적 이정표는 얼마나 영향을 받는가? 초기 발달 이정표의 기준은 무엇인가? 예를 들어, 진보된 능력은 다른 사람이 어떻게 생각할지를 이해하는 데에 영향을 미칠 것인가? 영아의 낯가림이나, 자기조절 능력과 만족 지연, 공포나 두려움에 대해서도 영향을 미칠 것인지 등에 관해서도 알아보아야 할 것이다.

우리가 유아영재에 대해서 확실하게 알지 못하고 지식이 거의 없다는 것을 인식하고 유아영재를 어떻게 정의하고 판별할 것인지, 유아영재들에게 어떤 수준에서 적절한 교육적 지원을 해야 할 것인지, 교사들의 개입 정도는 어떠해야 할 것이며 조기 입학과 같은 속진 및 심화교육은 어떻게 해야 할 것인지 등이 유아영재 교육을 위해 우리에게 주어진 과제라고 할 수 있다.

만일 우리가 영재성이 있거나 잠재력이 뛰어난 유아들을 교육하고 그들의 재능을 계발시키기 원한다면 우리가 조금 더 일찍 효과적으로 개입하고, 더 성공적으로 할 수 있는 것이 무엇인가를 알아야 할 것이다.

사진 1-2 Charles 초등학교

3. 영재교육의 역사

선천적으로 재능을 부여받은 아이들은 많은 사람의 관심 대상이 되고 끊임없이 대중들의 시선을 모으게 되어 때로는 스타와 같이, 때로는 경계의 대상으로 보인다. 그런데 일단 영재들이 지닌 재능과 특성이 탁월하다는 점이 평가받게 되면 지나치리만큼 찬사를 보내고 이를 부각시키려 노력한다. 그러나 조기에 영재성을 드러낸 이들이 적절한 영재교육을 받지 못한 채 그 능력이 사장되어 버리면 곧 그들은 잊히고 무시되어 버린다.

영재교육 전문가들은 영재가 지닌 특별한 특성과 가치를 인정하고, 이러한 아동들이 특별한 영재교육을 받아야 한다는 필요성을 인식한다. 그러나 비전문가들은 이러한 아이들을 위한 특별 교육이 엘리트주의적인 교육으로서 평등주의에 위배되며, 차별화된 교육은 사치스럽다고 믿기도 한다.

우리는 정상분포곡선에서 평균집단에 너무 집착하는 경향이 있다. 정상분포상에서 상위에 속하는 아동들은 하위에 속하거나 평균 정도에 해당하는 아동들만큼이나 고려의 대상이 되어야 한다. 능력과 행위에 있어서 정상분포는 자연스럽게 이루어지는 것이다. 따라서 각기 차별적 능력을 가진 아동들에게 그들의 능력에 상응하는 교육적 배려가 있어야 한다. 모든 아동들은 그들의 능력에 맞게 평등한 교육적 기회를 취할 권리가 있는 것이다. 수월성(excellence)과 공평(equity)의 원리는 모두 실현될 수 있어야 한다.

현재 수많은 영재아와 재능아들이 그들의 능력을 인정받지 못하거나 그들의 요구를 충족시키지 못한 채 학교 교육을 받고 있다. 그들 중 일부 아동들은 몇 년 전에 이미 습득한 기능이나 개념을 다른 동료들이 학습할 때까지 인내심을 갖고 기다린다. 또 어떤 아동들은 학교에서의 단조로움을 피하기 위하여 아픈 체하거나 다른 구실을 찾는다. 뿐만 아니라 어떤 영재들은 일찍 자퇴함으로써 학교 공부를 완전히 포기해 버리기도 한다.

이처럼 학교생활을 지루해하는 아동들과는 달리 일부 영재아들은 학교 교육을 어느 정도 수용하지만 그들의 지적, 창의적, 혹은 예술적 욕구를 형식적인 교육 기관 밖에서 충족시킨다. 이들 중에는 부모의 재정적 지원을 받을 수 있는 운 좋은 아동들이 있다. 그러나 그러한 지원을 받을 수 없는 대부분의 아동들은 자신들의 재능을 스스로 계발해야 하거나 그렇지 못할 경우에는 재능 계발을 포기해야 하기도 한다. 이러한 아동들의 학업 성장은 지체될 수 있으며 잠재적인 창의성이 계발되지 못할 수 있다. 또한 이들은 교육을 통한 성공이나 전문성 함양에 대한 열망을 버릴지도 모른다.

영재들의 특수한 기능과 능력 계발을 소홀히 하거나 그들의 교육적 열망과 직업세계에서의 성취를 좌절시키는 것은 불공평하고 비민주적인 일일 것이다. 그런데 다행스럽게도 최근 우리나라에서도 정규교육의 밖에 있던 영재교육이 제도권 내에서 실시되기 시작하였다.

구미 여러 나라들은 오래전부터 영재들과 유아영재들에 대해 많은 관심을 기울여왔고, 다양한 정책을 입안하였다. 최근 우리나라에서는 영재교육진흥법이 발표된 이후 교육과학기술부와 여러 교육정책 입안자들은 영재교육에 대해 과거보다 더 많은 관심을 보이고 있다. 한국과학재단에서는 전국 15개 대학에 과학영재교육센터를 설치하여 운영하도록 재정적으로 지원하고 있으며, 이와 같은 지원은 점차 확대되어 가고 있다. 한편 2003년에 부산 영재학교가 개교되었고, 전국 시·도 교육청에서는 초등 고학년부터 중학생을 대상으로 한 영재교육원을 설치하고 과학 및 수학 영재를 선발하여 심화교육프로그램을 운영하고 있다. 그리고 대학부설 과학영재센터가 있으며, 초등학교에서도 영재반 운영이 증가하고 있는 추세이다. 또한 2009년 개정교육과정에서 우리나라의 창의·인성교육 정책을 발표하였고, 우리나라 초·중·고등학교 교육이 글로벌 인재육성을 목표로 하여 계획을 수립하고 단계적으로 추진되고 있는 상황과도 연계하여 이런 움직임이 앞으로 우리나라 영재교육 발전의 기초 역할을 할 수 있을 것이다.

여기에서는 고대에서 현재에 이르기까지 영재교육 발전의 역사를 살펴보고자 한다.

1) 고대의 영재교육

고대 스파르타에서는 영재성이 전투기술과 지도성으로 정의되어, 모든 소년들은 7세 때부터 학교 교육과 훈련을 통하여 전투 능력을 배양하였다. 한편 아테네의 상류층 그리스인들은 남자 아이들을 읽기, 쓰기, 산수, 역사, 문학, 예술, 체육 등을 가르쳐주는 사립학교에 보냈으며, 이들의 고등교육을 위해 전문 교사인 소피스트들이 수학, 논리학, 정치학, 문법, 일반 문화, 토론 등을 가르쳤다. 그러나 플라톤의 아카데미에서는 사회계급이 아니라 지능과 신체 발달에 따라 젊은 남녀를 선발해서 무상 교육을 실시하였다.

로마 교육에서는 건축, 공학, 법학, 행정학 등을 강조하였다. 자유교양 교육을 중요시함에 따라 아동들은 초등학교에 다닐 수 있게 되었고, 일부 여학생들도 문법학교까지는 다닐 수 있었지만 고등교육은 받을 수 없었다. 유럽의 르네상스 시대는 우수한 예술, 건축, 문학 작품들이 양산되었던 시기였다. 이때 강력하고 부유한 국가에서는 창의적인 영재들을 부와 명예로 보상해 주었다.

서기 618년경 중국의 당나라에서는 영재들을 중요시하였다. 예를 들어, 비범한 재능을 보이는 아동들을 왕궁으로 불러 그들의 재능을 확인해서 계발시켜 주었다. 역사적으로 중국의 영재교육에서 중시하여 실천했던 몇 가지 원칙에 대하여 Tsuin-Chen(1961)은 다음과 같이 설명하였는데, 이는 현대의 영재교육에서도 중요시하는 것이다.

첫째, 고대 중국인들은 영재성의 다중-재능 개념을 수용했다. 그들은 문학, 지도력, 상상력, 독창성과 독서 속도, 기억 용량, 추론, 지각력과 같은 지적 능력과 지각 능력 등을 가치 있는 것으로 생각하였다.

둘째, 그들은 평균적인 성인 수준에 해당하는 조숙한 청소년, 재능이 나중에 발현되는 보통 청소년, 영재성이 전 생애에 거쳐 나타나는 비범한 청소년 등과 같은 개념을 사용하였다.

셋째, 고대 중국인들은 아무리 우수한 영재일지라도 특별한 교육이 없다면 그의 능력이 완전히 계발될 수 없다는 것을 인정하였다.

넷째, 모든 아동들은 사회적 계급에 상관없이 그들의 능력에 적합한 교육을 받아야 한다는 공자의 사상을 수용하였다.

2) 영재교육의 탄생

Stanley는 영재교육의 탄생과 발전에 공헌한 학자들과 관련하여 영재교육의 할아버지는 Francis Galton이며, 영재교육의 탄생을 도운 산파는 Binet이고, 영재교육의 아버지는 Terman이라고 언급한 바 있다.

영국 과학자 Galton(1822 ~ 1911)은 지능(혹은 천재)과 지능검사의 발달에 지대한 공헌을 하였다. 그는 지능이 시력, 청력, 후각 등과 같은 감각에 대한 예민성과 관련이 있다고 주장하면서 시청각 변별력이나 반응

시간을 통하여 지능을 측정하였다. 또한 그는 다윈의 영향을 받아 인간의 지능은 자연적으로 선정되고 유전된다고 하였다. Galton은 그의 관찰을 통하여 지능에 대한 유전적 근거를 확증한 것처럼 보인다. 그의 유명한 저서 '유전적 천재(Hereditary Genius, 1869)'에서 우수한 사람들은 우수한 가계에서 나온다고 주장하였다. 그러나 그는 우수한 가계나 귀족들은 또한 우수한 사람이 될 수 있도록 해주는 좋은 환경, 부, 특권, 기회 등을 후손들에게 물려준다는 사실을 간과한 것 같다.

지능의 유전성에 대한 Galton 주장은 오늘날 일부 심리학자들에 의하여 지지되고 있는데, 예를 들어, Gage와 Berliner(1988)는 Jensen(1969)의 쌍생아 연구를 바탕으로 지능의 75 ~ 80%는 유전에 의해서 이루어지고 20%는 환경에 의해서 형성된다고 한다. 그러나 많은 심리학자나 교육학자들은 환경과 학습이 지능 형성에 이보다 더 큰 역할을 한다고 주장한다.

그 후 프랑스의 Binet은 지적 능력의 부족으로 인하여 정상적인 수업을 받을 수 없는 아동들을 판별하여 특별 학급에서 특별 교육을 받도록 하는데 필요한 검사 도구를 고안하였다. 그 당시만 해도 아동들의 능력에 대한 교사의 판단은 온순함, 청결함, 사회성과 같은 아동들의 특성에 의하여 직감적으로 이루어졌다. 따라서 일부 아동들은 지나치게 조용하거나 공격적이거나 혹은 언어, 청각, 시각에 문제가 있다는 이유로 정신지체아들을 위한 학교에 배정되기도 하였다.

Binet은 주의 집중력, 기억력, 판단력, 추론 능력, 이해력 등을 측정함으로써 정상아와 우둔한 아동을 변별하였다. 그의 지능검사는 교사에 의하여 판단된 아동들을 지능에 따라 변별할 수 있도록 해 주었다(Binet & Simon, 1905a, 1905b). 그의 공헌 중의 하나는 정신연령(mental age)의 개념이다. 정신연령이란 아동의 지능은 점차 상승하게 되는데 자신의 실제 연령과 일치하게 발달하기도 하고 더 빨리(혹은 더 느리게) 발달하기도 한다는 개념이다. 그의 지능검사는 Goddard의 타당화 연구(1910 ~ 1911)를 통하여 모든 능력 수준의 아동을 판별하는 도구가 되었다.

심리학자 Terman은 1916년 Binet-Simon 검사를 미국 문화에 알맞게 개정한 Stanford-Binet 지능검사를 발표한 것과 영재아를 종단적으로 연구한 업적으로 인하여 영재교육 운동의 선구자로 불린다. 그와 그의 동료들은 1922년과 1928년에 Stanford-Binet 지능검사의 상위 1%(지능지수 135 이상)에 속하는 1,528명의 아동들을 판별하였다. 판별된 영재아들의 평균 연령은 12세였으며 남자 856명, 여자 672명으로 구성되었고, 대부분 캘리포니아 주의 대도시에서 거주했다. Terman 등은 검사, 질문지, 인터뷰 등의 방법으로 선별된 영재아들의 신체적, 심리적, 사회적 발달 및 직업 세계에서의 활동 등을 거의 75년 동안 연구하였다. 그들의 초기 연구에는 부모, 교사, 진료 기록, 그리고 심지어 특정한 신체 부위(머리)의 측정까지 포함되었다. 연구 결과들은 '천재에 대한 유전적 연구(Genetic Studies of Genius)' 시리즈를 통해 발표되었다(Cox, 1926; Terman, 1925; Terman, Burks, & Jensen, 1930; Terman & Oden, 1947, 1959).

Terman의 연구에 참여한 영재아들은 검사된 모든 측면에서 질적으로 우수하였다. 이들은 지적으로 우수한 학생들이었을 뿐만 아니라 심리적, 사회적으로 그리고 심지어 신체적으로도 보통 사람들보다 더 건강하였다. 그는 이러한 과학적인 근거를 바탕으로 영리한 아동들은 약하고 매력이 없으며 정서적으로 불안정하다는 통념은 사실이 아니라고 주장하였다.

그의 연구에서 밝혀진 그 밖의 다른 중요한 사실들은 다음과 같다.

- 잠재적 능력에 따라 초·중등학교 시절에 월반을 했던 학생들의 수행이 그렇지 않았던 학생들보다 더 우수하였다.
- 가장 성공적인 영재와 그렇지 못한 영재 간의 차이를 보여주는 주요 지표는 가족의 가치관과 부모의 교육 수준이었다. 예를 들어, 그의 연구에서 '가장 생산적인 집단'으로 분류되었던 영재아를 둔 부모의 50%가 대학을 졸업했지만, '가장 비생산적인 집단'으로 분류되었던 영재아를 둔 부모의 85%는 대학을 졸업하지 않은 것으로 나타났다.
- 지능검사 점수만으로 영재아를 판별하는 데는 한계가 있다. 이러한 방법으로는 예술적, 창의적 영재와 특정 영역에서의 영재를 확인할 수 없게 된다.
- 영재아들의 정신적, 사회적 건강에 관한 Terman의 결론은 여러 해 동안 교육자들이 상담을 받고자 하는 영재아들의 요구에 관심을 기울이지 않게 하였다.

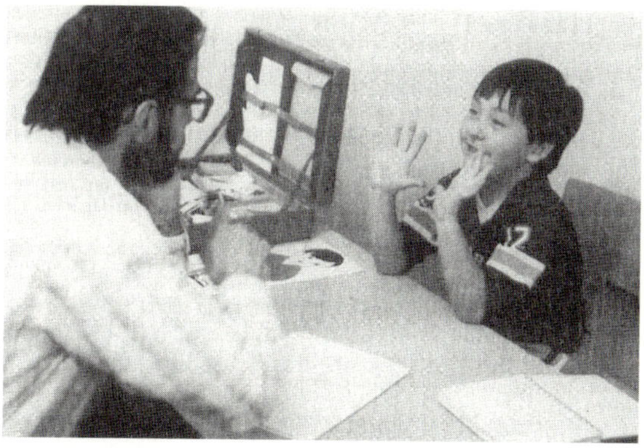

사진 1-3 개별 지능검사를 실시하는 아동

3) 영재교육의 발전

초기 미국에서는 영재아에 대한 관심이 그다지 크지 않았다. 일부 영재 학생들은 중등학교와 대학에 학업성취와 재정적 능력에 따라 입학한다는 인식을 갖고 있었다(Newland, 1976). 1920년대에 이르러 $\frac{2}{3}$정도의 대도시에서 영재교육 프로그램이 개발되었지만 1930년대에 이르러서는 보통 사람을 중요시하는 시대적 추세와 대공황으로 인하여 영재교육에 대한 관심이 점점 사라져 버렸다.

영재교육의 최근 위상은 Hollingworth, 러시아의 스푸트니크호 발사 등과 관련이 있다. Hollingworth는 1916년부터 뉴욕을 중심으로 영재의 판별과 교육에 적극적으로 참여하였다. 그녀는 영재아란 '독창적 사고가'이기 때문에 생산적 습관이나 리더십과 관련된 태도나 동기를 발달시킬 수 있는 교수적 도움이 필요하다고 주장하였다(Delisle, 1992). 또한 그녀는 상담을 통한 영재아의 '정서교육'에 공헌하였다. Terman은 영재아들의 정신건강은 비교적 양호하다고 하였지만 Hollingworth(1942)는 지능이 높은 아동들은 마음이 매우 나약하다고 하였다. 지적 발달은 아동의 연령과 신체 발달보다 먼저 이루어지기 때문에 사회적, 정서적 문제가 나타난다. 예를 들어, 또래에 비하여 차원 높은 어휘를 구사하고 규칙이 복잡한 게임을 좋아하는 아동들은 보통 아동들과 어울리지 못할 것이다. 그녀는 영재아들에게 여러 가지 상황에서 그들이 보통 아동들과 친구가 될 수 있다는 것을 이해시키려고 하였다.

Hollingworth(1942)는 지능지수 140 이상인 아동들은 그들 시간의 약 절반 정도를 학급에서 '엉뚱하고 비생산적인' 활동에 소비하며, 지능지수 170 이상인 아동 역시 대부분의 시간을 무가치한 활동에 낭비한다고 하였다. 또한 그녀는 많은 성인들이 조숙한 아동들을 이해하지 못할 뿐만 아니라 그러한 아동들의 지식을 조롱하기까지 한다고 하였다. 이에 따라 영재아들은 그들의 지적 요구를 충족시켜주지 못하는 학교에 냉담하게 되고 더 나아가 권위자에 대한 부정적인 태도를 발달시킬 수도 있다고 하였다.

한편 영재교육에 대한 관심은 1970년대에 절정기에 이르게 되었다고 볼 수 있는데 그 시발점은 1957년 러시아 위성 스푸트니크호의 발사였다. 이 사건 이후 미국의 교육, 특히 영재교육 정책을 비판했던 보고서들이 많은 관심의 대상이 되었다. 예를 들어, 교육정책위원회(Educational Policies Commission, 1950)는 정신적으로 우수한 아동들에 대한 무관심은 예술, 과학, 전문 분야에서의 큰 손실을 야기시킬 것이라고 지적하였다. 또한 1957년 이후 미국과 러시아의 교육을 양적, 질적 측면에서 비교한 보고서들이 많이 발표되었다.

Tannenbaum(1979)은 스푸트니크의 여파를 '영재교육의 도화선'이라고 하였다. 스푸트니크 충격 이후 미국에서는 영재아들을 위해서 교육과정을 조기에 이수할 수 있도록 하였으며, 대학에서 가르치는 과목을 고등학교에 개설하였고 초등학교에서는 외국어를 가르쳤다. 공적, 사적 기금 중의 일부가 과학과 공학 교육을 위하여 마련되었고 속진제와 능력별 집단편성이 실행되고 영재아들을 판별하는 데 노력을 기울였다. 또한 수학과 과학 교육과정이 새롭게 개발되었다. 고등학교에서는 높은 학업 기준과 직업관에 대하여 새로운 인식이 나타나기 시작하였다. 영리하고 재능이 있는 학생들은 "잠재력을 계발해서 자신들의 능력을 국가에 봉사하는 데 활용해야 한다."는 그의 표현에서 알 수 있듯이 어려운 과정을 택해야 했다.

그러나 스푸트니크호의 여파 자체는 대단했지만 영재교육에 대한 강렬한 관심은 5년도 지나지 않아서 시들어져 버렸다. 1970년대 중반부터 다시 부흥하게 된 영재교육은 현재 많은 주에서 활발히 실행되고 있지만 능력별 집단편성을 반대하는 운동으로 인하여 일부에서는 발전하지 못하고 있는 실정이다.

4) 영재교육의 확산

1990년대에 이르러 미국의 경우에 모든 주는 영재교육과 관련된 법률을 제정하고 많은 주에서 영재교육에 재정적 지원을 하였다. 많은 교사들과 행정가들이 영재교육에 참여하게 되었고 대부분의 교육 당국에서는 영재교육 프로그램을 개발하고 서비스를 제공하기 시작하였다. 연구자, 교사 및 교재 제작자들은 수학, 예술, 과학, 의사소통 기술, 기능 학습법, 리더십, 창의성, 그리고 그 밖의 사고기술 등을 가르치는데 도움을 줄 수 있는 논문, 도서, 검사, 새로운 자료를 꾸준히 개발하고 있다. 또한 영재교육 프로그램에는 영재아에 대한 상담 과정을 포함시켜야 한다는 인식이 널리 수용되고 있다.

영재교육은 프로그램 개발과 더불어 세계적인 추세가 되었다. 미래의 세계 지도자와 전문가는 곧 현재의 영재아들이라고 할 수 있기 때문에, Passow(1989)는 세계적인 문제에 대한 인식과 책임감을 고조시킬 수 있는 국제적인 영재교육 프로그램 개발을 제안하였다. 그러한 프로그램에는 타문화 이해와 평화, 핵무기 확산에 따른 문제점, 기아, 제 3세계의 인구문제 등이 포함될 수 있을 것이다.

영재교육의 발전에 지대한 공헌을 한 Renzulli는 코네티컷 대학을 중심으로 한 국립 영재교육 연구센터(National Research Center on the Gifted and Talented : NRC/GT)를 설립하였는데, NRC/GT는 영재교육과 관련된 핵심 문제와 실제에 관한 연구를 수행한다. 코네티컷 대학뿐만 아니라 조지아 대학, 버지니아 대학, 예일 대학 등이 공동으로 참여하고 있는 NRC/GT의 5가지 목적을 구체적으로 살펴보면 다음과 같다.

- 공정한 판별 절차와 효과적인 프로그램 운영 방법을 연구한다.
- 영재아 판별 절차와 영재교육 프로그램이 인종, 문화, 이중 언어 사용자, 사회경제적 지위, 장애아, 지리적 집단 등 매우 다양한 학교에

서 실제로 실행될 수 있도록 재정, 행정, 정책, 그리고 담당자 연수 활동 등을 기술한다.

- 영재교육과 관련된 정보를 교육자, 정치가, 부모 등에게 제공한다.
- 영재교육이 주와 교육청의 정책, 규정, 자원, 학교 개혁 등에 효과적으로 반영될 수 있도록 한다.
- 영재교육의 미래, 보통교육의 미래, 그리고 영재교육과 보통교육의 통합과 관련된 연구를 수행한다.

사진 1-4 영재는 다양성을 가지고 있다

4. 유아영재교육의 의의

영재들의 인지적 탁월성과 사회·정서적 특성에 따른 교육적 필요로 인해 유아기에서부터 차별적 교육과정을 적용해야 한다는 요구가 지배적이다. 유아영재들은 일반적인 발달과정과 단계에 따라 구성된 교육과정의 적용과 지적자극이 필요하지 않다. 유아영재교육을 위한 커리큘럼은 단순히 정규교육 커리큘럼의 조기적용으로 이루어질 수 없다. 다음과 같은 점을 고려한 유아영재교육이 필요하다.

첫째, 유아영재는 또래들에 비해 발달이 빠르므로 좀 더 나이 든 아동 및 교사를 비롯한 성인들과의 교류가 필요하며, 성인의 조력에 따른 자기 주도적 학습이 이루어질 수 있어야 한다.

둘째, 유아영재의 경우에는 초인지가 일찍 발달되고, 자기효능감이 높다. 따라서 어떻게 알아야 하는지, 어떻게 배우는지에 대해 생각하므로 그들에게 적절한 학습전략을 제공하고 성취에 대해 교사가 도움을 주어야 할 것이다.

셋째, 유아영재들은 너무 쉽거나 도전적이지 않은 과제에 대해 지루함을 느낀다. 따라서 교사들은 일반적인 관점에서 벗어나 유아영재들의 높은 호기심, 추진력, 에너지, 빠른 정보처리 능력 등을 고려하여 수업을 설계하고 진행해야 할 것이다.

넷째, 유아영재를 위해 특별히 고안된 프로그램은 매우 소수이다. 특히 그 효과를 객관적으로 입증한 프로그램은 더욱더 드물다. 대부분 프로그램의 목표는 유아영재들의 진보적 향상에 있다. Roedell, Jackson 그리고 Robinson(1980)의 연구에서는 어린 유아이건 좀 더 나이 든 유아이건 이들의 효과적인 지적발달을 위하여 흥미와 양육만으로는 불충분하다고 하였다. 한편 수학적으로 재능 있는 많은 유아들을 대상으로 한 종단연구(Robinson et al, 1997)에서는 중재집단과 비중재 집단으로 나누어, 중재집단에는 2년 동안 28회에 걸친 성인의 개입을 통해 수학 성취수준의 향상에 있어 매우 효과적이었음이 나타났다.

이외에도 유아영재교육과 관련하여 조기 입학의 문제를 살펴볼 수 있다. 학교 조기 입학과 관련된 연구(Robinson, 2004)나 발달촉진에 관한 연구(Colangelo, Assouline, & Gross, 2004)들은 긍정적인 결과를 보여준다. 조기 입학은 가장 생산적인 속진학습의 형태이며 가격도 저렴하고, 학문적으로 앞선 아동들에 의하여 적절한 도전을 많이 제공받을 수 있다. 그렇지만 이러한 선택은 아이의 생애의 초기에 결정을 해야 하며 되돌리기 어려울지도 모르는 일이어서 신중을 기해야 한다. 특히 이경화 외(2000)의 연구에 의하면 조기 입학이 외국과 달리 우리나라는 유아영재의 조기 입학과는 차이가 있었다. 영재성을 나타내는 유아를 대상으로 판별에 의해서 조기 입학시키는 것이 아니므로 조기에 입학한, 또래에 비해 발달이 빠른 유아들이 적응상 어려움을 겪는 경우도 있다. 따라서 조기 입학은 신중히 고려되어야 하며 주의할 사항이 많다.

주의점은 다음과 같다. 많은 발달 연구자들은 일반적인 유아들과 나이 든 아동들의 발달 상태를 조사하였으며 어린 유아들은 확실히 나이 든 아동들에 비해 '미숙하다'고 결론지었다(e.g., Gagne & Gagnier, 2004; Maddux, 1983). 이러한 결과는 당연한 것이다. 그렇지만 조기 입학에 관한 사회-정서적 결과에 관한 논문들은(e.g., Obrzut, Nelson, & 0brzut, 1984; Proctor, Black, & Feldhusen, 1986; Rankin &Vialle, 1996; Robinson, 2004; Rogers, 2002) 그들의 조기 입학을 학문적인 면에서는 매우 긍정적인 결과를 나타내는 것에 동의하지만, 아이들의 사회-정서적인 면에 있어서는 매우 약하게 증진하며 극적으로 좋아지는 것은 아니었다고 밝히고 있다(즉, 다른 일반아동들의 성장 정도와 별 차이가 없었다).

남아의 경우는 조기 입학이 약간 더 위험부담이 있을 수 있다(Gagne & Gagnier, 2004). 남아들이 후기 학교생활에서 리더십을 나타낸다고 보고한 종단 연구는 없는 경향이다(Hobson, 1963; Worcester, 1956).

이러한 과정에서 주의점을 언급하면 다음과 같다. 입학날짜의 몇 개월 전의 수행 능력 수준으로 일반적인 행동능력에 제한을 두어야 하며, 영재아가 들어가는 반 모든 영역에서의 평균 수준이 입학하는 영재아 수준과 비슷해야 하며, 여아보다는 남아의 배치에 좀 더 주의를 기울여야 하고, 또한 선생님이 배정받은 아이를 환영해야만 할 것이다. 시범적인 배치도 추천할 만하다.

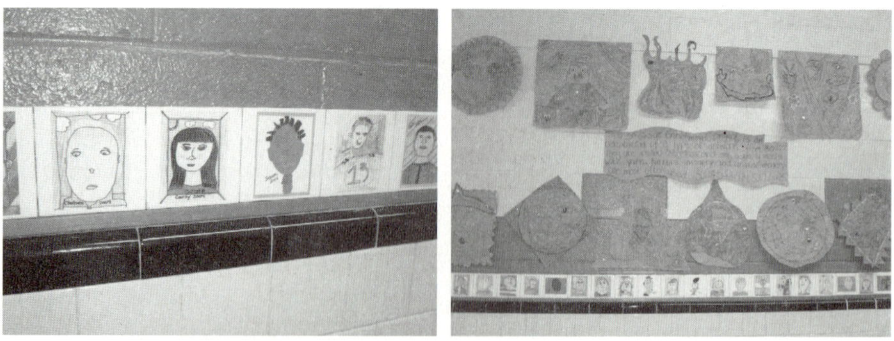

사진 1-5 Charles 초등학교 : 다문화 환경 구성

제 2 장

유아영재는 어떤 특성이 있는가?

1. 영재아의 가정환경
2. 조기 발달
3. 영재아의 발달적 특성
4. 지적 영재아의 특성
5. 창의적 영재아의 특성
6. 영재아의 정의적 특성
7. 영재 교사의 바람직한 특성

나의 영특하고 상상력 풍부한 아들 재완이는 유치원에 가는 것을 좋아하지 않았고, 선생님과 친구들은 재완이에게 '미달'이라는 딱지를 붙였다. 재완이의 학습속도와 성취는 다른 유아들에 비해 뛰어나지 못하였을 뿐만 아니라 흥미를 느끼지 않았다. 그런데 어느 날 나는 선생님에게 재완이가 집에서는 아빠와 복잡한 컴퓨터 프로그래밍을 함께 하며, 컴퓨터에 몰두하고 무척 흥미 있어 한다는 것에 대해서 얘기했다. 선생님은 재완이에게 심리검사를 받게 해보라고 권하였다. 다행히 그 심리검사자는 영재아들에 대해 많은 것을 알고 있었다. 검사자는 재완이가 가진 지적 능력과 잠재적 가능성에 대해 알려주었고, 재완이가 영재프로그램에 참여할 수 있도록 추천해 주었다.

유아영재란 총 유아들의 10~20% 정도가 포함될 수 있는데, 이들 중에는 빈곤한 가정환경이나 장애로 인해 영재성은 갖고 있으나 영재로 판별되지 않은 경우까지도 포함된 잠재적, 기능적 영재를 포함하여 일컫는다.

영재아에 대한 문헌(Abraham, 1976; Gallagher, 1975; Barbe, 1956; Hildreth, 1938 등)에 따르면 영재아들은 어릴 때부터 다른 아동들과 구별되는 특성을 나타낸다고 기술되어 있다. 즉, 영재아들이 거의 모든 측면에서 일반 아동들보다 우수하다고 한다. 예를 들어, Abraham(1976)에 따르면 유아 영재들은 일반 유아들보다 더 일찍 걷고 말을 하기 시작한다. 뿐만 아니라 이들은 주의집중력이 높고 적응을 잘하며 착하고 유머가 풍부하다고 한다. 또한 영재아들은 어려움을 극복하려고 하며 행복하고 일에 몰두하고 독립적이며 능동적이다. 그들은 독자적이고 정열적이며 자주적이다. 그들은 순응을 거부하고 칭찬받는 것을 크게 염두에 두지 않으며 높은 사회적 가치와 이상을 소유하고 있다(Newland, 1976).

이와 같은 영재의 특성을 조기에 확인하는 것은 교사와 학부모들로 하여금 영재아를 잘 인식하고 이해하도록 도와준다는 면에서 대단히 중요한 일이다. 영재아들의 다양한 특성에도 불구하고 이들에 대한 연구에 따르면 몇 가지 공통된 특성을 갖고 있다. Terman의 연구에 따르면 영재아들은 사회적으로 잘 적응한다. 평재들과 비교해 볼 때 영재아들은 더 높은 성취를 보이고 더 쉽게 학습하며 더 많은 취미를 가지고 있고 더 많은 책을 읽고 더 믿음직스럽고 더 건강하다. 이런 특성들은 어른이 될 때까지 계속된다. 가장 생산성이 높은 집단은 자신감이 높고 지도력이 있으며, 목표 지향적이고 수월에 대한 욕구가 강하다.

Walberg의 유명인사에 대한 연구는 영재아들은 다재다능하고, 인내심이 강하며, 우수한 의사소통 기술을 가지고 있으며, 높은 윤리 의식을 보이며, 매력이 있고, 환경을 자극하며, 지능이 높다. 예술과 과학 부문에서 우수한 능력을 보이는 고등학생들은 자신감, 해당 분야에 대한 관심, 지구력, 학교에 대한 호감 등이 높다.

한편 영재아들은 언어와 사고의 발달이 빠르다. 급속한 언어 발달은 개념적인 능력과 지식 기반의 확장과 관련 있다. 이들은 읽는 것을 쉽게 배우며 때로는 스스로 터득한다. 이들의 이해, 파지, 어휘, 정보의 저장,

논리적인 능력은 대체로 우수하다. 또한 쓰기, 수학, 음악, 예술적 능력이 조기에 나타나기도 한다.

동기와 지구력은 공통적인 특성이고 성인이 된 후의 성공에 중요한 역할을 한다. 영재 학생들이 보이는 높은 동기와 호기심은 관심의 폭을 넓혀준다. 영재 학생들의 정의적 특성은 건전한 편이다. 그러나 사회적 부적응, 불안, 우울증에 시달리는 영재아들도 있다. 자아개념과 성차에 관한 연구의 결과는 일관성이 없다. 영재 학생들의 성공은 일반적으로 높은 자신감, 독립심, 내적 통제감을 갖게 한다. 그러나 높은 자기 기대는 좌절감을 느끼게 할 경우도 있다.

영재아들은 신장, 외모, 피부색, 인지 능력, 언어 능력, 흥미, 학습 양식, 동기, 성격, 정신 건강과 자아개념, 습관과 행동, 생활 배경과 경험, 그리고 기타 여러 가지 측면에서 서로 다르다. 뿐만 아니라, 영재아들은 매우 다양한 교육적 욕구를 가지고 있다. 영재 학생들은 독립적이며, 자기 동기적인 학습양식을 갖고 있는 경향이 있다. 그들은 비구조화되고 참여하기 쉬운 학습활동을 좋아한다. 지적인 영재학생들은 직관적으로 가치와 도덕적인 문제를 이해하며 자기중심적인 경향이 덜하고 타인의 권리, 감정, 그리고 문제에 공감한다.

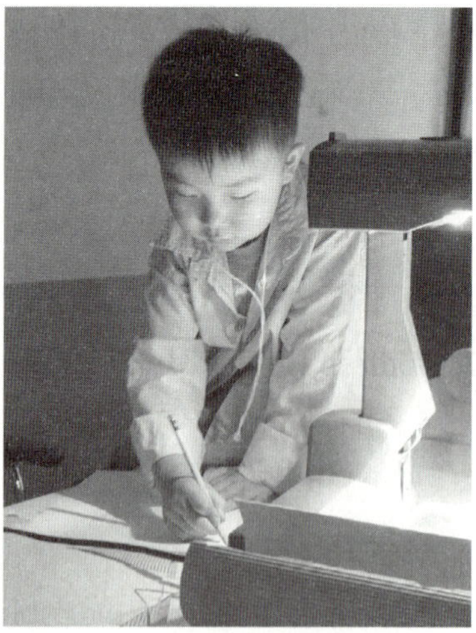

사진 2-1 유아영재는 과제집착력이 뛰어나다.

영재아의 우수성에 대한 이러한 기술의 대부분은 흔히 단일한 지능검사로 판별된 영재아들을 일반 아동들과 비교한 연구로부터 도출된 것들이다. Lewis Terman과 그의 동료들(Burks, Jensen, & Terman, 1930; Oden, 1968; 1959)의 기념비적 연구는 이러한 유형 연구의 토대가 되었다. 사실 Terman과 그의 동료들이 발견한 것은 일반 아동들과 비교해 볼 때, 영재아들이 신체적, 사회적 측면에서 약간 우수하다는 점이었다. 그러나 사회계층 등의 변인을 고려해서 Terman의 연구를 분석해 보았을 때는 영재아들과 일반 아동들 간의 차이는 매우 작거나 거의 없었다.

많은 연구자들은 영재아의 특성은 영재아들 간에도 매우 다양하다는 Terman의 주장을 간과한 듯하다. Terman과 Oden(1947)은 그들의 연구에 참여한 피험자들을 어떤 하나의 범주에 포함시키거나 몇 가지 특성으로 쉽게 기술할 수 없다고 하였다. 일반 아동들에게서 찾아 볼 수 있는 모든 형태의 성격적 결함이나 부적응, 문제 행동, 그리고 신체적 나약함 등을 영재아 집단에서도 볼 수 있다. Ogilvie(1973)는 영국의 초등학교에 재학 중인 영재아에 대한 연구에서 영재아 집단 내에서도 다양한 차이가 있다는 점을 지적하면서 "영재아의 특성과 관련해서 제안된 모든 리스트는 오해만 불러일으킬 수 있다"라고 주장하였다. 그 밖의 다른 연구들 역시 이러한 주장을 강력하게 지지해 주고 있다(Hauck & Freehill, 1972; Hildreth, 1954). 현재 영재아의 특성에 대하여 전문가들 간의 합의는 거의 없는 실정이다. 예를 들어, 교사와 상담가들에게 영재아를 규정짓는 특성이 무엇인가에 대해 질문을 했을 때 그들은 매우 다양한 특성을 제시했는데, 그것들 중에는 내향적, 외향적 성격과 같이 상반되는 특성도 포함되어 있었다(Chen & Goon, 1976).

영재아의 특성을 기술하기 위하여 선택되는 특성들은 영재성의 정의에 따라 달라진다. 심리 운동적 영역에 관심이 있는 사람들은 영재아를 신체적 특성 면에서 논의한다. 또한 아동의 리더십은 사회적 특성을 바탕으로 논의하는 것이 적절하다. 그러나 연구자들은 대부분 표준화된 지능 검사에서의 높은 성취를 영재성으로 정의하고, 지능지수가 높은 유아와 그렇지 않은 유아를 변별할 수 있는 정의적 특성을 확인하려고 한다. 이러한 형태의 연구는 연구 결과에 영향을 미칠 수도 있는 표집 선정에 문제가 있다. 예를 들면, Terman의 연구에는 대부분 피험자들이 교사의 지명에 의하여 선발되었다. 영리한 아동들은 사회 경제적 지위가 높은 지역에서 발견될 가능성이 많다는 이유로 가난한 지역보다 부유한 지역의 학교들을 더 철저히 조사하여 피험자를 선발하였다. 이렇게 해서 선발된 아동들의 신체적 특성을 선발되지 않은 아동들의 그것과 비교해서 나타나는 차이는 지능지수의 차이 때문이라기보다는 사회 경제적 지위에서의 차이라고 할 수 있다. 마찬가지로, 교사는 학교생활을 잘하는 아동을 지능이 높은 아동으로 추천할 것이다. 따라서 교사의 추천을 받은 아동들은 추천을 받지는 못했지만 그들만큼 영리한 다른 아동들보다 사회적으로나 성격적으로 더 긍정적인 특성을 갖고 있는 것으로 간주되었을 것이다.

이 장에서는 영재아의 가정환경, 조기 발달, 발달적 특성(신체적 발달, 지적 발달, 사회·정서적 발달), 그리고 지적·정의적 특성에 관하여 살펴볼 것이다.

Section

1. 영재아의 가정환경

유아기의 발달에 있어서 가정환경은 가장 중요하게 영향을 미치는 변인이다. 영재의 조기발견과 영재성 계발에 있어서 부모와 가정환경은 매우 중요하다. 가정의 양육환경으로 부모의 교육적 배경, 자아효능감, 양육태도 등은 영재성 계발에 중요한 역할을 한다. 즉 영재아의 개인적 특성을 인정하고 발견하며, 과제에 집중할 수 있도록 배려할 수 있어야 한다.

지능지수가 높은 아동은 사회 경제적 지위가 중 이상이거나 고학력 부모로부터 태어난다는 연구가 많다(Barbe, 1956; Cattell, 1915; Hitchfield, 1973; Hollingworth, 1942; Parkyn, 1948; Sheldon, 1954; Terman & Oden, 1947). 또한 영재아의 어머니는 교육 수준이 높고, 자녀가 적고, 직업을 갖고 있는 것으로 나타났다(Groth, 1975). 뿐만 아니라, 영재아의 어머니는 집안에서 허드렛일을 하는 것을 싫어하는 경향이 있었다(Sheldon, 1954). 영재유아발달 프로그램인 '시애틀 프로젝트(Seattle Project)'의 피험자로 판별된 지적으로 우수한 유아들의 가정환경은 주로 중산층 이상이었다.

부모의 교육 수준은 아동의 다양한 지적 능력과 상관이 있다는 연구가 많다. Binet 지능 검사에서 지능지수가 140 이상인 것으로 판별된 4세 영아 114명에 대한 연구 결과, 부모의 교육 수준은 남아의 지능지수나 성취도와 상관이 있었고 여아의 경우에는 성취도와 상관이 있는 것으로 밝혀졌다(Willerman & Fiedler, 1977). 그러나 이들이 7세가 되었을 때 다시 검사한 결과, 어머니의 교육 수준과 남아의 지능지수 간에 상관이 있었으며, 부모의 교육수준과 아동의 성취도 간에는 남, 녀 모든 아동들에게 있어서 어느 정도 유의미한 상관이 있는 것으로 나타났다. 재검사를 실시했을 때 지능지수가 4세 때에 비하여 낮아졌던 아동을 둔 부모의 교육 수준은 지능지수가 여전히 높은 아동을 둔 부모의 교육 수준에 비하여 낮은 것으로 나타났다. 또한 형제, 자매가 많은 남아의 지능지수는 낮았으며, 여아의 검사 점수는 가족 크기에 의하여 영향을 받지 않는 것으로 나타났다.

또한 일부 연구자들은 학령 전에 읽기를 배운 유아의 읽기 기술 발달에 대한 가족 구성원의 영향을 분석하였다(Durkin, 1961; 1966; Plessas & Oakes, 1964). 일반적으로 가족 구성원들이 책을 자주 읽어주거나 읽기와 관련된 질문에 대답을 잘 해주는 부모를 둔 유아들이 글을 조기에 읽는 것으로 밝혀졌다. Durkin의 연구에 따르면 조기에 글을 읽었던 유아 부모들의 사회 경제적 지위는 매우 다양하다. 어머니가 대학을 졸업한 유아들이 글을 일찍 읽을 수 있었지만 사회 경제적 지위와 글을 일찍 읽는 것 간의 단순한 관계는 발견되지 않았다. 조기에 글을 읽는 유아를 둔 부모와 그렇지 않은 유아를 둔 부모 간의 가장 큰 차이는 전자의 부모들이 유아들과 더 많은 시간을 보내고 더 자주 글을 읽어주고 유아의 질문에 더 많은 대답을 해주며, 독서가 여가 선용과 지적 만족을 얻는 하나의 방법이라는 것을 몸소 보여 주었다는 것이다.

이러한 연구들은 유아영재의 우수한 기술 계발과 관련된 가정환경 변인은 아동에 대한 부모의 직접적인 관여와 관련이 있다는 것을 보여 준다. 부모들이 자녀들과 시간을 보내고 자녀들의 흥미를 촉진시켜 주며 질문에 대답하는 것과 같이 지적 탐구를 위한 온화하고 지원적인 근거를 제공해 주는 것은 가정의 사회 경제적 지위에 상관없이 유아의 읽기 기술을 촉진시키는 것 같다.

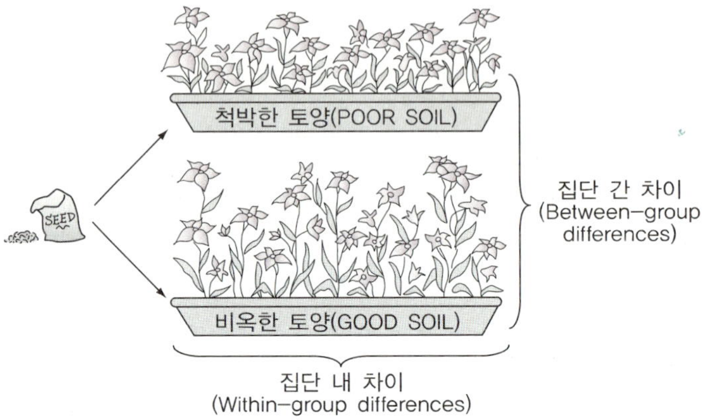

그림 2-1 개인차에 미치는 유전과 환경의 영향

2. 조기 발달

유아의 조숙한 발달 또한 지적인 영재아들의 특성으로 알려져 있다. 예를 들면, Terman(1925)의 연구에 표집된 아동의 부모들에 따르면 이들은 일반적인 아동들보다 더 일찍 걷고 말을 하기 시작한 것으로 나타났다. 그러나 이러한 결과는 다른 연구를 통해서는 입증되지 못했다. 시애틀에 거주하는 지적으로 우수한 유아들에 대한 종단적 연구에 따르면 걷기, 말하기 등의 발달 과정에 대한 부모의 회상과 학령 전의 지적 조숙성 간에는 관계가 없었다(Krinsky, Jackson, & Robinson, 1977). 물론 이러한 방법은 부모의 기억에 의존해야 하기 때문에 관계성을 입증할 만큼 정확하지 않을 수도 있을 것이다. 그러나 보스턴에서 실시한 종단적 연구(Collaborative Perinatal Project)에 의하면 영아기 때의 발달 과정이 영아의 지적 능력과 어떠한 관계가 있는가를 충분하게 설명해 줄 수 없는 이유는 부모의 기억에 오류가 있기 때문이라기보다는 걷기, 말하기, 지적 조숙성 등이 동일한 속도로 발달하지 않기 때문이라고 할 수 있다. 즉 2~3세의 발달 비율은 4~5세 때의 발달 비율과 동일하지 않을 수 있다. 이 연구(Willerman & Fiedler, 1977)에는 Binet 지능검사에서 IQ 140 이상의 점수를 획득한 4세 영아 114명이 참여하였다. 이들이 8개월에 측정한 Bayley의 영아발달척도(Bayley Scales of Infant Development)의 점수는 또래들에 비하여 약간 높았으며, 이들의 점수와 Binet 점수 간에는 상관이 없었다. 또한 영아기 동안에 수집된 이들의 발달 지표를 통해서 이들의 점수를 예측할 수 없었다.

조기 판별에 관한 실험이 Karnes 등(1982)에 의해 일리노이 대학에서 실시되었다. 이 프로그램은 보통 이상의 능력을 가진 만 3세 미만의 영아의 부모를 대상으로 실시되었는데, 정의적이고 인지적인 언어 영역에서의 발달을 중심으로 부모들이 모여 영재교육의 방법에 관해 토론했었다. 일리노이 대학의 유아교육 프로그램이나 워싱턴 대학의 시애틀 유아발달 프로젝트 등 영유아 영재를 대상으로 한 다양한 프로그램에서 시사하고 있는 것은 영재아의 조기판별을 통해 유아영재에게 적절한 교육 프로그램을 제공해야 한다는 것이다. 조기 발달이 이루어지는 유아영재를 미리 발견하고 적절한 교육적 지원을 하게 된다면 영재아가 미성취아로 전락하는 것을 미연에 방지할 수 있으며, 학습과 자신에 대한 올바른 습관과 태도를 형성해 줄 수 있을 것이다.

＊표 2-1 영재아의 특성

영재아로 인식할 수 있는 단서들	
• 풍부한 어휘력과 빠른 '읽고 쓰기' 학습 • 한 영역에서 두드러진 지식을 보임 • 뛰어난 관찰력 • 자신의 나이를 능가하는 독서 • 비인습적 방식으로 과제해결 • 일상적인 과제에 싫증을 냄 • 인간관계에 대한 정확한 통찰	• 강한 정의감과 권위에 대항 • 비판적 검토 없이는 권위 수용 안 함 • 현저하게 개인적이며, 독립적으로 활동 • 철학, 환경, 정의 등 성인주제에 흥미 • 자기비판적이며 완벽성 추구 • 또래보다 손위 사람과 친구로 지냄 • 감정이입을 잘하고 매우 예민함

출처 : DGhK(Deutsche Gesellschaft fuer das hochbegabte Kind) – 박명순(2003)

3. 영재아의 발달적 특성

어떤 영재아들도 똑같은 특성을 가지고 있지는 않지만, 대부분 유아영재에게서 공통적으로 찾을 수 있는 발달적 특성이 있다. 일리노이 주의 RAPYHT(Retrieval and Acceleration of Promising Young Handicapped and Talented) 프로그램에 참여한 아동의 특성을 종합한 결과, 유아영재의 특성을 지적, 학문적, 창의적, 지도자적, 시각예술적 그리고 정신운동 능력 특성 등으로 구분하여 각 영역에서의 특성을 제시하였다.

여기에서는 여러 학자들의 연구결과 나타난 유아영재 및 영재아동의 발달적 특성을 살펴보기로 한다.

1) 신체 발달

Terman(1925)의 연구에 포함된 영재아들은 신체적으로 국가 표준에 비하여 대체로 우수한 것으로 밝혀졌다. 이들은 일반 아동들보다 신장, 체중, 근력, 폐활량 등이 우수하고 건강한 경향이 있었다. 1922년 Terman이 연구를 시작할 무렵의 연구결과에 의하면, 영재아들은 평재아들에 비하여 태어날 때부터 체중이 더 무거웠고, 1개월 정도 먼저 걸을 수 있었으며 3.5개월 정도 더 먼저 말을 하였다.

다른 연구자들(예 Barbe, 1955) 또한 영재아들의 신체적 우수성을 지적하였다. 그러나 이러한 연구 결과는 표집 과정에 문제가 있다는 비난을 받아왔다. Hildreth(1954)를 비롯한 몇몇 연구자들은 영재아들이 신체적으로 우수한 것으로 나타난 것은 이러한 연구에 참여한 대부분 아동들이 일반 아동들에 비하여 영양 상태가 양호하고 건강 검진을 주기적으로 받는 사회 경제적 지위가 높은 가정 출신이기 때문일 것이라고 주장하였다. Frierson(1965)은 거주 지역이 동일한 아동들을 대상으로 한 연구에서 일반 아동들과 영재아들 사이에는 신장과 체중에서 차이가 없다고 하였다. Klausmeier(1958)는 3학년과 5학년 학생 중 성취가 높은 아동과 낮은 아동들 간에는 신장, 체중, 근력(물건을 쥐는 힘), 영구 치아의 숫자,

손목뼈의 발달 정도 등에 차이가 없다고 하였다. 또한 Laycock과 Caylor(1964)에 따르면 4학년에서 6학년까지 영재아들의 신장, 체중, 다리 둘레, 어깨, 골반 둘레 등은 지능지수가 적어도 20점 정도 낮은 그들의 형제, 자매들과 차이가 없었다. 이 연구는 Binet 지능 검사의 점수가 120 이상이거나 정신 성숙도 검사(California Test of Mental Maturity) 점수가 130 이상인 영재아들을 대상으로 하였다.

이러한 연구들을 종합해 볼 때, 영재성의 준거를 우수한 지적 능력으로 정의할 경우에 신체적 우수성을 영재아의 특성 목록에 포함시키는 것은 부적절하다. 지금까지 살펴본 연구에서 지능이나 성취도 검사에서 높은 점수를 획득한 아동들이 영재아로 판별되었다는 점에 주의해야 한다. 심리 운동 기술을 근거로 판별된 영재아들은 일반적으로 우수한 신체적 발달을 보일 것이다. 그러나 우수한 신체 발달이 우수한 지적 발달과 관련이 있다는 증거는 충분하지 않다.

지금까지 살펴본 연구 중에서 유아영재의 발달에 초점을 맞추었던 연구는 거의 없었으나 Leithwood(1971)의 연구에서 흥미 있는 결과가 나왔다. 이 연구는 캐나다의 토론토에 있는 두 곳의 유아원에 등록된 60명의 4세 영아들을 대상으로 했는데, 그 결과 Binet의 지능 검사와 일련의 맨손체조 검사(행동의 동시적 순서와 비동시적 순서에 대한 아동의 능력 측정)에 의해 측정된 복잡한 운동 과제의 수행 능력 간에는 관련이 있는 것으로 밝혀졌다. 반면에 힘, 융통성, 균형, 신체 협응력, 에너지 동원 등으로 측정된 단순한 운동 과제의 수행과 지능지수 간에는 아무런 관계가 없었다. 이 연구에 참여한 피험자들의 지능지수는 평균 125이었다. 결국 운동 과제에 대한 유아의 수행은 일반적인 인지 활동과 관계가 있는데, 이 관계는 과제수행에 필요한 인지적 조작의 정도에 따라 달라진다고 할 수 있다. 그러나 일반적인 신체 발달과 인지적 성숙은 연령과 관련이 없다.

한편 많은 지적 영재아들은 지적 수준에 비하여 소근육 동작기술이 뒤떨어진다는 연구보고도 있다. 그러나 반면에 운동영역에 재능이 있는 아동도 다음과 같은 특성을 보일 수 있다고 한다(Porter, 2005).

- 조기 운동능력발달, 특히 균형잡기와 같은 인지적 통제하에 있는 기

능이 조기에 발달함.

- 환경 내에서 자신의 위치를 잘 인식함.
- 좌우 인식 능력이 조기에 발달함.
- 새롭거나 어려운 퍼즐 끼워 맞추기가 능숙함.
- 물체를 분해하고 다시 조립하는 기술이 탁월함.
- 사물로 흥미 있는 모양이나 패턴을 만드는 능력이 뛰어남.
- 그리기와 쓰기가 조기에 발달함.
- 신체적 에너지가 많음.

영재아들의 우수한 정신적, 신체적 특성은 성인기까지 지속된다. 미국의 인구통계 자료에 의하면 영재 성인들의 건강 상태는 양호했고 사망률도 낮았다.

사진 2-2 상상/심상 활동(imagination)

2) 지적 발달

지적으로 매우 우수한 아동을 직접 가르치는 교육자들 중에는 영재아들은 그렇지 않은 아동들과는 질적으로 다른 사고를 한다고 확신한다. 예를 들면, Newland(1976)는 영재아들은 일반화하는 능력이 빠르고 정확하며 추상성이 높은 상징을 매우 빠르게 학습할 수 있고, 상징 간의 복잡한 관계를 추론할 수 있으며 뛰어난 기억력을 갖고 있다고 한다.

Jackson(1979)은 이러한 설명을 통해 지적으로 우수한 아동의 사고과정에 대해 이해할 수 있다고 주장한다. 한편으로 이러한 설명은 매우 의미가 있다. 지적으로 우수한 아동을 관찰한 적이 있는 사람이라면 이러한 것들이 이들의 행동을 매우 정확하고 유용하게 설명하였다는 것을 인정할 것이다. 그러나 이러한 설명에서 열거하고 있는 모든 특성들이 우수한 아동들과 그렇지 못한 아동들을 구분하는 것은 물론 유아들과 좀 더 나이 든 아동들을 구분하는 특성이라는 사실을 언급하지 않았다. 이러한 기술은 지적으로 우수한 아동들이 질적으로 다른 사고를 한다는 것을 암시해 주지만, 실제로는 그러한 아동들이 발달적으로 우수하다는 것을 말해 주기도 한다.

RAPYHT 프로그램에 참여한 유아영재들의 관찰력이 매우 뛰어나고 민첩하며 정보를 기억하는 능력도 뛰어났다. 그리고 주위 환경에 호기심이 강하며, 활동과 학습에 쉽게 몰두하였다. 또한 아이디어를 이해하는 능력이 뛰어나고 고급 수준의 지식을 실제 상황에 적용하며, 다른 동년배들이 인식하지 못하는 것을 이해하고, 문제해결 능력이 두드러진다는 특징을 나타내었다.

지적으로 우수한 아동들은 발달수준을 양적으로 나타내기 위하여 고안된 검사에 의하여 판별된다. 사실상 그러한 아동에게 더 적합한 명칭은 "지적인 우수아"일 것이다. 대부분의 표준화된 지능 검사는 Binet가 지능을 처음 측정할 때 제안한 발달률 모형을 근거로 하고 있다. 이 모형은 지능의 발달을 개별 연령의 기능으로 기술한 것이다. 표준화된 지능 검사나 학업능력에서 높은 점수를 획득한 아동들은 일반적으로 더 나이 든 아동들이 할 수 있는 과제를 수행한다. 지적인 우수성과 지적인 조숙성은 동일하다는 체계는 청소년기에 이르러 나누어진다. 15세의 우수한 아동이 23세의 정신연령을 갖고 있다고 말하기는 어려울 것이다. 10대 중반이 되면 전적으로 그렇다고는 할 수 없지만, 개인차나 연령차와 무관하다(Baltes, 1977). 성인들 간의 개인차를 발달률 모형에 따라 설명한다면, 지적으로 우수한 성인들은 그렇지 않은 성인들보다 더 오랫동안 지적 발달이 지속된다는 것을 의미한다.

발달 심리학자들은 발달의 차이를 가져오는 핵심적인 특성에 대한 주장을 계속 수정하였다. 그러나 Jackson(1979)은 대부분 연구 결과가 아동들이 연령이 증가함에 따라 문제를 체계적으로 해결하는 능력, 학습한 내용을 다른 상황으로 전이하는 능력, 많은 양의 새로운 정보를 다루는 능력, 지각적 증거와 관련이 없거나 상반된 논리적 문제를 효율적으로 대처하는 능력 등이 더 향상된다는 입장을 지지하고 있다고 주장하였다. 연령의 변화에 따라 나타나는 이러한 발달적 차이는 많은 교육자들이 제안한 영재아들과 그렇지 않은 아동들 간의 차이와 동일한 것처럼 보인다.

유아영재에 관한 연구인 '시애틀 프로젝트'에 참여한 지적으로 우수한 유아들 중에는 매우 특이한 유아들이 많았다. 2세도 안 된 영아가 매우 복잡한 구문을 사용하여 말을 하였고 3세 수준의 읽기를 하였으며 3세 정도의 유아들이 수행할 수 있는 퍼즐을 맞추기도 하였다. 이러한 수행 자체를 의미 있다고 할 수는 없지만, 이러한 일들이 어린아이들에 의해서 수행되었다는 것이 특이한 점이다(Robinson, 1977).

지적으로 우수한 유아와 보통인 유아의 학습 과정에는 어느 정도의 차이가 있을 것이다. 그러한 차이가 없다면 유사한 환경에서 성장한 모든 유아들은 거의 동일한 비율로 발달하게 될 것이다. 능력 수준이 다양한 아동과 성인의 정보 처리에 관한 연구들에서는 심리 측정 검사에서의 개인차를 일으키는 다양한 기제를 설명하고 있지만 아직까지는 영재아와 일반 아동 간의 질적 차이를 완벽하게 설명해줄 정도로 충분하지 않다. '시애틀 프로젝트'의 결과를 통하여 유아들의 지적 능력에 관해 살펴보기로 하자.

(1) 지적 능력의 유형

'시애틀 프로젝트'에서는 유아들에게서 나타난 지적 기술에서의 개인차와 이것에 대한 부모나 교사의 의견을 조사하였다. 이 연구에는 6세 이전에 매우 특출한 지적 조숙성을 나타낸 53명의 유아를 대상으로 하였다. 여기에서 지적 조숙성이란 다양한 지적 능력 검사에서 평균보다 표준 편차 4 ~ 5 이상의 수행을 보이거나 피험자의 연령보다 두 배 이상 연령에 해당되는 아동의 수행을 보이는 것으로 정의되었다. 이러한 측정에 대해서는 3장에 기술되어 있다. 이 연구에 참여한 유아의 전형적인 사례는 Binet 지능 검사 점수가 164인 3세 영아와 PIAT(Peabody Individual Achievement Test)에 의해 측정된 읽기 능력이 9세 정도에 해당되는 4세 영아이다.

53명의 유아들은 각기 다른 영역이나 여러 영역의 결합에서 조숙성을 입증하였다. 이들 중 일부는 여러 해를 걸쳐 반복적으로 실행된 검사에서도 지속적인 조숙성을 입증하였다. 다음 **표 2-2**에는 다양한 지적 유형이 제시되어 있다(Robinson, Jackson, & Roedell, 1978).

* **표 2-2** 6세 이하의 유아들에게서 나타난 조숙성의 유형(1974~1978)

매우 조숙한 영역	여아	남아	계
지능지수 (18)	6	1	7
공간추론 (11)	1	4	5
기억 (22)	7	10	17
읽기 (18)	3	3	6
지능지수, 공간추론	0	3	3
지능지수, 기억	0	1	1
지능지수, 읽기	2	2	4
지능지수, 읽기, 수학	1	0	1
지능지수, 공간추론, 읽기	0	1	1
읽기, 기억	0	3	3
읽기, 수학	0	1	1
수학, 기억	1	0	1
지능지수, 수학	0	1	1
공간추론, 읽기	0	2	2
전체	21	32	53

* ( )안의 숫자는 한 영역 이상에서 매우 우수한 능력이 나타난 경우, 해당 영역에서 우수한 수행의 빈도를 의미한다.

일련의 검사를 통해서 나타난 개인차 대부분은 학급에서 유아들이 보여 준 행동에 의해 확증되었다. 담당 교사에 따르면 어떤 유아들은 논리수리적 추론, 블록 혹은 그림 그리기 도구를 활용한 대칭 디자인 개발, 지도 그리기 및 이와 유사한 활동에서 특히 조숙한 것으로 입증되었다. 이러한 유아들은 흔히 공간추론 능력을 측정하는 표준화 검사에서 높은 점수를 획득하였다. 어느 수업 시간 동안 유아들은 패턴 블록을 사용해서 짝을 이루어 디자인을 하도록 요구받았다. 한 아이는 디자인을 하고 다른 아이는 자신의 블록 세트를 사용하여 디자인에 따라 블록을 만들었다. 대부분 아이들은 이 과제를 4~5개 형태의 블록을 사용해서 수행할 수 있었다. 그러나 한 쌍의 아이들은 8~9개의 블록을 사용해서 디자인에 따라 블록을 성공적으로 만들었다. 이 두 아이 모두 표준화된 검사에서의 공간능력이 매우 우수한 것으로 나타났다.

반면에 어떤 유아는 Binet 검사점수가 177 이상이었지만 공간추론 능력은 그다지 우수하지 않았다. 그는 Binet 검사의 언어적 추론 영역에서 가장 높은 점수를 받았다. 그 아동은 지도 그리기나 디자인에 따라 블록 만들기 과제에서는 그다지 우수한 수행을 보이지 않았다. 그러나 4세인 그는 4학년 수준의 글을 읽고 이해할 수 있었다. 그 당시에 그가 좋아하는 책은 초등학생을 대상으로 한, 그림이 거의 없는, Laura Ingalls Wilder가 쓴 The Little House 시리즈였다. 그는 여러 가지 인물이 나오며 구성이 복잡한 공상 드라마 읽는 것을 즐겨했다. 검사에서 언어 기술이 높게 나온 것이 그의 일상생활에서도 증명되었다(Roedell, 1977a).

한편 지적 영재아의 높은 기억력과 초인지 능력은 빠른 학습, 복잡한 문제해결과 자신의 행동의 효과를 모니터하고 자신의 행동을 조절하는 능력을 가능하게 한다(Shore & Dover, 1987). 특히 과제가 새롭고 도전적일 때 더 중요할 것이다.

사진 2-3 과학실험을 하는 유아영재

(2) 학업기술의 발달

학령 전 영재아의 학업능력과 관련해서 특이한 것은 이들의 학업기술이 매우 다양하다는 점이다. 우수한 학업능력의 조기 습득은 지능지수나 정신연령에 의해 전적으로 결정되는 것 같지는 않다. 예를 들면, '시애틀 프로젝트'에서는 지능지수가 160 이상이지만 아직 읽기나 셈하기를 하지 못하는 학령 전 유아나 지능지수가 116에 불과하지만 해당 연령에 비해 3세 이상 수준의 읽기를 하는 유아들이 판별되었다. Durkin(1966)의 연구에서 조기에 글을 읽었던 유아들의 지능지수는 매우 다양했다. 예를 들면, 뉴욕에 거주하는 유아의 경우 지능지수가 82 ~ 170 사이에 해당되었으며, 캘리포니아에 거주하는 유아의 경우 지능지수가 91 ~ 161 사이에 해당되었다.

학업기술의 다양성과 관련해서 더욱 놀랄만한 예는 '유아발달 프로그램'에 참여한 지적으로 우수한 23명의 PIAT(Peabody Individual Achievement Test) 점수를 다른 유아들과 비교한 결과이다. 실험 집단에 속한 유아들의 평균 지능은 145였다. 통제 집단에 속한 유아들은 실험 집단 유아들과 거주지가 유사한 곳에 위치한 유치원에 다녔다. 물론 실험 집단의 유아들이 비교 집단의 유아들에 비하여 과제수행을 유의미하게 잘하였다. 3세의 유아들은 유치원 수준의 유아에 해당되는 수행을 하였고 4세의 유아들은 초등학교 1학년 수준의 수행을 하였다.

그러나 실험 집단에 속한 유아들의 학업능력 범위는 통제 집단에 속한 유아들에 비하여 훨씬 광범위하였다. 통제 집단 유아들의 수행 수준은 유치원 수준에서 초등학교 1학년 수준에 속했다. 실험 집단의 경우에는 수행의 범위가 유치원에서 초등학교 3학년 수준까지 분포되었다. 개별적인 하위 검사에서는 범위의 불균형이 훨씬 크게 나타났다. 예를 들면, 통제 집단에서 단어 인식 검사 점수가 가장 높은 유아는 1학년 수준이었지만 실험 집단에 속한 유아의 가장 높은 점수는 4학년 수준에 해당되었다 (Roedell, 1977a; Shorr, Jackson, & Robinson, 1978).

학업기술의 조기 습득은 이후의 수행에 어떠한 영향을 미치는가? 이 문제와 관련된 증거는 거의 없다. 그러나 Durkin(1966)은 6년 동안 학교에서 읽기를 가르친 후 1학년에 입학하기 전에 글을 읽을 수 있었던 아동들은 그렇지 못했던 아동들보다 성취도가 높다는 것을 발견하였다. 물론 부모나 교사가 아동에게 다소 강제적으로라도 읽기를 가르쳐야 한다는 것을 의미하는 것은 아니다. Durkin의 연구에서 글을 일찍 읽을 수 있었던 아동들은 주로 스스로 읽기를 배웠으며 부모로부터는 질문에 대한 대답 정도의 도움을 받았다. 읽기에 흥미가 없는 아동들에게 읽기 공부를 시키는 것의 효과에 대한 연구는 없다. 그러한 강요는 읽기와 학습에 대한 부정적인 태도를 유발시키고 이후에 저조한 학업성취의 결과가 될 수도 있을 것이다.

사진 2-4 영재 언어수업

3) 사회 · 정서적 발달

(1) 사회 · 정서적 발달의 평가

아동이 다양한 상황에 적응할 수 있는가를 결정해 주는 아동의 정서적 특성과 사회적 상호작용 능력에는 개인차가 매우 크다. 사회적 성숙도에 관한 질문은 학교 배치와 같은 의사결정에 중요한 역할을 한다. 예를 들면, 지적으로 우수한 4세 유아의 유치원 입학을 허용해야 하는가에 대한 결정을 할 때 유아의 학업기술이 해당 연령보다 우수한가에 대해서는 잘 알 수 없다. 따라서 유아가 유치원 환경에서 어떻게 사회적, 정서적 기능을 잘할 것인가를 예측해야만 할 것이다.

그러나 유아의 사회적, 정서적 적응에 관하여 신뢰롭고 타당하게 평가하기는 쉽지 않다. 사회적 성숙성을 측정하는 기존의 많은 도구들은 실제적인 사회적 행동보다는 인지적 능력과 관련된 질문을 더 많이 하고 있다. 예를 들면, Alpern과 Boll(1972)이 개발한 척도는 다양한 영역에서 아동의 행동을 부모가 구두로 기술하는 것으로써, 여기에는 아동이 자신의 성(性)을 정의할 수 있는가와 아동이 자신을 인정받을 만한 사람으로 기술할 수 있는가와 같은 문항이 포함되어 있다.

이처럼 부모의 의견에 의존하는 측정 방법은 부모의 제한된 관점이나 잘못된 기억 때문에 오류가 일어날 수 있다. 유아로 하여금 질문에 반응하도록 하거나 인터뷰에 직접 대답하도록 하는 방법 역시 부적절한 경우가 많다. 지적으로 우수한 유아일지라도 특정한 상황에 적절하게 반응할 만큼 유창한 언어적 능력을 갖고 있지 못한 경우가 종종 있다. 이들은 선다형 문항의 마지막 항목을 답으로 선택하는 경향이 많고 질문의 내용과 관계없이 일관되게 "예", 혹은 "아니요"를 선택하려는 경향이 있다(Gorsuch, Henighan, & Barnard, 1972: Roedell, Slaby, & Robinson, 1977). 지금까지 개발된 측정 도구들 대부분은 신뢰도와 타당도가 매우 낮기 때문에 사용에 한계가 있다(Walker, 1973).

유아의 사회적 발달 수준을 정확하게 측정하기란 매우 어려운데, 이것은 근본적으로 과제의 특성 때문이다. 유아의 지적 발달을 측정해 보려는 연구자들은 유아의 수행을 최적화 할 수 있는 상황을 찾으려고 할 것이다. 즉 이상적인 상황에서 유아들이 할 수 있는 일이 무엇인가를 발견하려고 한다. 그러나 사회성 측정의 목적은 능력의 절대적인 수준을 찾기보다는 다양한 상황에서 유아의 전형적인 수행을 결정하는 데 있다. 어떠한 상황에서 특정한 행동이 발생할 가능성은 주로 그 맥락에 달려 있다. 예를 들면, 정규 학급 활동을 따분해하는 지적으로 우수한 아동은 주의를 집중하지 않고 활기가 없으며 때로는 말썽을 일으키기도 할 것이다. 이들을 좀 더 도전적인 상황에 배치하면 열심히 참여하고 열성적이며 주의집중을 잘할지도 모른다. 동일한 아동에 대한 평가일지라도 전자와 후자의 상황에 따라 그 결과는 매우 다르게 나타날 것이다(Roedell, 1977b).

사회적 성숙도를 유아의 일반적인 수준에서 평가하기보다는 어떠한 행동이 특정한 맥락에서 성공적인 행동인가를 정의하고, 그러한 상황에서 유아를 관찰하는 것이 더 의미가 있을 것이다. 유아들은 낯선 어른과의 인터뷰 과정에서 자신의 또래들과 어떻게 상호작용하는가를 쉽게 표현하려고 하지 않을 것이다. 또한 유아들은 친숙한 상황에서와는 달리 낯선 상황에서는 매우 다르게 행동하는 경향이 있다. 예를 들면, 5세의 유아를 둔 한 부모는 1학년 학급에서 자신의 자녀가 잘 적응하는가를 알아보기 위하여 직접 학급에 참관했는데, 아이가 쉬는 시간에 다른 아이들과 함께 운동장 밖으로 뛰어나가지 않는 것을 보고 (그 아이가 그러한 학교 일과에 친숙하지 못한 상태였음에도) 자신의 자녀가 사회적으로 미성숙하다고 판단하였다(Roedell, 1977b).

한편 영재아들은 지도자적 특성을 나타낸다. 새로운 상황들에 빨리 적응하고, 친구들이 놀이동료와 학습동료로서 영재아를 자주 선택하므로 자신에 대한 신뢰감이 있어 그와 관련된 행동에 있어 지시를 내리는 경향이 있다. 또한 다른 아이들이나 어른들과 쉽게 친해지고, 문제해결에 필요한 행동과 해결책이 무엇인지 생각하고, 동료들과의 관계에 있어서 주도적이고 기대 이상의 책임감을 가지고 있다.

사회적, 정서적 발달의 정의와 측정에서 이러한 한계는 여기에서 고찰한 문헌들을 평가할 때 고려해야 할 사항이다. 그러나 이러한 어려움에도 불구하고 영재아들의 일상적인 생활에 대한 약간의 통찰을 제공해 줄 수 있는 연구 결과들이 있다. 영재아의 정의적 특성들은 성인기까지 지속되어, 성인 영재들을 일반 성인들과 비교해 보았을 때, 범죄, 성격결함, 정신분열, 알코올 중독, 이혼율 등이 평균 수준보다 낮았다. 특히 그들은 정서적, 사회적 적응과 성취동기가 강했다.

(2) 영재아의 성격 특성

지적인 영재아들의 사회적, 성격적 특성을 기술한 연구들은 매우 많다. "영재아들은 표준화된 검사 결과는 물론, 특정한 행동 양상을 근거로 판별할 수 있다"라는 Hildreth(1938)의 결론은 많은 교육자들 사이에 정설로 받아들여지고 있다. Hildreth의 결론은 뉴욕의 사립학교에 재학 중인 4세 유아들에게 Stanford-Binet 검사를 실시한 검사자들의 진술로부터 도출된 것이다. 지능지수가 130 이상인 유아들과 90~110 사이에 있는 유아들이 검사 상황에서 보여 주는 행동을 수행의 관점에서 비교하였다. 지능지수가 높은 유아들이 그렇지 않은 유아들에 비하여 긍정적인 특성을 더 많이 보인다는 것은 놀라운 일이 아니다. 유아들은 높은 점수를 얻기 위하여 무엇보다도 먼저 검사 상황을 의미 있고 생산적인 경험을 할 수 있는 것으로 지각해야 한다. 그러나 검사 점수가 높은 유아들은 일반 유아들에 비하여 협동, 지속력, 열성, 참을성, 성숙, 반응, 피로에 대한 저항 등과 같은 성격 특성이 우수하다고 해도 검사 상황이 아닌 곳에서는 그러한 행동이 나타나지 않을 수도 있을 것이다.

영재아에 대한 연구에 따르면 영재아들 간에는 성격적, 사회적 특성에서 개인차가 매우 크다(Gallagher, 1975). Terman의 연구에서는 연구 집단과 비교 집단 간에 성격과 사회성 발달에서 조그마한 차이가 나타났다. 그러나 Terman과 그의 동료들은 영재아들 사이에 존재하는 다양한 성격 특성을 강조하였다(예 Terman & Oden, 1947 참조). 로르샤하 검사(Rorschach test)를 통해서 측정된 우수한 아동들의 성격에 관한 연구 또한 이들 간의 다양한 개인차를 입증해 주었다(Mensh, 1950). 유아 발달에 관한 '시애틀 프로젝트'에서는 지적으로 우수한 30명의 유아들의 사회성에 대한 교사들 생각을 캘리포니아의 학령 전 사회성 능력 평가 척도를 통해 수집하였다(Levine, Elzey, & Lewis, 1969). 교사가 측정한 유아들의 사회적 능력은 상위 2%에서 80%에 이르기까지 매우 다양하게 분포되어 있었다.

또 다른 연구에서는 우수한 아동들의 성격 특성을 이들의 사회 경제적 지위와 관련해서 설명하였다. Bonsall(1955)은 12학년 학생들에게서 나타난 성격 특성에서의 차이는 지능지수보다 사회 경제적 지위와 관련이 있다고 주장하였다. Davison(1943)은 외부 자극에 대한 반응, 특정한 일에 대한 두려움, 소망, 걱정 등과 같은 특성은 사회 경제적 지위와 관련이 있다고 하였다. 그는 102명의 지적으로 매우 우수한 아동들에 대한 연구에서 아동들의 성격 특성에서의 다양성은 어떠한 집단의 아동들에게서나 발견될 것이라고 주장하였다.

영재성에 대한 정의는 어떤 사회적, 성격적 특성을 나타내야 영재아인가를 기술할 때 매우 중요한 역할을 한다. 영재아가 우수한 리더십의 관점에서 판별된다면 특정한 사회적 특성이 명확하게 드러날 것이다. 예를 들어서, Renzulli와 Hartman(1971)의 연구에서는 교사에게 리더십의 측면에서 영재를 판별하도록 요구했는데, 교사에 의해 영재아로 판별된 아동들은 그들 또래들이 평정한 교우관계도(sociometric)에서도 높은 점수를 받았다. 창의적인 아동들은 학업성취가 높은 아동들과는 다른 특성을 갖고 있는 것으로 판단된다. 예를 들면, 유아에 대한 연구에서 Singer와 Rummo(1973)는 창의성, 지능지수, 그리고 행동 양식 간의 관계를 연구하였다. 연구자들은 매우 창의적인 유아들은 자율성, 과제 지속성, 책임감 등의 특성에서 낮게 평정된 사실을 발견하였다. 반면 창의성이 높은 남아들은 의사소통, 호기심, 새로움 추구, 유머 감각, 명랑한 태도, 감정 표현 등에서 높게 평정되었다. 창의성과 지능지수가 모두 높거나 모두 낮은 여아들은 자신감이 부족하고 학급에서의 참여가 낮았으며, 이들은 이러한 영역에서 단지 하나만 높은 여아들보다 인기가 더 없는 것으로 나타났다.

(3) 영재아의 적응

지적으로 약간 우수한 아동들은 그들의 성격 특성이 어떠하든지 간에 적응을 잘하는 경향이 있다는 연구가 많다. 이들은 사회성이 잘 발달되어 있고 정서적으로 안정되어 있으며 학교 교육을 받는 기간이나 그 이후의 삶을 잘 영위한다(Gallagher, 1958a; Hollingworth, 1942; Liddle, 1958; Terman, 1925). 그러나 연구자들은 지적으로 매우 우수한 아동들은 사회적 적응에 어려움이 있을 것이라는데 동의한다(Getzels & Dillon, 1973; Hollingworth, 1942; Newland, 1976; Terman & Oden, 1974).

지적인 능력이 매우 우수한 아동들이 더 큰 어려움을 겪을 것이라는 사실은 여러 요인들에 의해서 설명될 수 있다. 먼저 이들의 지적인 수준과 신체 발달 수준 간에는 매우 큰 차이가 있을 수도 있다. 예를 들면, '시애틀 프로젝트'에서 4학년 수준의 글을 읽을 줄 알지만 연필을 사용해서 글을 쓰는 데 어려움이 있는 4세 유아들에 대한 관찰 결과가 있다. 이 프로젝트에 참여한 일부 유아들은 또래들에 비하여 신체적으로나 지적으로 우수했지만, 신체적인 움직임이 서툴고 협응능력이 부족하였다(Roedell & Robinson, 1977). 이 연구에 참여했던 지적으로 우수한 유아들은 제시된 과제가 자신들의 신체적 기술을 사용해서 완성하기에는 너무 복잡한 것이라고 생각했을 것이다. 이러한 이유로 인해서 과제를 미숙하게 수행하게 되면 이들은 좌절감을 느꼈을 것이다.

유아의 지적능력이 자신의 사회적 성숙도를 초과했을 때 생기는 지적 능력과 사회성 간의 차이는 유아들에게는 부적응의 원인이 될 수 있다. 사람들은 지적으로 우수한 유아들의 사회성이 기대한 바에 미치지 못할 경우 이들에게 실망을 하게 될 것이다. 사회성이 매우 뛰어난 지적 영재아들도 있다. 그러나 정신연령이 7~8세에 해당되는 3~4세 유아들 중에는 화장실 가는 일이나 옷을 입는 일에 도움이 필요하고, 자신의 욕구가 좌절되었을 때 다른 아이들을 때리거나 다른 아이들의 요구나 감정을 이해하는 데 어려움이 있을 것이다. 또한 이들은 자발적인 협동놀이나 집단에 합류하는 기술이 부족하고 또래들과 물건을 공유하고 차례를 지키려고 하지 않는 특성이 있을 수도 있다(Roedell & Robinson, 1977). 즉 이러한 아이들은 평균적인 지능을 가진 또래들과 사회적으로 유사하다. 동시에 이들은 자신들보다 훨씬 나이 든 아이들처럼 사고하고 추론한다.

발달 단계에서의 이러한 불균형은 지적으로 우수한 유아들이 지적 능력이 보통인 자신의 또래들과 지내야 하거나 지적으로 우수한 집단 내에서 자신이 가장 어린 아이에 속할 경우가 있는 유아들에게는 특히 곤란한 상황이 될 것이다. 이들은 분명히 이들의 특별한 능력으로 인하여 고립될 것이기 때문에 또래들에 비해 부족한 기능을 습득할 수 있는 방법을 학습해야 한다(Hollingworth, 1942; O'Shea, 1960). 학령 전 유아의 발달과 관련된 연구에 참여한 4세의 자녀를 둔 어머니는 자신의 아들이 친구들과 놀지 않겠다는 내용의 메모를 문 앞에 걸어 두기 위해 글을 쓴 다음, 친구들이 글을 읽을 줄 모르는데 그것이 무슨 소용이 있겠느냐며 그 메모를 구겨버리는 것을 본 적이 있다고 말했다. 또 다른 부모는 자신의 4세 된 아들이 시계를 볼 줄 모르는 친구가 자신과의 약속을 지키지 않았다는 이유로 실망하는 것을 본 적이 있다고 하였다.

영재아들은 정서적으로 민감하여 때로는 격렬한 반응을 나타내기도 하며 자아개념과 또래들과 다르다는 의식이 조기에 발달한다.

(4) 사회인지의 발달

사회성과 지적 기술 간의 관계에 대한 영역 중의 하나는 사회적 세계에 대한 유아의 이해, 즉 사회인지 분야이다. 다른 사람의 생각이나 느낌, 또는 의도를 이해하거나 다른 사람에 대해 기술하는 능력은 발달적 현상이다. 사회인지의 이러한 측면은 유아가 점차 성장해 감에 따라 예측 가능한 방향으로 변한다. 사회적 맥락 내에서 유아의 행동 방식은 많은 점에 있어서 그러한 맥락에 대한 유아의 이해와 관련이 있다(Shantz, 1975). 일반적으로 지적으로 조숙한 유아들은 다른 사람의 사고, 감정, 의도, 관점에 대한 이해 등을 이른 시기부터 발달시킨다.

지능 검사에 의해 측정된 아동의 지능과 다른 사람의 관점을 이해하거나 다른 사람을 기술하는 능력 간에는 많은 관련이 있는 것으로 밝혀졌다(Coie & Dorval, 1973; Irwin & Ambron, 1973; Livesly & Bromley, 1973; Rothenberg, 1970; Rubin, 1973; Shantz, 1975). 그러나 이러한 관계는 아동의 성, 사회 경제적 지위, 지능 검사의 유형 등에 따라 다양하다(Shantz, 1975).

사회인지적 관점에 따른 해석 중 하나는 성 역할 개념의 발달이 유아의 지적 발달과 관련이 있다는 것이다. 성 역할 불변성 검사에 따르면 성에 대한 아동의 이해는 일련의 4단계를 거쳐 발달된다. 이 검사는 자신의 성과 타인의 성(성 정체성)을 정확하게 구별하는 것(성의 안정성)과 시간의 변화와 모든 상황(성의 지속성)에 있어서 사람의 성에 대한 불변성을 이해하는 일련의 질문으로 구성되어 있다. 성에 대한 개념이 아직 발달되지 않은 아동들은 자신이 남아인지 여아인지를 말할 수 있지만, 다른 성의 옷을 입거나 장난감을 갖고 놀면 자신의 성이 바뀐다고 생각한다. 이들은 또한 원하기만 한다면 어른이 되어 성이 바뀔 수도 있다고 생각한다. 성의 불변성에 대한 아동의 이해 수준은 자신과 동일한 성을 가진 배우가 출현하는 영화를 보는 데 소비할 시간의 양을 예측할 수 있고, 이것은 또한 유아의 일반적인 성 역할 발달과 관련이 있는 것으로 생각된다(Slaby & Frey, 1975).

Miller, Roedell, Slaby, 그리고 Robinson(1978)은 영재아들이 일부 포

함된 3 ~ 4학년 아동의 성 개념을 연구하였다. 이들은 성 개념의 발달과 인지발달 간에 매우 밀접한 관계가 있다는 것을 발견하였다. 또한 지능지수가 130 이상에 속한 아동일수록 성의 불변성에 대한 문항에 더 정확하게 반응하였고, 지능지수가 130 이하인 또래들보다 더 높은 수준에서 성에 대한 개념을 이해하고 있는 것으로 나타났다.

(5) 사회적 상호작용 기술의 발달

Roedell(1978)은 평균 지능지수가 138이었던 3~5세 유아들의 사회적 상호작용 기술을 조사하였다. 이들의 사회성은 학령 전 대인간 문제해결 검사(Preschool Interpersonal Problem-solving Test; PIPS)와 Hahnemann의 학령 전 행동 평정 척도(Hahnemann Preschool Behavior Rating Scale)로 측정된 교사의 평정과 학령 전 아동발달(Child Development Preschool) 검사로 측정하였다. 이전의 연구(Spivack & Shure, 1974)에서는 PIPS 검사에 의해 측정된 사회적 갈등 상황에 대한 대안적인 해결책을 개념화할 수 있는 능력과 소수 민족이나 저소득층에 속하는 유아의 학급 적응 간에 관계가 있는 것으로 나타났다. 반면에 Roedell의 연구에서는 PIPS 검사에서의 수행과 유아의 사회성에 대한 교사의 평정이나 유아의 자유로운 놀이에 대한 교사의 관찰과의 관련성이 나타나지 않았다. 세 가지 측정 도구 모두 영재아들의 수행을 근거로 제작되었지만 지능지수는 사회화의 인지적 측면이 포함된 측정치와 관련이 있었다. 예를 들면, 지능이 매우 높은 유아들은 사회적 갈등을 해결할 수 있는 이론적 방법이나 유아들이 협동적으로 상호작용하는 방법에 대한 아이디어를 더 많이 갖고 있었다. 그러나 이러한 우수한 사회인지적 기술이 유아의 행동을 통해서 나타나지는 않았다. 좀 더 정교화된 도구를 사용한다면 인지적 능력과 사회성과의 관계를 밝혀 줄 수 있을 것이다.

그러나 문제 해결력만으로는 사회적 상호작용 문제를 적절히 설명해 줄 수 없을 것이다. 이 연구에서 행동에 가장 큰 영향을 미치는 것은 측정이 이루어진 시점이었다. 유아들은 교사의 안내와 강화를 통해서 사회적 상호작용 기술을 가르치는 프로그램에 참여했는데, 이들은 학년 말에 협동적인 상호작용에 더 많이 참여하고 더 사회화되는 경향이 있었다.

따라서 사회적 상호작용 기술을 발달시키기 위해서는 사회적 경험과 사회적 이해가 결합되어야 한다.

지적, 언어적으로 빠른 유아들은 사회적 기술 측면에서도 발달이 빠르게 나타나 감정이입, 타인배려, 지도자적 특성을 나타낸다. 또한 좀 더 나이 든 아동이나 성인과 함께 상호작용하는 능력도 조기에 발달된다.

사진 2-5 유아영재의 사회적 상호작용

(6) 우정과 인기

영재아의 인기에 관한 연구 결과는 항상 일치하지만은 않는다. 영재아들은 또래들로부터 고립되어 있다는 주장(O'Shea, 1960)이 있는 반면, 영재아들은 친구들도 많고 잘 어울린다는 연구도 있다(Gallagher, 1958a; 1958b).

또래 수용의 정도는 흔히 교우관계도에 의해 측정된다. 일반적인 교우관계도 검사는 아동들에게 학교 축제 때 같이 앉고 싶은 친구, 숙제를 도와주고 싶은 친구, 같은 팀이 되고 싶은 친구 등을 질문해서 가장 친하게 지내고 싶은 아동을 지명하도록 한다(Mann, 1957). 또한 아동들에게 가장 싫어하는 급우를 지명하도록 하기도 한다. 아동의 인기 점수는 급우들로부터 긍정적인 지명을 받은 점수의 합계이다.

일반적으로 우수한 아동들이 인기가 더 많다(Gallagher, 1958a; 1958b; 1975; Hartup, 1970; Heber, 1956). 지능지수와 교우관계도의 점수 간에는 .20 ~ .65 정도로 비교적 긍정적이고 유의미한 상관이 있는 것으로 나타났다(Hartup, 1970).

또한 지적으로 우수한 아동들은 자신의 사회적 지위와 또래들의 지위를 잘 예측하는 경향이 있었다(Gallagher, 1958b; Miller, 1956). 이러한 자기평가 기술은 유아영재의 사회인지가 우수하다는 것을 입증해 주는 것이며, 이들의 인기를 설명하는데 도움이 될 것이다. 다른 사람의 요구를 이해하는 유아들은 그러한 요구에 적절히 반응하는 것 같다.

Gallagher(1975)는 지적으로 우수한 아동이든지 혹은 그렇지 않은 아동이든지 동일한 이유로 인기가 있거나 없을 수 있다고 하였다. 사회적 상호작용이 훌륭한 우수한 아동들은 그러한 기술이 부족한 우수한 아동들보다 더 인기가 있는 것 같다.

지적으로 우수한 아동들이 또래들로부터 인기를 얻고 있는 반면에 소외나 따돌림을 당하는 우수한 아동들이 있는데, 특히 능력이 매우 우수한 아동들이 또래로부터 소외를 당한다(Gallagher, 1975; Getzels & Dillon, 1973; Hollingworth, 1942; Miller, 1956; Newland, 1976; Terman & Oden, 1947). 예를 들면, Gallagher(1958a)는 지적으로 우수한 초등학생은 급우들로부터 폭넓은 인기를 얻지만 지능지수가 165 이상인 아동들은 급우들에게 그다지 인기가 없다고 하였다.

O'Shea(1960)와 Hollingworth(1942)는 지적으로 매우 우수한 아동들의 사회적 고립을 의사소통의 문제 때문이라고 주장하였다. 특히 매우 우수한 유아들에게서 이러한 문제를 찾아볼 수 있다. 예를 들어서, 6세 정도의 복잡한 구문과 어휘를 사용해서 의사소통 할 수 있는 3세의 어떤 영아는 언어적 능력이 그보다 낮은 또래들과 상호작용하는 데 어려움이 있는 것으로 나타났다. 장기나 땅따먹기와 같은 놀이를 열정적으로 하는 4세 정도의 유아는 유사한 취미와 기술을 가진 친구를 찾지 못할 것이다.

지적으로 우수한 유아들의 고립감은 능력이 유사한 또래들과 교제할 수 있는 기회를 준다면 해결될 수 있다. O'Shea(1960)는 여러 연구를 종합한 결과 우정은 생활연령이 유사한 아동들 사이에서보다 정신연령이 유사한 아동들 사이에서 더 잘 형성된다고 하였다. Hubbard(1929)는 함께 지내는 시간이 많았던 정신연령이 유사한 3세 유아들 간에는 .41의 상관이 있었고, 특히 좋은 친구 관계를 유지하는 정신연령이 유사한 유아들 간에는 .62의 상관이 나타났다.

그러나 이러한 결과는 더 나이 많은 아동들에게는 적용되지 않는다. Gallagher(1958a)는 초등학교에서 아동들의 우정을 결정해 주는 것은 지능지수라기보다는 아동과 이웃한 지역에 사는 것이라고 하였다. 아동들은 자신의 이웃에 사는 아동들 중에서 가장 좋은 친구를 선택하는 경향이 있었다. 우수한 아동들 역시 우수하거나 평범한 아동을 친구로 선택하였다. 반면에 Mann(1957)은 영재프로그램에 참여하고 나머지 시간은 정규 학급에서 공부하는 초등학생은 자신이 가장 좋아하거나 가장 싫어하는 친구를 영재프로그램에 같이 참여하는 급우 중에서 선택하였다. 이것은 영재아들이 자신보다 지적으로 덜 유능한 정규 학급에 있는 급우들에게 관심이 많지 않다는 것을 의미한다. 분명히 일반 학급에 있는 아동들은 영재아들이 매우 좋아하거나 매우 싫어할 정도로 흥미를 불러일으키지 않는다. 그러나 이 연구는 영재프로그램을 실시하는 동안에 측정된 교우관계도를 바탕으로 이루어졌기 때문에 그 결과가 편향되었을 수도 있다.

결론적으로 영재아들의 인기 정도는 사회적 상호작용 기술의 형태, 능력의 우수성 정도, 능력이 유사한 또래와의 교제 가능성 등에서의 차이가 있다.

Section

4. 지적 영재아의 특성

1) 언어 능력과 사고 능력

영재아들의 일반적인 특성은 이들이 언어와 사고력에 있어서 조숙하다는 것이다. 이들의 지능지수는 나이가 많은 아동들과 비슷하다. 이들의 정신연령은 생활연령과 신체적 발달을 능가한다.

Piaget(1969)는 “아동들은 개념적으로 다룰 수 있는 것만 언어로 표현할 수 있다.”라고 주장했다. 즉 언어 능력의 조숙은 어휘와 지식 기반의 급속한 성장과 공간적 사고력, 복잡한 개념 형성, 문제해결, 초인지적 사고, 상대방의 반응 이해, 관계 찾기와 같은 추상적 사고 능력 등의 빠른 발달을 의미한다(Benbow & Minor, 1990; Delisle, 1992; Moss, 1990; Van Tassel-Baska, 1988).

사진 2-6 영재수업 : 토론 활동

2) 읽기 능력

영재성이 있는 유치원 아동은 어른스러운 용어를 사용해서 말을 하며 3~4세에 이미 글을 읽는다. 어떤 아동은 스스로 읽기를 깨치기도 하며 이해력이 빠르게 발달한다. 이들은 부모에게 이것저것 물어보면서 글을 읽는다. 영재아들은 자발적으로 혹은 부모를 통해서 읽기 능력을 빨리 획득한다. 그러나 모든 영재아들이 글을 빨리 읽는 것은 아닌 것 같다. 예를 들면, 아인슈타인은 8세가 되어서야 비로소 글을 읽을 수 있었다.

영재아들의 독해력은 우수하다. 이들은 실용적인 어휘와 다양한 주제에 대한 많은 정보를 갖고 있다. 또한 이들은 고학년 아동들이나 할 수 있는 복잡하고 추상적인 개념과 관계들을 파악할 수 있다. Bryant(1989)와 Smith(1991)에 따르면 조기에 글을 읽는 아동들은 학습에 대한 열의가 높고 독자적으로 공부하는 능력을 갖추고 있으며 포괄적인 지식, 사고 능력, 문제해결력이 높다. 또한 이들은 호기심과 질문이 많고, 경쟁심이 높고, 완벽주의자이고, 기억력이 좋고, 주의 집중력이 강하며, 판단이 명석하고, 독창성이 많고, 어휘력이 풍부하다.

RAPYHT 프로그램에 참여한 아동들의 경우에도 그들은 독서를 즐기고 고급수준의 어휘와 문장구조를 사용하였다. 독서를 할 때 장시간 집중을 하고, 이해력과 기억력이 뛰어났다. 또한 이름, 편지, 단어 등의 인쇄물에 많은 흥미를 느꼈다.

사진 2-7 영재아들은 언어능력이 발달되어 있다

3) 논리적 사고력

영재아들의 사고 과정은 빠르고 논리적이다. 이들은 호기심이 많고 학습에 대한 동기가 강해서 계속적으로 질문을 한다. 이러한 특성을 생각한다면 이들의 질문 능력과 인과관계 이해력, 수렴적인 문제해결력, 지구력(Cox, 1926; Walberg et al., 1981), 통찰력(Davidson, 1986; Davison & Sternberg, 1984) 등이 우수하다는 것은 놀라운 일이 아니다.

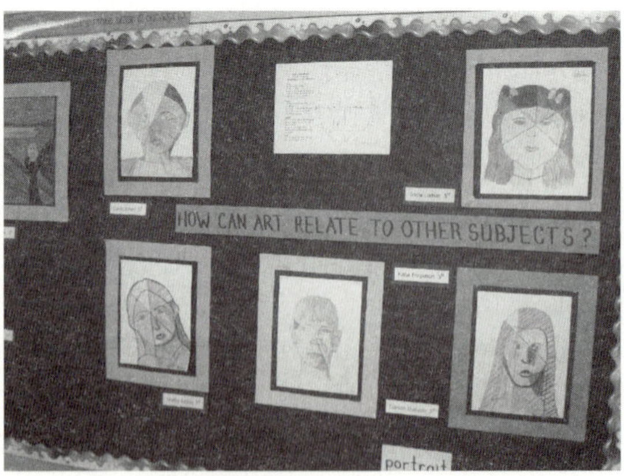

사진 2-8 예술과의 상관

4) 쓰기, 수학, 음악, 예술 능력

영재아들은 또한 조기에 쓰기를 시작한다. 이런 능력은 영재아의 강한 욕구, 학습할 준비도, 부모, 형제나 교사의 지도가 결합된 것이다. 영재아들의 높은 수학적, 음악적, 예술적 능력은 언어적, 개념적 능력과 더불어 조기에 나타난다. 수학 영재아는 유치원에 다니면서 1,000원과 10,000원짜리 지폐를 계산할 수 있고 두 자리 숫자의 덧셈과 뺄셈을 할 수 있다.

영재아들의 운동 기능은 다른 능력에 비해 뒤떨어진다. 예를 들면, 어떤 영재아는 머릿속으로 복잡한 계산을 할 수 있고 고학년 수준의 읽기를 할 수 있지만 눈과 손의 협응이 아직 미숙하기 때문에 숫자와 문자를 잘 쓸 수 없거나 아이디어를 잘 표현할 수 없다.

RAPYHT 프로그램에 참여한 아동들은 숫자세기, 측정하기, 무게달기, 배열하기 등 산수와 관련된 활동을 할 때도 오랫동안 집중하였다. 그리고 수학적인 관계 및 수학기호를 잘 이해하고 오래 기억하였다. 덧셈, 뺄셈 등의 간단한 계산은 쉽게 하고, 시간이나 돈과 관련된 개념에 관심이 많을 뿐만 아니라 잘 이해하였다. 또한 수학능력과 개념을 다른 활동에 잘 응용하였다.

사진 2-9 유아영재의 조작활동

5) 동기, 지구력, 흥미

영재아와 유명인사들의 두드러진 특성 중 하나는 동기가 높고 지구력이 강하다는 점이다(Bryant, 1989; Dunn & Griggs, 1985; Franks & Dolan,

1982; Renzulli & Reis, 1991b; Walberg & Herbig, 1991). Terman 연구의 대상자들 중 일부는 사회에서 성공적이었으나 일부는 그렇지 못했다. 그것은 동기의 차이 때문이었는데 동기의 차이는 가족의 가치관에서 기인하기도 한다(Terman & Oden, 1959). Albert(1975)는 천재들의 중요한 특성은 어떤 결과를 산출하려는 추진력과 과제에 대한 몰두라고 하였다. Burk(1980)에 따르면 영아에서 초등학교 2학년 아동의 경우 지구력은 성취와 개인적 적응과 관련이 있다.

Galton(1869)은 그의 저서 "유전적 천재"에서 다음과 같이 말하고 있다.

> "천부적 능력에는 지능과 성향(disposition)의 질이 모두 포함되는데 이것은 사람이 명성을 얻을 수 있는 행동을 하도록 한다. 그러나 열정이 없는 능력이나 능력이 없는 열정, 혹은 많은 노력을 기울이려는 힘이 없는 열정과 능력의 결합은 천부적 능력이 아니다."

영재아들에게서 볼 수 있는 높은 학습 동기는 호기심과 높은 수준의 독해력, 그리고 논리적 능력과 결합되어서 나타나는데 이것은 종종 놀라울 정도로 고차원적인 흥미를 유발한다. 영재아들이 제안한 주제나 프로젝트의 질적 수준은 대단히 높고 복잡하다.

Section

5. 창의적 영재아의 특성

1) 창의성과 지능

지능이 높은 학생들은 창의성이 높을 수도 있고 그렇지 않을 수도 있다. 창의성과 지능의 관계는 오래된 관심거리이다. 창의성과 지능은 독립적인 능력으로 간주된다. 예를 들면, Getzels와 Jackson(1962), Wallach와 Kogan(1965)은 지능이 높은 학생과 창의성이 높은 학생을 비교한 연구를 통해 두 특성은 동일하지 않다는 것을 확인했다. Getzels와 Jackson에 따르면 지능이 높은 학생과 창의성이 높은 학생 모두 학업성취도가 높았지만 교사들은 지능이 높은 학생을 더 좋아한다.

그러나 창의성과 지능은 서로 관련이 있다는 연구도 있다. 대표적인 것이 유명인사들에 대한 Walberg의 연구이다. Walberg는 창의적인 예술가와 과학자들에 대한 연구에서 "그들은 다른 사람들보다 더 똑똑하고 더 빨리 이해하는 것이 확실하다."라고 주장하였다.

창의성이 지능과 관계가 있는지 혹은 그렇지 않은지에 대한 의문은 역치(threshold) 개념으로 설명할 수 있다. 즉 어느 정도의 지능은 창의적 생산에 반드시 필요하다. 그러나 지능이 일정한 수준에 이르게 되면 창의성과 지능 간에는 관계가 없다(MacKinnon, 1978). Walberg에 따르면 높은 수준의 수행을 위해서는 약간 우수한 지능이 필요하지만 최고 수준의 수행을 위해서 반드시 최고 수준의 지능이 필요한 것은 아니다. 이것은 최고의 수행을 하기 위해서는 최고 수준의 지능보다 더 중요한 다른 심리적 특성이나 조건이 요구된다는 것을 의미한다. 특히 창의적인 사람들은 독립적이고, 자신감이 넘치며, 동기화되어 있고, 변화를 시도하고, 전통에 도전하며, 규칙을 바꾸려고 하기 때문에 실패하는 경우도 있다.

지적인 영재아와 창의적인 영재아를 구별하는 과정에서 오는 하나의 중요한 시사점은 영재아를 지능지수가 상위 1~5%에 해당되는 학생을 중심으로 판별한다면 창의적 영재아의 대부분은 영재아로 판별되지 않을 수도 있다는 것이다. 또 다른 시사점은 교사들에게 영재아를 판별해 보라고 하면 많은 교사들은 행동이 방정하고 확신이 있으며 책임감이 있는 학생을 영재아로 판별하는 경향이 있다. 사실 중학교 수준에서 실시되는 수업(예 수학, 과학)은 창의적인 영재아의 특별한 재능을 그다지 요구하지 않는다. 그러므로 창의적인 학생들은 복잡한 개념을 빠르게 이해하는 지적인 영재아보다 두드러진 수행을 나타내지 못하게 된다. 그러나 창의적 영재아들의 성취와 사회적 기여도는 좋은 점수를 받는 데만 관심이 많은 영리한 학생들의 성취와 사회적 기여도를 능가할 것이다(Renzulli, 1986; Renzulli & Reis, 1991b).

사진 2-10 영재아는 직접 실험을 통한 발견을 즐긴다

2) 성격 특성

창의적인 사람들의 성격에 대한 연구에 따르면 창의적인 사람들에게는 몇 가지 공통된 특성이 있다(Barron, 1969, 1978, 1988; MacKinnon, 1962, 1975, 1978; Perkins, 1988; Simonton, 1988; Sternberg, 1988; Tardif & Sternberg, 1988; Torrance, 1981a, 1984, 1987, 1988; Walberg & Herbig, 1991). 이러한 특성들은 창의성이 높은 모든 사람들에게 나타나는 것은 아니다. 창의성의 형태와 창의적인 사람의 유형은 매우 다양하기 때문에 창의적인 사람의 성격 특성을 일반화하기란 쉽지 않다. 다음은 일반적으로 창의적인 사람들이 보이는 성격 특성이다.

① 창의성에 대한 의식 : 창의적인 사람들은 의식적으로 자신의 창의성을 알고 있다. 그들은 어떤 일을 창의적으로 하는 습관을 가지고 있고 창의적인 사람이 되고 싶어 한다.

② 자신감과 모험심 : 창의적인 사람들은 자신감이 높고 독립적이며 창의적인 모험을 즐긴다. 혁신적인 사람들은 변화를 추구하고 특이하며 전통에 도전하고 규칙을 바꾸어 보려고 한다. 모험의 중요성은 "당신이 성공할 수 있는 확률은 실패할 확률의 두 배이다."라고 한 IBM의 설립자인 Watson의 말에 잘 나타나 있다. 반면에 Treffinger (1983)는 창의적인 사람들은 모험을 좋아하지 않을 수도 있다고 한다. 즉 창의적인 사람들은 여러 가지 문제들을 주의 깊게 고려해서

계획을 세우고 실행하기 때문에 이들이 실패할 가능성은 훨씬 적다고 하였다.

③ 무한한 에너지와 도전감 : 창의적인 사람들은 대단히 정력적이며 자발적이고 열정적이다. 이들은 자신의 아이디어에 완전히 몰입해서 그 일을 끝마칠 때까지 중단하지 않는다. Amabile(1986)는 창의적인 사람들의 이러한 특성을 '일에 대한 애착'으로, Torrance(1987, 1988)는 '강력한 추진력'으로 표현하였다.

④ 호기심 : 창의적인 사람은 어린아이와 같은 호기심과 궁금증을 가지고 있다. 이들은 자신을 둘러싸고 있는 세상을 이해하고 싶은 강한 호기심을 갖는다. 호기심은 흔히 폭넓은 관심과 특별한 취미를 갖게 하고 다양한 수집을 하게 한다.

⑤ 유머와 장난기 : 지적 영재아들과 마찬가지로 창의적 영재아들도 유머를 즐긴다. 유머는 어떤 문제에 신선하고 즐겁게 접근할 수 있는 능력이다. 많은 발명품과 예술적 창조물은 아무런 제약도 없는 편안한 상황에서 이루어진 놀이의 산물이다. Rogers와 Freud는 창의적인 사람의 성격은 마음이 어린아이와 같고 환상적이며 쾌활하다고 하였다. 또한 "창의적인 사람은 언제나 어린아이와 같은 마음을 갖고 있는데 우리들 보통사람은 벌써 어른이 되어 버렸다는 것이 비극이다(Fabun, 1968)."라는 말이 흔히 인용된다.

⑥ 이상주의와 반성적 사고 : 창의적인 사람들은 자신의 역할과 인생의 목적에 대해 많은 생각을 한다. 이들은 이상주의와 개인주의적 성향을 강하게 가지고 있어서 보수집단을 심하게 비판하며 고등학교나 대학을 중퇴하는 경우도 많다.

⑦ 고독 : 개인적인 시간을 갖고자 하거나 고독에 대한 욕구는 반성적 사고와 관련이 있다. 반성적 사고나 창의적인 문제해결을 위해서는 생각할 시간이 필요하다.

⑧ 예술적 · 심미적 관심 : 창의적인 사람들은 예술적 감각이나 예술에 대한 관심이 높다. 이들은 미술관, 연극, 음악회, 극장 등에 많은 관심

을 보인다.

⑨ 새롭고 복잡하고 신비로운 것에 대한 매력 : 창의적인 사람들은 복잡한 것을 선호하고 신비로운 것에 매력을 느낀다. 예를 들면, Barron (1969, 1978)은 훌륭한 예술가들은 불명확하고 복잡하며 비대칭적인 그림을 선호한다고 하였다. Martindale(1975)에 의하면 디자인과 음악과 같은 분야에 창의적인 사람들은 새로운 것에 직면했을 때 의구심이나 적대감을 갖는 보통 사람들과는 다르게 흥분을 한다. 창의적인 사람들은 영혼, 특별한 감각, 텔레파시 등과 같이 정신적이고 신비로운 것에 대한 믿음이 강하다.

⑩ 애매모호함의 수용 : 창의적인 문제해결은 애매모호함을 통해 이루어진다(Sternberg, 1988). 문제해결 과정에서 생기는 아이디어는 계속적인 변형, 추측, 개선 등을 통한 통찰로부터 나온다. 이러한 변형, 추측, 개선은 애매모호함을 해결하는 데서 비롯된다. Sternberg는 "창의적인 사람이 되기 위해서는 애매모호함을 받아들이려는 의지가 있어야 한다."라고 하였다.

⑪ 반성적 사고와 충동성 : 창의적인 사람들의 충동성과 반성적 사고의 변화 과정은 매우 흥미롭다. 창의적인 초등학생은 반성적인 사고를 하는 경향이 있기 때문에 과제수행이나 의사결정에 조심스럽다. 그러나 청소년기가 되면 자신감과 모험심을 갖게 되어 충동적으로 변한다.

⑫ 지각과 직관 : 창의적인 사람들은 더 지각적이고 사물의 관계를 직시하며 정신적인 도약을 즐기는 경향이 있다. Tardif와 Sternberg (1988)는 이런 특성을 '심미적 능력(aesthetic ability)'이라고 했는데 이것은 문제를 정의하고 해결하는 데 중요한 역할을 한다.

⑬ 기타 특성과 부정적 특성 : Torrance(1981b)는 교사와 부모의 이해를 돕기 위해 창의적인 학생들의 특성을 다음과 같이 제안하였다.

- 스스로 일하는 것을 좋아한다.
- '만일 ~라면 어떻게 될까?'라는 식의 질문을 좋아한다.

- 아이디어가 많다.
- 상상력이 풍부하고 흉내 내기를 좋아한다.
- 어휘력이 풍부하고 화술이 뛰어나다.
- 융통성 있는 사고를 한다.
- 인내심이 있고 포기하기를 싫어한다.
- 어떤 일을 구성하고 재구성한다.
- 동시에 여러 개의 아이디어를 처리한다.
- 진부하고 반복되는 일을 싫어한다.
- 주어진 과제보다 더 많은 것을 한다.
- 친숙한 사물을 다른 시각에서 보려고 한다.
- 자신의 발명품에 관해 이야기하는 것을 좋아한다.
- 정해진 절차와는 다른 방식으로 처리하는 것을 좋아한다.
- 새로운 시도를 두려워하지 않는다.

지금까지 제시한 창의적 특성들은 매우 매력적으로 보인다. 그러나 창의적인 사람들은 보통 사람들을 혼란스럽게 하는 습관이나 특성을 가지고 있어 부모, 교사, 친구 등을 놀라게 한다. Torrance(1962, 1981b)와 Smith(1966)는 창의적인 사람들의 부정적인 특성을 다음과 같이 제시하였다.

- 인습과 예절에 대해 무관심하다.
- 고집이 세다.
- 간섭받기를 싫어한다.
- 학급 활동에 참여하기 싫어한다.
- 비협조적이다.
- 변덕스럽다.
- 냉소적이다.
- 세부적인 내용에 흥미가 없다.
- 지저분하고 비조직적이다.
- 법, 규칙, 권위에 대해 의문을 갖는다.
- 자기중심적이다.

- 성미가 까다롭다.
- 요구 사항이 많다.
- 감정적이다.
- 내향적이다.
- 신체적으로나 정신적으로 과잉행동을 보인다.
- 잘 잊어버리고 정신이 다른 곳에 있다.
- 사교성이 부족하다.

3) 전기적 특성

전기적(biographical) 특성은 유형적인 것과 무형적인 것이 있다. 유형적인 요인은 영재아동의 창의적 행동의 역사를 의미한다. 창의적인 아동들은 물품 제작, 취미, 수집, 작곡, 작문, 과학 발명품 등의 분야에서 다양한 창의적 업적을 이룬다. 이러한 업적들은 창의적인 영재아동을 확인하는 유용한 방법이다. 또 다른 요인은 무형적인 것이다. Schaefer(1969)는 창의적인 아동은 자신보다 더 어리거나 나이 많은 사람과 사귀는 경향이 있으며 운동을 별로 좋아하지 않는다고 하였다. 그들은 여러 곳을 옮겨 다니며 살고, 외국 여행을 좋아한다. Somer와 Yawkey(1948)에 따르면 창의적인 아동은 흔히 상상 속의 친구를 가지고 있다. 이런 상상 속의 친구는 독창성과 정교성을 향상시키고 대인관계의 민감성을 길러주어 창의성에 도움이 된다.

사진 2-11 영재를 위한 환경 구성(Charles school)

Section

6. 영재아의 정의적 특성

1) 사회기술, 개인적 적응, 자아개념

전술한 바와 같이 Terman 연구에 참여한 영재아들은 개인적으로나 사회적으로 적응을 잘하였다. 그들은 다른 아동들에 비하여 정서적으로 안정되어 있었으며 정신 건강 역시 양호하였다. Hollingworth(1942)는 중간 수준의 영재아(IQ 120 ~ 145)들은 사회적으로 잘 적응하지만 상위 수준의 영재아들은 친구들과 좋은 관계를 유지하지 못한다고 주장하면서 상담이나 정서교육이 영재교육 프로그램의 중요한 부분이 되어야 한다고 주장하였다.

영재아들은 보통 아동들보다 적응을 잘하고 자아개념이 높다(Chapman & McAlpine, 1988; Dauber & Benbow, 1990; Feldhusen, 1989; Janos et al., 1988; Grossberg & Cornell, 1988; Olszewski-Kubilius, Kulieke, & Krasney, 1988). Milgram과 Milgram(1976a)은 "지적인 영재성이란 살아가는 과정에서 직면하게 되는 도전들을 해결하는 무기인데 이것은 사회적, 개인적 적응과 연합되어 있다."라고 하였다. 그러나 영재아들의 자아개념에 대한 연구 결과는 연령차와 성차 혹은 연구자들이 보는 자아의 종류(학문적 자아, 사회적 자아)에 따라 다르게 나타난다. 예를 들면, Colangelo와 Kelly(1983)는 영재아, 평재아, 학습장애아로 판별된 7 ~ 9학년 아동의 자아개념을 비교하였다. 전반적으로 영재아의 자아개념이 평재아보다 의미 있게 높았으며 평재아의 자아개념은 학습장애아보다 높았다. 구체적으로 살펴보면 영재아의 학문적 자아개념은 평재아보다 의미 있게 높았으나 사회적 자아개념은 평재아와 차이가 없었다.

한편 Kelly와 Colangelo(1984)에 따르면 영재 남학생은 평재 남학생보다 전반적인 자아개념 점수가 높았으나 영재 여학생의 경우는 차이가 없었다. 그러나 초등학교 4 ~ 6학년을 대상으로 한 Loeb와 Jay(1987)의 연구 결과는 이와 반대로 나타났다. 영재 남학생들과는 달리 영재 여학생들은 평재 여학생들보다 자아개념이 더 긍정적이었으며 내적 통제소재가 더 높았다. 또한 초등학교 고학년 영재 남학생들의 지적 성향은 그들이 갖고 있는 남성상(男性像), 즉 공격성, 자신감, 개인주의와 일치하지 않았다.

영재아들에게만 나타나는 독특한 정의적 특성은 이들이 가지고 있는 정서적 예민성과 과도한 흥분이다. 예를 들면, 이들은 열정적이기 때문에 말을 빠르게 하고 일에 지나치게 집착한 나머지 일에 중독된 증세를 나타내기도 한다. 이들은 또한 생생한 심상과 감각적 경험을 갖고 있다. 이들의 정서적 반응은 극단적으로 유쾌할 때도 있지만 평재아보다 더 두려워하고 우울해하는 경우도 있다.

2) 독립심, 자신감, 내적 통제

영재아의 중요한 성격 특성 중 하나는 자신감이 높고 독립심이 강하다는 점이다. 이러한 특성으로 인하여 영재아들은 평재아들에 비해 발달이 빠르다. 내적 통제는 성공과 실패의 책임을 느끼는 것과 관련이 있는데 내적 통제가 높은 아동은 실패를 건설적으로 활용하여 실수를 통해서 많은 것을 학습한다. 내적 통제에 의존하는 아동은 실패의 원인을 노력이나 능력 부족으로 돌리기 때문에 실패를 더 열심히 노력할 수 있게 하는 일시적인 후퇴로 간주한다. 반대로 외적 통제에 주로 의존하는 아동은 성공과 실패의 원인을 운, 과제의 난이도, 불공정한 교사, 수면 부족 등으로 돌린다. 이처럼 외적 통제에 의존하는 아동은 결과에 대한 책임을 자신의 것으로 받아들이지 않기 때문에 실패를 하게 되면 더 이상 열심히 공부하지 않게 된다.

내적 통제와 책임감이 강한 영재 아동들은 스스로 높은 목표를 설정한다. 일반적으로 영재아들은 자신이 설정한 목표를 성취하지 못했을 경우에 실망, 좌절, 무능력 등을 경험하게 된다. 부모와 교사들은 영재아들이 자주 좌절감과 자기 비판적 성향을 보인다는 사실에 놀란다. 그러나 영재아들의 이러한 좌절은 자신의 수행을 다른 아동들과 비교해서가 아니라 그들이 설정해 놓은 높은 기대 수준과 완벽주의자적 성향에서 비롯된다.

3) 학습양식

Griggs와 Dunn(1984)은 영재 아동들은 교사에 의해 동기화되기보다는 자기 스스로 동기화된다고 하였다. 영재아들은 구조화된 과제보다는 구조화되어 있지 않고 융통성이 요구되는 과제를 좋아한다. 또한 이들은 학습에 능동적으로 참여하며 잘 통합된 지각력을 가지고 있다. 이것은 이들이 다양한 지각 통로, 즉 청각, 시각, 촉각, 운동 감각 등을 사용해서 학습한다는 것을 의미한다. 더욱이 이들은 평재 아동들보다 책임감이 높고 독자적으로 학습하는 것을 선호한다(Dunn & Griggs, 1985).

Ricca(1984)는 영재아와 평재아들이 선호하는 학습 조건과 활동을 비교하였다. 영재나 평재아들 모두 가장 좋아하는 학습 활동은 교사놀이였고 가장 싫어하는 것은 훈련과 암송이었다. 그러나 영재아들은 독립적으로 공부하는 것을 좋아했고 평재아들은 또래 교수와 강의식 수업을 영재아들보다 더 선호했다. 영재아들은 시각을 통한 학습보다는 움직임이 많은 학습과 촉감을 활용한 학습 방법을 선호했다. 또한 Ricca는 영재아들이 융통성과 독립성을 좋아하는 것은 이들이 자율성을 많이 보장해 주는 학습 활동을 선호한다는 것을 의미한다고 하였다.

Griggs와 Dunn(1984), Griggs(1984)는 두 가지 중요한 점을 지적했다. 첫째, 영재 아동들이 선호하는 학습 조건과 활동에는 개인차가 많다. 따라서 교사는 영재아들 각각이 선호하는 학습양식을 인식하고 있어야 한다. 둘째, 영재 아동들이 선호하는 학습양식을 제공하면 이들의 학업성취와 학교에 대한 태도는 긍정적으로 향상된다는 것이다.

학습양식을 평가하기 위한 두 가지 검사도구는 Dunn, 그리고 Price(1981)의 학습양식검사(Learning Style Inventory), Renzulli와 Smith(1978b)의 학습양식검사가 있다. 전자는 환경적(빛, 소리, 온도, 디자인), 정서적(동기, 지속력, 책임감, 구조 혹은 선택에 대한 요구), 사회적(자기, 동료, 팀, 성인), 신체적(일과, 식욕, 움직임 등), 심리적(전체적 · 분석적, 좌 · 우, 충동적 · 반성적)영역에서 학습 선호도를 평가한다. 후자는 교사놀이, 독자적 공부, 프로그램 수업, 프로젝트, 시뮬레이션, 또래 교수, 토론, 강의, 훈련과 암송 등에 대한 선호도를 평가한다.

사진 2-12 유아들에게 있어서 움직임과 이해 간의 연관성이 매우 강하다

4) 유머 감각

영재아들의 뛰어난 유머 감각은 신속한 사고력, 관계 파악능력, 일반적인 자신감, 그리고 사회적 적응성으로부터 자연스럽게 나오는 것 같다. 유머는 사회적 상호작용에서는 물론 예술, 창의적 작문 영역에서도 나타난다.

5) 도덕적 사고 및 동정심

언어 능력과 더불어 도덕성 발달은 지적 발달과 관계가 있다(Diessner, 1983). 일반적으로 영재아들은 가치와 도덕적 문제에 상당히 민감하다. 그들은 어떤 행동의 선과 악을 직관적으로 이해한다. Piaget와 Inhelder (1969)는 발달이 빠른 아동일수록 자기중심적인 사고를 적게 하는 경향이 있다고 하였다. 그러므로 영재아동은 다른 사람의 권리를 인정하고 다른 사람의 감정과 기대에 민감할 것이다. 또한 그들은 공정하고 다른 사람의 감정과 문제에 공감할 것이다.

영재아들은 아동기에서부터 가치 체계와 공정성, 그리고 정의감을 발달시키며 그것을 정교화하고 내면화한다. 이렇게 내면화된 가치 체계는 일관적인 행동과 태도를 유도한다(Perrone, Karshner, & Male, 1979). 영재아들은 공정하고 동정적일 뿐만 아니라 정직하며 동일한 기준에 따라 사람을 평가한다. 따라서 영재아들은 학교에서 문제 행동을 덜 일으키게 된다(Ludwig & Cullinan, 1984).

특히 영재아들은 사회 문제에 많은 관심을 갖는다. 즉 어른들은 거리에 쓰레기를 왜 아무렇게나 버리는가? 정치가들은 노인과 저소득층 사람들을 위한 복지 기금을 왜 삭감하려고 하는가? 등에 대해서 영재아들은 어른들이나 교사들과 종종 심각한 토론을 하곤 한다. Hollingworth(1942)는 IQ가 187인 6살짜리 소년이 남북 전쟁이 끝난 후 북부 사람들이 남부 사람들을 얼마나 혹독하게 다루었는지에 대해 쓴 글을 읽은 후 심하게 울었다고 하였다. Hollingworth는 또한 영재아들의 비도덕적인 성향에 대해서도 지적하였다. 그녀는, 영재아들은 '건전한 속임수(benign chicanery)'를 잘한다고 하였다. 즉 영재아들은 평재아들을 자신의 방향으로 끌어들이거나 어려운 과제를 회피하려고 한다. 또한 영재아들의 높은 정신능력과 도덕적 사고력에도 불구하고 이들의 '건전한 속임수'는 청소년 비행과 범죄로 발전할 수 있다는 사실에 주의해야 한다(Parker, 1979).

7. 영재 교사의 바람직한 특성

영재아를 가르치는 교사의 바람직한 특성은 다음과 같다. 이들 중 일부는 교사의 개인적, 사회적 특성이고 일부는 가르치는 일과 관련되어 있다. 이들 모두는 효과적인 교사의 특성이다. 영재를 가르치는 교사는 다음과 같아야 한다.

- 개별적인 요구에 알맞은 영재교육 프로그램을 개발하고 수행할 수 있어야 한다.
- 온정적이고 수용적이며 민주적인 환경을 조성할 수 있어야 한다.
- 개인적인 이미지를 존중하고 긍정적인 것을 강화해야 한다.
- 개성과 개인의 존엄성을 존중해야 한다.
- 창의성과 상상을 존중해야 한다.
- 어린 아동을 성공적인 수행으로 이끌 수 있는 기술을 가져야 한다.
- 강제로 이끌어가기보다는 안내해 주는 역할을 해야 한다.
- 결과는 물론 과정 역시 중시해야 한다.

- 기존의 사실을 확증해 주기보다는 혁신적이고 실험적이어야 한다.
- 계속적인 학습을 통해 새로운 해결책을 모색해야 한다.
- 동료 교사들과 협조할 수 있어야 한다.
- 영재아들의 요구를 다른 사람에게 전달할 수 있어야 한다.
- 다양한 영역에 대한 폭넓은 지식이 있어야 한다.
- 아동, 부모, 다른 직업인들과 좋은 관계를 유지할 수 있어야 한다.
- 새롭고 익숙하지 않은 수업 상황에 잘 적응할 수 있어야 한다.
- 개인 생활을 잘 유지해야 한다.
- 여러 사람들에게 프로그램의 적절성에 대해 확신을 줄 수 있어야 한다.
- 영재아를 담당하는 교사는 교사 자신이 영재인 것이 바람직하다.

영재아들만이 영재교육 프로그램의 수혜자는 아니다. 영재를 담당하는 교사들은 아동들이 창의적, 예술적, 과학적 사고를 할 수 있도록 자극하는 방법이나 아동들의 건전한 자아개념 형성에 도움이 되는 방법을 습득할 수 있을 것이다. 즉 영재를 담당하는 교사들이 교사로서의 전문성을 더 많이 함양하게 됨에 따라 일반 아동들 역시 이들로부터 혜택을 받을 수 있다. 뿐만 아니라 영재교육은 사회 발전에도 이바지한다. 실제적으로 미래의 정치 지도자, 의학 연구가, 예술가, 작가, 혁신적인 공학자, 사업가 등이 될 사람은 현재의 영재아들이다. 영재교육의 이러한 긍정적인 효과에도 불구하고 특정한 재능에 가치를 부여해 주지 않거나 계발시켜 주지 않는 것은 정당하지 않다. 미래의 희망은 현재의 학교에 달려 있다. 학교는 그러한 사명을 무시해서는 안 된다.

제 3 장

유아영재의 판별

1. 판별과 관련된 몇 가지 쟁점
2. 판별시스템의 설계
3. 판별 방법
4. 유아영재의 판별의 예

"저희 아이 현아는 5세 되었는데요, 아주 어렸을 때부터 무엇이든 한 번 알려주면 절대로 잊지 않고 기억해 내며, 하루 종일 눈에서 책을 떼지 않습니다. 뉴스에서 본 지구온난화 현상에 대해 더 자세히 알고 싶어 합니다. 그런데 남들 앞에서는 현아의 재능이 그다지 드러나지 않습니다. 저희 아이가 영재인지 아닌지 알 수 있을까요? 어디에 가서 어떤 검사를 받아야 하는 것인가요?"라는 내용의 상담전화가 걸려왔을 때 어떻게 안내하는 것이 최선인가? 영재판별과 관련된 주요 쟁점은 무엇인가?

Cassidy와 Johnson(1986)의 보고에 의하면 미국은 각 주마다 영재성을 지적 능력 '상위 3% 이상'으로 정의하기도 하고 정상분포상의 표준편차 +2 이상(상위 2.28%)에 해당되는 아동을 영재아로 판별하기도 하며 예술적 재능이나 다른 형태의 재능을 영재성의 범주에 포함시키지만 지능지수가 130 이상인 아동만을 영재로 판별하는 경우도 있다(Davis & Rimm, 1994).

이처럼 유아영재를 판별하는 전략이나 방침은 영재교육 프로그램만큼이나 다양하지만, 판별을 위한 유일한 방법은 없다. 왜냐하면 교육 프로그램의 목표와 내용에 알맞은 판별방법이라야 타당하기 때문이다. 만일 교육 프로그램이 지적 능력과 학업기술의 발달을 목표로 한다면, 판별은 이런 수행능력에 기초해서 이루어져야 한다. 예를 들어, 어떤 교육 프로그램이 음악적 능력과 같은 특수한 재능을 가진 유아를 위한 프로그램이라면, 이런 유아의 능력을 측정하는 것이 가장 합리적인 판별방법이 될 것이다(Roedell, Jackson, Robinson, 1980).

유아영재의 판별을 위한 이상적인 방법은 표준화 검사의 실시, 부모와 교사의 의견수집, 유아의 행동에 대한 관찰, 그리고 창의적인 활동의 검토 등과 같은 활동을 포함해야 할 것이다. 그러나 이와 같은 판별방법들은 각기 장단점을 가지고 있으므로 가장 효과적인 판별방법은 여러 가지 방법을 조합하여 각각의 단점을 보완하는 것이라 할 수 있다.

이 장에서는 먼저 영재교육 프로그램에 참가할 대상을 선발하는 문제와 관련된 몇 가지 쟁점들에 관해 논의한 후, 형식적인 검사를 통한 판별방법과 다양한 정보를 통한 판별방법에 대해 살펴볼 것이다.

Section

1. 판별과 관련된 몇 가지 쟁점

1) 판별검사의 사용에 대한 찬반론

Davidson(1986)은 각종 검사를 바탕으로 이루어지는 판별 절차들은 학생들의 능력을 실제적으로 평가하지 못한다는 이유로 형식적 검사나 평정을 통한 판별을 반대하였다. 그는 지능지수가 110으로 나타난 학생이 140인 학생보다 독창성과 사고력 면에서 훨씬 우수할 수 있다고 하였다. 또한 창의성 검사도 개인의 모든 창의적인 양상들을 정확하게 측정하지 못하고 동료나 부모, 혹은 교사의 추천에 의하여 이루어지는 방법 등은 인기 여부, 표준어 구사능력, 사회경제적 지위 등에 따라 편파적으로 작용할 수 있다고 주장하였다.

Davidson은 다음과 같은 세 단계를 사용함으로써 진짜 영재아가 판별 과정에서 제외되지 않도록 할 수 있다고 하였다.

1 단계 : Renzulli의 '재능자원'의 개념(Renzulli & Reis, 1985a, 1991b)을 도입하여 약 15~20%를 선발한다.
2 단계 : 지능검사, 성취도 검사, 창의성 검사에서 상위 10% 이내의 점수를 받은 아동을 프로그램에 배치한다.
3 단계 : 창의성, 비판적 사고, 문제해결 또는 동기에 관한 관찰에 근거한 부모와 교사의 추천과 같은 비형식적인 방식을 많이 사용한다.

2) 상위 3~5% 또는 개방적인 재능자원(talent pool) 접근

영재교육 프로그램에 참가할 대상을 선발하는 전통적인 방법은 능력과 성취도 점수, 추천 등의 방법으로 선발된 잠재적 후보들에 관한 많은 근거 자료들을 고찰하여 선발하는 것이다. 이중 상위 3~5%의 학생이 '영재'로 판별되고 판별 과정이 종결된다.

Renzulli의 '학교전체 심화학습 모형'(Renzulli & Reis, 1985a, 1991b)의 일부인 재능자원 전략은 유치원이나 어린이집에서도 사용할 수 있는데, 이는 현재 미국과 캐나다를 비롯해서 세계적으로 가장 널리 사용되는 모델이다. 이 모델에 따르면 일반능력이나 또는 특정한 영역에서 성취 수준이 우수한 15~20%의 아동이 재능자원으로 판별된다(Renzulli, 1986).

재능자원 접근(talent pool approach)은 다음과 같은 장점이 있다.

첫째, 영재성은 있으나 교사의 눈에 띄지 않거나 심리검사에 의해 선발되지 못하는 많은 영재들에게도 프로그램에 참여할 기회를 주고 자신의 재능을 신장시킬 수 있도록 격려해 줄 수 있다.

둘째, 교사가 일정한 시기에만 판별에 관여하는 것이 아니라 판별 절차의 시작부터 종결에 이르기까지 관여하게 된다.

셋째, 영재교육이 엘리트주의적이라는 비판을 줄일 수 있다.

넷째, 영재교육을 받을 자격이 있는지 없는지 확실한 결정을 내리지 못할 경우 일단 기회를 주기 때문에 '누가 자격이 있고, 누가 자격이 없는가'를 결정하는 고민이 해결된다.

3) 평가와 추천의 편향

교사들이 '협조적이고 명랑하고 잘 보이려고 애쓰며 맡은 일을 즉시 깔끔하게 잘 처리하는 아동'에게 호감을 가지는 것은 당연한 일일 것이다. 교육현장에서 교사를 기쁘게 하는 이러한 아이들은 최고의 영재일 수도 있고 아닐 수도 있다. 그러나 교사들은 이들을 특별 프로그램에 참가할 '영재'로 추천할 가능성이 매우 높다. 만일 교사가 재능, 리더십, 동기 또는 창의성과 같은 특별한 자질을 평가한다면, 교사를 기쁘게 하는 아동들이 또다시 선발될 가능성이 있다. 그렇지만 고집이 세고, 규칙을 위반하고, 독선적이거나 남에게 해를 끼치는 행동을 하는 아이들은 교사의 마음에 들긴 어렵겠지만 간혹 그들이 우수한 영재일 수도 있다.

4) 검사의 신뢰도와 타당도

신뢰도는 하나의 검사, 목록, 평가 척도의 일관성, 또는 선발 절차(한 아동이 다음에 다시 평가를 받는다면 같은 점수 또는 평가를 받을 가능성의 정도)의 정확성을 의미한다. 타당도는 한 검사나 목록이 측정하기로 한 것을 실제로 측정하는 정도를 말한다. 즉 동기, 창의성, 또는 리더십 검사는 그런 특성이나 능력들을 정말로 재고 있는가를 평가한다.

영재아동을 판별하기 위해 검사나 질문지, 평정척도 그리고, 추천 절차의 문제를 고려할 때 검사나 절차의 신뢰도와 타당도의 문제가 항상 신중히 고려되어야 한다. 도구나 절차의 유용성은 그것의 신뢰도와 타당도와 매우 밀접한 관련이 있다(Davis & Rimm, 1994).

2. 판별시스템의 설계

판별시스템이 아동능력에 관한 다양한 정보원을 포함할 때, 그 정보가 구조화될 수 있는 다양한 방법이 있다. 특히 영재 판별시스템으로 종종 이용되는 한 가지는 '연속적(sequential)' 방법이라 불리는 것이다. 선발과정은 일이 진행된 순서에 따라 조직되었는데, 부모와 교사의 추천은 집단검사 실시 후에 시행되고, 그 후 개별검사가 실시된다. 순서 중 어떤 영역에서 탈락점수 이상을 받지 못한 아동은 그 후의 고려 대상에서 제외된다. 이러한 시스템에 대한 이론적 근거는 경제성이며, 선발에서 요구되는 개별검사는 비용이 매우 비싸다. 선발의 연속적 방법이 피할 수 없는 것이라 할지라도 과정의 각 단계는 다소 불명확하고, 모든 단계에서 부적절하게 탈락하게 되는 아동이 발생할 가능성이 있다. 연속적 모형이 갖는 또 다른 문제는 최종선발이 때로는 단지 궁극적인 선발 도구에 근거한 아동의 수행만을 기초로 이루어진다는 것이며, 과정의 초기 단계에 수집된 유용한 정보는 무시된다는 사실이다.

판별시스템으로 이용되는 또 다른 방법인 '동시적 혹은 사례연구' 모형을 통해 모든 아동들에게 공정한 기회를 제공할 수 있다. 이상적으로 선발과정의 모든 단계에 참여하는 모든 대상자들의 모든 정보가 최종선발까지 고려된다. 집단검사들은 어린 아동들에게 적절하지 못하며 교실 상황에서는 유아들이 가진 모든 능력들을 완전히 나타내지 못하는 경우도 있기 때문에 개별검사가 필요하다. 물론 검사정보는 다른 정보원으로부터의 정보들과 함께 고려할 수 있다. 정보를 더 다양하게 수집할수록 각 아동의 다양한 능력이 드러날 수 있다.

유아영재의 판별은 쉬운 일이 아니며 아무리 비용과 시간을 많이 투자하더라도 특정 판별시스템이 어떤 프로그램에서 가장 적합한 아동을 완벽하게 선발한다는 것도 어려운 일이다. 이러한 한계점을 가지고 있는 상태에서 만일 시간과 돈에 있어서도 제약을 받는다면 어떤 체계든 타협점을 찾아야 할 것이다. 타협점을 찾기 위한 최선의 방안은 판별시스템 설계에 대해 책임을 지고 있는 사람들이 스스로에게 다음과 같은 질문을 함으로써 유용성을 찾아야 할 것이다.

① 판별시스템이 표준화 검사 구성요인에는 그 프로그램의 목표와 내용과 관련된 각 영역에서의 아동능력 측정이 포함되어 있는가?
② 모든 척도가 그 프로그램과 관련된 판별시스템에 포함되어 있는가?
③ 표준화 검사들은 그들 연령집단에서 기대하는 수준의 수행을 할 수 있는 아동들의 능력을 신뢰롭고 타당하게 측정할 수 있는가?
④ 그 시스템은 부모나 아동을 잘 아는 타인으로부터 수집된 일상 행동에 관한 정보를 고려할 수 있는가?
⑤ 판별과정의 한 부분으로 그들은 검사시기의 적절함이나 아동의 배경적 특성 등과 같이 유용한 정보의 모든 측면을 고려하도록 훈련받았는가?
⑥ 다문화 가정의 아동들도 참여할 수 있도록 모든 요소들을 고려하고 있는가?
⑦ 판별도구의 개별요소에서 점수가 낮을지라도 만일 다른 요인에서 매우 강점을 보이게 된다면 그 아동을 그 프로그램에 자격이 부여될 수 있는가?
⑧ 판별과정에서 시간, 운영진 그리고 자금이 충분히 수반될 수 있는가?

영재프로그램에 참여할 유아를 선발하는 과정에는 언제나 일부 유아들이 탈락하게 되는데, 이는 그 유아가 자격이 없거나 혹은 프로그램이 많은 유아를 수용할 만한 충분한 자리가 없기 때문이기도 하다. 만일 그들 자녀가 선발되지 못했다는 정보를 받았을 때 부모들은 그 아이가 가진 실제적인 한계를 인식하기보다는 판별시스템의 부적절함이나 결과의 오류라고 여기게 된다.

'유아발달 프로그램'에 참여한 지원자들을 다루면서, 우리는 비록 선발을 위한 어떤 체계적인 기초를 이용할 필요가 있을지라도 우리의 판별시스템이 불완전하다는 것에 대해 정직하려고 노력했다. 어떤 유아가 프로그램에 참여하기에 적합하지 않다면, 그 불합격 판정을 우리는 특별한 시간에 나타낸 그 아동의 수행이 우리의 프로그램에서 요구하는 것과 맞지 않다는 사실과 연결시키려 노력했다. 다음 해에도 여전히 유아기에 속하는 아동들의 부모들은 언제나 재지원할 수 있도록 했다.

자녀가 프로그램에 선발되길 원하는 부모들의 실망을 전적으로 극복할 만한 대안은 없으나, 우리는 자녀들에 대한 부모들의 인식에 부정적인 영향을 미치지 않도록 하기 위해 최선을 다해야만 한다(Roedell, Jackson, Robinson, 1980).

3. 판별 방법

1) 형식적인 검사에 의한 판별

(1) 지능검사

유아영재를 판별하는데 쓰일 수 있는 도구로는 개인용 지능검사와 집단 지능검사가 있다. 개인용 지능검사에는 Wechsler 지능검사가 있는데 이것은 Wechsler가 1939년에 처음 개발한 것으로 현재 우리나라에서 가장 널리 활용되고 있는 것은 K-WPPSI(유아용), K-WISC-III(아동용), K-WAIS(성인용) 등이다. 이 검사들의 가장 큰 특징은 전체 IQ와 언어성 IQ 및 동작성 IQ를 알 수 있고, IQ를 모든 연령층에 동일한 분포특징을 지닌 표준점수(standard score)로 계산한다는 점, 그리고 모든 사람들에게 동일한 소검사를 실시한다는 점, 또한 모든 연령집단에서 각 소검사의 점수가 IQ에 똑같이 기여하도록 만들어진 검사이다.

Wechsler 지능검사의 기본 입장은 다음과 같다(박영숙, 1994).

첫째, 지능검사는 목적적이고 효율적으로 행동할 수 있는 개인의 잠재력을 평가하기 위한 표준화된 과제들로 구성된 정신기능 측정검사이다.

둘째, 지능은 다요인적이고, 중다결정적이며, 특정한 능력이 아닌 전체적인 능력이다.

셋째, 지능은 전체 성격의 일부 요소로서 인지적 요인뿐만 아니라 비지적 요인들-불안, 지구력, 목표자각, 기타 정의적 성향 등-의 영향을 받는다. 따라서 웩슬러 지능검사는 이러한 비지적 요인도 평가하게 된다.

이러한 웩슬러의 기본 입장에 따르면 지능이란 효율적인 적응을 성취할 수 있는 잠재적 능력이라고 정의된다. 이 정의에 의하면 지능이 높다고 해서 반드시 이에 비례하여 적응능력이나 지적 기능이 나타나는 것은 아니라는 것이다. 또한 지능은 궁극적으로 다양한 요인들이 통합된 결과 전체적인 잠재능력으로 나타난다는 것이다.

사진 3-1 K-WPPSI검사를 실시하고 있는 장면

다음의 **표 3-1**은 만 3세에서 만 7세 3개월까지 사용할 수 있는 한국 유아용 웩슬러 지능검사(K-WPPSI, 도서출판 특수교육 발행)의 하위 소검사와 각 소검사에서 측정하는 내용에 관한 것이다.

* **표 3-1** K-WPPSI의 구성영역에 관한 안내

소검사		측정하는 내용
동작성 검사	모양 맞추기	불완전한 몇 개의 부분에서 전체를 지각하고 형성하는 사물의 표상화 능력을 측정, 부분을 전체로 통합하는 시각적 조직화 및 구성력을 측정, 융통성, 불확실한 자극에 반응하는 능력, 조각 맞추기의 경험, 인내력의 영향을 받음.
	도형	단기기억, 시각-운동 협응력, 소근육발달과 조정능력을 측정 도형인지, 연필잡기 경험, 그리기 경험의 영향을 받는다.

(다음 페이지에 계속)

소검사		측정하는 내용
	토막짜기	공간구성력, 추상적 자극에 대한 분석력과 종합능력, 시행착오적 학습능력과 모방을 통한 학습능력, 주의력, 지각구성능력을 측정. 운동능력, 수행속도, 공간지각력의 영향을 받음.
	미로	계획능력, 지각 구성능력, 시각-운동협응력, 문제해결능력을 측정함. 정확성이나 전체를 보는 시각이 영향을 줌.
	빠진 곳 찾기	일상생활에서 본질적인 것을 변별하는 능력과 추리하는 능력을 측정함. 시각적 구성력과 시각적 기억력, 장기기억 능력을 측정, 사물에 대한 경험이 영향을 줌.
	동물 짝짓기 (보충검사)	눈과 손의 협응력, 정확성, 신속성을 측정
언어성 검사	상식	선천적 능력, 풍부한 초기환경, 교육기관이나 환경으로부터 배우고 경험한 것에 의해 누적된 지식이 어느 정도인가 측정, 기본지식의 양과 정보의 장기기억능력을 측정. 문화적 기회와 지적 호기심, 폭넓은 독서의 영향을 받음.
	이해	다양한 상황을 잘 이해하고 이에 따른 문제해결 방안을 찾아내는 등 적절하고 의미 있는 방법으로 자기의 과거 경험을 평가, 종합하여 실제 상황에 응용하는 능력을 측정. 문화적 기회, 양심이나 도덕적 판단의 발달, 사회적 성숙도, 언어적 표현능력의 영향을 받음.
	산수	언어적 지시의 이해와 주의지속 능력을 측정. 청각적 사고기능과 청각기억, 그리고 수리능력이 필요. 주의력의 범위, 집중력, 불안, 학습경험의 영향을 받음.
	어휘	언어적 이해력, 언어적 개념화, 기본정보와 지식의 객관성, 언어를 사용하여 논리적으로 생각하고 표현하는 능력을 측정. 문화적 경험, 풍부한 초기환경, 지적 호기심 추구, 폭넓은 독서의 영향을 받음.

(다음 페이지에 계속)

	소검사	측정하는 내용
	공통성	논리적 추상적 사고력, 언어의 추상적 사고형성과 상위개념의 형성을 측정. 사실, 사건의 현상들을 의미 있는 집단으로 묶는 기능을 평가함. 융통성, 흥미, 구체적 수준의 사고, 폭넓은 독서의 영향을 받음.
	문장(보충검사)	주의력과 단기기억을 측정.

우리나라에서 활용되고 있는 개인용 지능검사로서 또 다른 것은 카우프만 아동용 개별지능검사(K-ABC, 도서출판 학지사 발행)가 있다. 이 검사의 목적은 아동의 지능과 후천적으로 습득한 사실적 지식수준을 측정하기 위한 것으로서 만 2세 6개월부터 12세 5개월을 대상으로 실시할 수 있고, 검사의 소요시간은 약 45 ~ 75분 정도이다. 이 검사의 특징은 첫째, 다섯 가지의 척도별로 지능지수가 산출된다. 즉 동시처리 척도, 순차처리 척도, 인지처리과정 척도, 습득도 척도, 비언어성 척도 등이다. 둘째, 처리과정 중심의 검사로서 검사결과에 근거한 교육적 처치가 가능하다. 셋째, 인지발달 이론에 근거하여 연령별로 실시하는 하위검사를 차별화하였다. 넷째, 좌뇌와 우뇌의 기능을 고루 측정할 수 있는 하위검사들로 구성되어 있다. 다섯째, 검사의 실시와 채점과정을 최대한 객관화시켰다. 여섯째, 문화공평성 검사를 지향하였다. 다음의 **표 3-2**는 이 검사의 하위검사의 구성과 각 검사별 대상 연령에 관한 내용이다.

∗ **표 3-2** K-ABC의 하위검사의 구성과 각 검사별 대상 연령

인지처리과정 척도 하위검사					
하위검사명	척도구분	연령	하위검사명	척도구분	연령
1. 마법의 창	동시처리	2/6-4/11	6. 삼각형	동시처리/ 비언어성	4/0-12/5
2. 얼굴기억	동시처리/ 비언어성	2/6-4/11	7. 단어배열	순차처리	4/0-12/5
3. 손동작	순차처리/ 비언어성	2/6-12/5	8. 시각유추	동시처리/ 비언어성	5/0-12/5

(다음 페이지에 계속)

인지처리과정 척도 하위검사					
하위검사명	척도구분	연령	하위검사명	척도구분	연령
4. 그림통합	동시처리	2/6-12/5	9. 위치기억	동시처리/비언어성	5/0-12/5
5. 수 회생	순차처리	2/6-12/5	10. 사진순서	동시처리/비언어성	6/0-12/5
습득도 척도 하위검사					
하위검사명	척도구분	연령	하위검사명	척도구분	연령
11. 표현어휘	습득도	2/6-4/11	14. 수수께끼	습득도	3/0-12/5
12. 인물과 장소	습득도	2/6-12/5	15. 문자해독	습득도	5/0-12/5
13. 산수	습득도	3/0-12/5	16. 문장이해	습득도	7/0-12/5

이경화(2006)는 유아용 다중지능 검사도구를 개발하였는데, 이는 8개 하위지능영역으로 구성된 개별검사이며, 만 3세~만 5세 유아를 대상으로 연령별로 3단계 검사로 구분되어있다. 검사 형태는 교구를 이용한 형태로 구성되어 있다. 이경화에 의해 개발된 유아용 다중지능검사의 하위지능별 측정영역은 다음 **표 3-3**과 같으며, 검사도구는 **사진 3-2**에 제시되었다.

＊ 표 3-3 다중지능 검사의 영역별 측정영역

하위지능	측정영역
언어적 지능	• 이해력 및 듣기 이해력 • 이해력 및 말하기 능력 • 추론능력 • 읽기능력 • 듣기 및 내용 이해력 • 연상력 • 어휘력 • 표현력
공간적 지능	• 공간적 인식력/조망능력, 중첩개념 • 위상개념, 거리개념, 시각적 기억력 • 공간 속에서 대상물을 이동시키는 능력 • 변형시키는 능력 • 공간적 정보를 구축하는 능력

(다음 페이지에 계속)

하위지능	측정영역
음악적 지능	• 음색 변별력 1, 2 • 리듬변별력 1, 2 • 음정변별력
논리-수학 지능	• 분류능력/사상 간의 관계이해, 속성 분류, 관찰 • 논리적 추론 • 언어적 이해를 통한 추론 • 수를 다루는 능력 • 공간구성 능력
자연탐구 지능	• 동물분류 • 시물성장과정 • 식물돌보기 • 동물돌보기 • 해와 그림자 • 태양계 순서짓기 • 지구의 특징 • 자연환경 문제상황 • 자연환경 해결방안
대인간 지능	• 리더십 • 갈등해결 • 팀워 • 친사회적 • 감정이입
개인이해 지능	• 정서조절 • 자기동기화 • 초인지 • 자아존중감 • 정서이해
신체-운동 지능	• 소근육/ 손과 눈의 협응력, 손의 기술 • 모방, 균형 • 대근육 • 무언극 • 몸동작

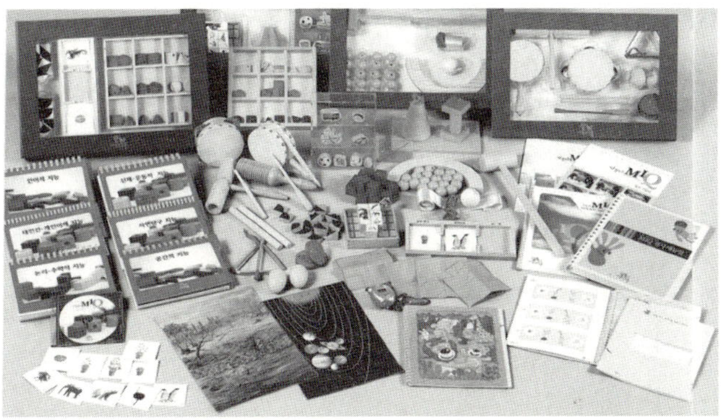

사진 3-2 한국형다중지능검사(K-MI 검사): 유아용(이경화, 2006)

지금까지 살펴본 개인용 지능검사 외에도 유아영재의 판별을 위한 형식적 검사로서 집단 지능검사를 사용하기도 하는데 집단검사는 비교적 적은 비용으로 실시하는 것이 용이함에도 불구하고 다음과 같은 단점이 있다. 즉 집단검사들은 개인검사보다 신뢰도와 타당도가 낮은 경향이 있다. 지나치게 어린 유아들에게는 적용하기 어려우며, 검사에 동기화되지 않은 유아의 지능지수는 실제 능력보다 낮게 산출될 것이다. 집단검사는 주로 언어적인 검사이며 학업능력과 매우 관련이 높다. 그래서 비언어적 영재(또는 지방 사투리를 쓰는 아동)에게는 편파적으로 작용할 수 있다. 왜냐하면 집단검사를 실시할 경우 몇 가지 외생변인으로 인해 우수한 아동들의 지능지수가 낮게 산출될 수도 있기 때문이다. 개인검사와는 달리 집단검사에서는 속도가 매우 중요한 요인으로 작용하는 것도 하나의 외생변인이라고 볼 수 있다.

이러한 관점에서 볼 때 집단 지능검사의 가치에 대해 의문이 생길 것이다. 그러나 분명한 것은 집단검사에서 높은 점수를 얻는 아동들은 실제로도 유능할 가능성이 높으며 영재교육 프로그램의 대상으로 판별될 것이다.

(2) 창의성 검사

영재성에 대한 국내외의 정의에서는 영재성의 하위 요인으로 '창의적 혹은 생산적인 사고(creative or productive thinking)'를 들고 있다. 창의성이 무엇인지에 대해 잘 알고 있는 교사는 창의적인 아동과 그렇지 않은 아동을 쉽게 구별할 수 있을 것이다. 창의성 검사는 아동의 창의성에 대한 교사의 의구심을 확인하고 독특한 재능이 있는 창의적인 아동을 판별하는 데에도 사용될 수 있다. 그러나 완벽한 창의성 검사는 없다는 점을 강조할 필요가 있다. 특히 어떤 창의성 검사에서 나온 점수는 매우 잘못된 것일 수도 있다. 실제로 예술이나 과학 영역에서 비범하게 창의적인 활동을 할 수 있는 아동의 창의성 검사 점수는 평균 정도 밖에 얻을 수 없는 경우도 있다.

현재 출판된 창의성 검사들의 타당도 계수(창의성 검사 점수와 교사 평정이나 창의적 산출물에 대한 평정과 같은 또 다른 준거와의 상관계수)는 전형적으로 약 .25 ~ .40의 범위로서 다소 낮은 편이다. 창의성은 여러 가지 방식으로 측정할 수 있는 복합적인 능력이다. 창의성을 정확히 측정하는 것은 어려운 일이다(Davis, 1989, 1993. Rimm & Davis, 1976).

창의성 검사에는 확산적 사고력 검사와 성격 및 전기적 특성 검사의 두 가지 범주가 있다(Davis, 1989b, 1993). 확산적 사고력 검사는 아동들에게 특정한 사물의 특이한 용도에 대한 목록을 적게 하거나 하나의 대상이나 사건에 대해 가능한 한 많이 질문하는 것과 같이 개방형 문제를 통해 측정된다. 확산적 사고 검사는 관념적 유창성(산출된 아이디어의 수), 독창성(아이디어의 독특성)에 의해 점수화된다.

TTCT(Torrance Test of Creative Thinking, 1966; 1974)는 유치원생부터 대학원생까지도 사용할 수 있도록 만들어졌지만 과제들은 약 4세 아동에게도 사용이 가능하다. 검사는 언어와 도형에 대한 생산적 사고능력을 측정한다. 이 도구의 1966년 판을 검토한 후, 연구자들은 검사-재검사 신뢰도가 낮은데 특히 도형영역에서 더 문제가 있다는 사실과 각 하위영역점수의 통합에 대한 근거가 미약하다는 사실을 지적했다. Wallach는 TTCT의 내적 상관이 낮다는 견해를 제시한 바 있다. 또한 그 검사도구가 창의성에 대한 타당한 예견자인지에 대한 우려도 있다. 그럼에도 불구하고 그 검사는 인기가 있다. 그 밖의 다른 확산적 사고력 검사는 Guilford (1967, 1977) 검사, Williams(1980)의 확산적 사고력 연습(Exercise in Divergent Thinking), Wallach와 Kogan(1965) 검사, Getzels와 Jackson (1962) 검사, 그리고 취학 전 아동을 위한 Torrance(1982)의 동작 창의성 검사(Thinking Creatively in Action and Movement) 등이 있다. Wallach와 Kogan(1965) 검사도 유아와 초등학교 아동들을 위한 것으로서, 아동에게 언어적 반응을 하도록 하는 몇 가지 검사를 포함하고 있다. 이러한 반응들은 유창성과 독창성에 따라 점수가 매겨진다. 이 검사도구는 5개의 하위검사마다 유창성과 독창성에 따라 얻어진 총 10개의 점수가 관련된다는 점에서 몇 가지 다른 척도보다 분명한 장점이 있다. 그러나 'Wallach와 Kogan 창의성 검사'는 표준화 검사라기보다는 연구도구로 만들어진 것이며 그 사용은 연구상황으로 제한되어 있다.

최근에는 그림 창의성 검사(Test for Creative Thinking-Drawing Production : TCT-DP)를 많이 사용하기 시작하였는데, 이 검사는 Urban과 Jellen (1996)이 표준화한 것으로서, 불완전한 6개의 도형자극을 통해 이미지 생성하여 한 장의 그림을 완성하는 과제로 되어 있다. 이 검사는 A형과 B형의 동형검사가 있다.

집단을 대상으로 이 검사를 실시할 때, 검사자는 피검자들에게 다음과 같은 요령으로 검사를 진행한다. "이 그림은 누군가가 그리다가 완성하지 못한 것이다. 여러분이 이것을 완성해보고 적절한 제목을 적어보라. 15분이라는 시간제한이 있는데, 모두들 시작 지시가 있으면 그때 시작 시간을 검사지 상단에 적으면서 검사를 실시한다. 그만하라는 지시가 있기 전에 완성하는 사람은 끝난 시간을 역시 검사지 상단에 기록한다. (잠시 질문사항에 대답한 후) '그럼 시작!' "이라고 지시한다.

Cropley와 Cropley(2000)의 연구에서 보고하고 있는 바에 의하면, 이 검사의 검사-재검사 신뢰도는 .70 ~ .75이며 평가자 간 신뢰도는 .90 이상이고, 지능검사 점수와의 상관계수가 낮고 학생의 창의성에 대한 교사 평정 점수와의 상관이 .82로서 전형적인 타당도 계수를 나타내고 있다. 이 검사의 내용 요소별 채점 기준은Cn(연속성), Cm(완성도), Ne(새로운 요소의 첨가), Cl(연결성), Cth(주제 관련성), Bfd(경계선 밖 도형의 종속성), Bfi(경계선의 해체), Pe(원근감), Hu(유머), Uca(비관습성a), Ucb(비관습성b), Ucc(비관습성c), Ucd(비관습성d), Sp(속도), 등이다(박숙희, 2003).

창의적 성격과 전기적 특성을 평가하는 목록식 검사로는 PRIDE, GIFT, GIFFII, GIFFI II 등이 있는데(Rimm & Davis, 1983), 이 검사들은 창의적 인물들에 관한 연구에서 흔히 나타나는 성격적 특질과 전기적 특성을 측정한다(예 호기심, 유머, 위기경험, 창의적 활동의 역사). 이중 PRIDE(Preschool and Primary Interest Descriptor, Rimm, 1982)는 부모가 체크해 주는 취학 전/유치원생용 목록식 검사이다(Roedell, Jackson, Robinson, 1980).

한편, 현재 국내에서 널리 활용되고 있는 유아용 창의성 검사로는 창의성에 관한 'Volcano 모형을 근거로 하여 이경화 외(세종 영재교육연구원, 2003)가 개발한 '유아용 통합 창의성 검사'가 있다. 이 검사는 4 ~ 5세 유아들의 창의적 능력과 창의적 성격을 통합적으로 측정하는 검사로서 I부: 언어 및 도형영역에서의 창의적 능력을 측정하는 검사와 II부: 창의적 성격을 측정하는 검사로 구성되어 있다. 이중 창의적 능력검사는 다시 언어영역과 도형영역으로 구분된다.

언어영역은 3개의 문항으로 구성되며, 이 영역에서 측정하는 창의성의 하위 요인은 상상력, 유창성, 독창성이다. 각 문항은 그림과 내용을 보고 생각나는 것을 쓰는 문제로서 한 문항당 5분이 소요된다.

도형영역은 1개의 문항으로 구성되어 있으며, 이 영역에서 측정하는 창의성 하위 요인은 연속성, 완성도, 주제, 새로운 요소 첨가, 비관습성이다. 이 문항은 미완성된 그림을 완성하고 그 그림의 제목을 쓰는 것으로서 10분이 소요된다. 도형영역에서의 창의성이란 불완전한 점, 선, 면 등을 제시하고 완성하거나, 정확하게 알 수 없는 형태를 보고 떠오르는 그림을 다양하고 특이하고 정교하게 창의적으로 표현하는 것을 의미한다. 다음의 **그림 3-1**은 통합 창의성 검사의 도형영역 문항에 대한 반응의 사례이다.

그림 3-1 통합창의성 검사 도형영역의 반응 사례

이경화 외(2003)의 창의적 성격검사는 호기심, 독립심, 모험심, 과제집착력의 하위 요인을 통해 창의적 성격을 측정하는 것으로서 37개의 문항으로 구성되어 있으며, 각 문항은 5점 척도로 구성되어 있다. 이 검사는 유아가 직접 작성하는 것이 아니라 유아의 부모나 혹은 유아의 특성에 대해 잘 알고 있는 교사가 작성하는 것이며 시간제한은 없다.

또한 이경화(2005)는 교구형태로 구성된 한국형 개별통합창의성 검사 <Individual Integrated Creativity Test(IICT-K)>를 개발하였다. 이 검사는 유아에서 초등학생에 이르기까지 동일한 준거로 측정할 수 있도록 8단계로 구성된 표준화 검사이다.

2) 다양한 정보에 의한 판별

검사도구가 아무리 잘 만들어졌다 할지라도 유아들의 행동을 측정하기에는 표본에 있어서 한계가 있다. 제한된 표본을 통한 측정은 유아가 발휘할 수 있는 최고수행 정도를 다 포괄하지는 못한다. 특히 어린 유아들의 표준 검사점수가 신뢰하기 어려우며, 종종 그들의 실제 능력을 부정확하게 측정하기 때문이기도 하다. 따라서 영재 판별 시에는 다양한 정보를 바탕으로 하는 것이 바람직하다.

(1) 부모로부터의 정보에 의한 판별

비록 부모들이 언제나 자녀들에 대해 관찰한 것을 공정하게 해석하거나 평가하지는 못할 지라도, 그들의 행동을 관찰하고 기록하기에는 최적의 위치에 있는 사람들이다. 부모들은 편안하고 친숙한 환경 속에서, 혹은 아동들이 어른들이나 다른 아이들과 함께 상호작용하며 활동하는 모습들까지도 자연스럽게 살펴볼 수 있다. 게다가 일반적으로 부모들은 그들 자녀들이 하는 행동에 관심을 가지며, 그들이 관찰한 것을 기꺼이 다른 사람에게 이야기하고자 한다(Roedell, Jackson, Robinson, 1980).

아이들에 대해서는 그들의 부모가 가장 잘 안다. 예를 들어, 어떤 아이가 두 살 때 문장으로 말을 했고 4살 때 혼자서 글을 읽었으며 5살 때 태양계를 그렸고 작곡을 하고 창의적인 예술작품을 만들었다는 사실은 그 아이의 부모만이 알 것이다. Martinson(1974)은 자녀가 학교에 입학할 때 부모는 자녀의 고등지식과 능력에 대한 정보를 교사에게 제공하는 것이 좋다고 제안한다. 부모는 다음과 같은 정보를 제공해 줄 수 있다.

- 아이의 특별한 관심과 취미
- 최근에 즐겨 읽은 책
- 책 읽는 것 이외의 다른 특별한 흥미
- 과거나 현재의 비범한 성취
- 특수한 재능
- 아이가 가졌던 특별한 기회
- 혼자 있을 때 주로 하는 것

- 다른 사람들과의 관계
- 특별한 문제점이나 요구사항

Tongue와 Sperling(1976)이 개발한 부모추천 양식에서는 자녀의 조숙한 인지발달, 창의성, 리더십, 운동 협응력, 인내력, 그리고 기타 영재성과 창의적인 특성들을 평가한다(**표 3-4** 참조). 그러나 일부 부모들은 자

＊표 3-4 부모추천 양식의 예(유아용)

아동 이름 ______________________ 나이 ______________

주소 __________________________ 유치원명 ____________

부모 이름 ____________________________________

작성요령 : 이웃의 다른 아이들과 비교했을 때 다음의 각 항목들 중 당신의 아이를 가장 잘 설명한다고 생각되는 숫자에 동그라미를 해 주십시오.

5= 매우 그렇다, 4= 다른 아이들보다 좀 더 잘한다, 3= 다른 아이들과 비슷하다, 2= 다른 아이들보다 다소 부족하다, 1= 이런 특성이 부족하다

1. 수준 높은 어휘력을 사용하며 자기 자신을 잘 표현한다.	5	4	3	2	1
2. 생각의 속도가 빠르다.	5	4	3	2	1
3. 기억력이 좋다.	5	4	3	2	1
4. 매사에 어떻게 하는 것인지 알기를 원한다.	5	4	3	2	1
5. 유치원을 다니기 전부터 읽기가 가능하다.	5	4	3	2	1
6. 관계없는 사실들을 새롭고 다양한 방식으로 관련시킨다.	5	4	3	2	1
7. 쉽게 지루해한다.	5	4	3	2	1
8. 매사에 '왜' 라는 질문을 자주 한다.	5	4	3	2	1
9. 어른스럽다.	5	4	3	2	1
10. 호기심이 많다.	5	4	3	2	1
11. 모험을 좋아한다.	5	4	3	2	1
12. 상당한 유머감각을 가지고 있다.	5	4	3	2	1
13. 충동적이고 생각하기 전에 행동한다.	5	4	3	2	1
14. 다른 사람들을 지배하려는 경향이 있다.	5	4	3	2	1
15. 하나의 과제에 끝까지 매달린다.	5	4	3	2	1
16. 신체를 잘 조절한다.	5	4	3	2	1
17. 독립적이고 자신에 대해 만족해한다.	5	4	3	2	1
18. 자신의 주변에서 일어나고 있는 일들에 대해 잘 알고 있다.	5	4	3	2	1
19. 주의집중 시간이 길다.	5	4	3	2	1
20. 일찍부터 자기 마음대로 하기를 원했다(예 옷 입기나 먹는 것).	5	4	3	2	1

신의 자녀를 잘 평가하지 못하고 자녀의 모험심이나 창의성 또는 영재성을 이해하지 못할 수도 있기 때문에 부모추천의 자료는 참고자료로 활용할 수 있다(Davis & Rimm, 1994).

자녀들의 능력에 관한 정보를 알려주도록 부모들에게 질문을 하는 방법은 여러 가지이다. 첫 번째 접근은 단순한 방법으로 자신들의 아이가 영재아인지 아닌지를 묻는 것인데, 여기에는 이러한 판단을 하는 데 활용할 수 있는 몇 가지 일반적인 지침을 제시하여야 한다. 두 번째 대안은 부모들에게 그것이 비록 영재아들에 관한 전형적인 특징일지라도 그 특성에 관한 체크리스트를 제공하고, 어떤 특성들이 그들의 자녀를 기술하기에 적합한 특성인지에 관해 대답하도록 한다. 세 번째 가능한 방법은 부모들에게 그들의 자녀가 특별한 기술을 완수했는지 어떤지를 질문하는 것이다. 마지막으로, 부모들은 그들 자녀의 수행과 흥미 등을 기술하여 일화적인 정보를 제공하도록 요구받을 수 있다. 이러한 접근들 각각은 나름대로 강점과 한계점을 가지고 있다.

부모추천(parent nomination)이라 불리는 첫 번째 접근은 부모에 의해 시작되는 판별 절차에 어느 정도 포함되어 있다. 부모에 의한 시작은 유아영재아들을 위한 프로그램에 있어서 적절한 특성이기 때문에 그 장단점들을 염두에 둘 필요가 있다.

종단적 연구를 하기 위해 여러 해 동안 부모들을 연구에 참여시켰던 시애틀 프로젝트에서의 분석에 의하면 부모님들이 지적 혹은 학문적 영재아를 찾아내는데 책임감을 가지고 선발 연습을 한다는 사실을 확인할 수 있었다. 비록 시애틀 거주자 중 고학력자에 제한이 되긴 하였지만, 매년 선발된 집단(Binet 지능검사에서 IQ 130 정도)의 평균 수행수준은 대체로 기대 이상이었다(Jackson, 1978a). 이러한 점은 영재아 프로그램을 위해 부모추천을 포함시킨 다른 연구들에서의 결과들과도 일치한다(Ciha et al, 1974; Jacobs, 1971). 추천할 기회가 주어진 부모들은 자녀들의 능력에 관하여 공정하다. 따라서 부모추천은 영재아 판별을 위한 효과적인 도구로 제공될 수 있다.

이러한 일반적인 사실에도 불구하고, 부모들이 자신의 자녀를 '영재아'라고 기술하는 경향성에 있어서 사회·경제적인 차가 나타난다. 스탠포드

-비네 지능검사의 결과를 기초로 하여 영재프로그램의 참여가 결정된 학령기 아동을 대상으로 한 어떤 연구에서, 사회 · 경제적으로 하위계층에 속하는 부모들이 상위계층의 부모들보다 자신의 자녀들을 영재라고 인식하는 경향이 더 높다는 사실을 발견했다(Cheyney, 1962). 이와 유사하게 Ciha 등(1974)은 상위계층의 부모들은 하위계층의 부모들보다 영재아 프로그램에서 참여를 위해 아동들을 추천하기에 덜 효율적인 경향이 있음을 보고했다. 그러나 불행히도 이들 연구결과는 부모추천의 효과성에 있어서 사회계층 간의 차이에 관한 정확한 자료를 밝혀주지는 못하고 있다.

좋은 교육을 받은 유사한 중류사회의 몇몇 부모들에게서는 놀랍게도 지적 수행의 우수성을 구성하는 요소에 대해 엄격한 기준이 있다. 어떤 부모가 "우리 이웃에서는 거의 모든 아이들이 4세쯤 되면 읽기를 할 수 있어요."라고 언급한 바와 같이, 종종 부모들은 나이에 따른 아이들의 전형적인 행동에 대해 제한적인 경험을 가지고 있거나, 부모들이 자기 아이를 영재프로그램에 기꺼이 추천할지라도 구체적인 판단을 내리는 일 등에 있어서 자녀들의 행동을 평가하는 것이 어렵다는 것을 인식한다.

시애틀 프로젝트에서는 종단적 연구를 시작하던 초기에 우리는 부모들에게 평균 이하에서 극단적인 천재에 이르기까지를 5점 척도로 하여 자신의 아이들의 다양한 발달적 측면을 평가하도록 요구했다. 그 결과 부모들로부터 그러한 판단을 쉽게 내릴 수 없다는 불평을 들은 후에 이러한 절차를 포기했다. 어떤 아버지는 다음과 같은 불평을 하였다.

> 만일…… 당신이 우리들에게 어떻게 우리 아이가 천재라고 생각하는지에 관해 묻고자 한다면, 우수한 행동은 어떤 것이라는 점에 대한 정보를 우리에게 왜 주지 않는 거죠? 우리가 그 이유는 모르지만 당신은 우선 기준을 미리 가정하여 질문하고, 그 기준에 적합한 대답을 하길 원하는 게 아닌가요?

부모들이 판단을 내릴 수 있는 구체적인 준거를 제시하지 않고서 아동의 조숙성에 대한 판단을 내리도록 요구하는 것은 비합리적이라고 주장하는 부모들의 견해에 타당성이 있다.

체크리스트 접근은 부모들로 하여금 자신의 자녀들의 조숙성에 대해 평가하도록 요구하지는 않고 다만 판단을 요구한다. 부모들이 받게 되는 질문은 전형적으로 그들의 자녀가 어떤 행동을 취하는지 아닌지에 대한 것이며, 때때로 척도에 따라 행동의 발생정도나 행동의 격렬한 정도를 평정하도록 부모들에게 요구한다. 체크리스트가 갖는 곤란한 점의 한 가지는 실제로 제시된 특성들의 어떤 것들은 비영재아로부터 영재아를 구별해내기가 어렵다는 것이다. 또 다른 문제는 항목들이 너무 비구체적이거나 평가적이어서 질문지에 답하는 사람이 해석적인 결정을 해야 한다는 사실이다. 부모와 교사들을 위해 고안된 체크리스트 항목의 다음과 같은 예가 이러한 문제점을 제시해 준다.

- 사실적 정보를 빨리 완수하고 회상한다.
  ___ 거의 모든 시간　___ 상당한 정도로
  ___ 때때로　___ 거의 혹은 전혀

(Borland, 1978; Renzulli & Hartman, 1971)

- 문제해결 시에 많은 상식과 실용적인 지식을 이용한다.
  1 2 3 4 5 6 7 8 9
  저 ←　→ 고

(Seattle Public Schools Horizon Qustionnaire, 1978)

- 당신 자녀는 예리하고 민감한 관찰자입니까?
  ___ 거의 아니다 ___때로 그렇다 ___ 자주 그렇다 ___ 언제나 그렇다

(Malone, 1976)

정보를 '빨리' 완수한다, 상식이 '많다', 혹은 '예리한' 관찰자 등으로 아동을 증명하기 위한 기준이란 무엇인가? 아동집단에 대한 개별 평정은 이러한 차원에 따라 비교할 수 있지만 우리는 그러한 판단을 부모들이 하기란 매우 힘들다는 것을 가정할 수 있다. 예를 들면, 어떤 부모는 텔레비전 프로그램의 구성을 언제나 기억하지만 어머니의 지시는 곧잘 잊어버리는 딸을 '빨리 완수하고 회상한다'라는 범주로 규정짓고, 또 다른 부모는 이러한 모순된 행동을 하는 아이를 자격이 없는 아이라고 판단한

다. 일부 부모들은 다른 부모들보다 아이가 영재인지 아닌지에 관한 딜레마를 더 잘 해결하는데 특히 자기가 바라는 프로그램이 그 판단에 달려 있을 때 더욱 그러하다.

체크리스트 접근의 타당도는 쉽게 평가될 수 있으나 신뢰도나 효과성, 그리고 부모나 유아교사들을 위해 고안된 유용한 체크리스트의 효율성 등을 적절히 밝힐 만한 연구가 없다. Malone과 Moonan(1975)은 사후검사를 통해 Malone의 체크리스트에 제시된 문항 세트가 영재프로그램에 참여할 수 있는 자격을 부여하도록 유아들을 구별해내는 데 이용할 수 있음을 검증하였다. 변별문항 세트는 남아용과 여아용이 다르게 구성되었다. 검사 수행과 부모들에 의해 보고된 특성 간의 잠재적 관련성은 그 판별도구의 타당성을 주장하기 전에 새로운 표본을 사용하여 검사되어야만 한다.

시애틀 프로젝트에서 부모추천 정보를 활용한 사례에 대해 설명하면 다음과 같다. '유아발달 프로그램'을 위한 판별시스템 및 종단적 연구에서 사용한 부모용 질문지는 최대한으로 구체적이고 비해석적으로 고안한 것이다. 이 질문지에서는 프로그램의 목표 및 내용과 직접 연관 있는 행동에 관해 질문하였으므로 집에서 유아들이 하는 일상행동이 드러날 수 있다. 이것은 부모면담에서 성공적인 부분과 발달적 문제를 가진 아동들을 판별할 수 있도록 고안된 질문지를 이용하는 방식과 유사하다(Alpern & Boll, 1972). 이 질문지는 2세에서 5세 사이의 영재아가 나타내는 인지적, 학문적 능력에 초점을 맞추고 있다. 질문지 항목의 유형과 내용은 다음에 제시된 예와 같다.

당신 자녀는 적어도 다리나 머리, 눈 등이 표현된 사람을 그리나요?

당신 자녀는 1에서 9까지의 수를 정확하게 알고 구별하나요?

당신 자녀는 두 개 이상의 의미를 가진 단어를 말할 수 있나요?

당신 자녀는 "Winnie the Pooh 혹은 Little House on the Prairie"와 같이 그림이 거의 없고 긴 이야기가 포함된 글을 단지 듣는 것이 아니라 읽기도 하나요? 예를 들어, 그 책에 "그는 통나무 가운데를 똑바로 쪼갰습니다."와 같은 문장이 들어 있습니다.

이러한 질문지는 여러 차례 수정되었다. 어떤 질문들은 해석이 잘못되지 않도록 표현되어 있으므로 검증하기가 매우 어렵다. 예를 들어, 위에 제시된 마지막 질문의 경우, 이는 매우 발전된 읽기 기술 수준을 언급하는 것이며, 때로 자신의 자녀가 'Hop on Pop'과 같은 유치원 수준의 단순한 글도 읽지 못할 경우에도 질문지에는 긍정적으로 대답을 한다. 이러한 부모들 중 몇몇은 실제 상담에서는 자신의 자녀가 '단지 듣는 게 아니라'라는 문장을 무시했었다고 말하기도 하였다. 이러한 특별한 질문이 가진 문제점 중의 일부는 어떤 부모들은 학령 전기 아이들이 실제로 그러한 책을 읽을 수 있을지를 생각하기란 매우 어렵다고 여기는 것이다.

몇 가지 문제점에도 불구하고 우리의 연구진은 그 도구의 타당화를 위해 핵심적인 몇 가지 사항들을 구성하였다. 예를 들어, 1978년 판의 분석(Krinsky, 1978)에서 평균적으로 나이 든 아이들은 더 어린 아이들에 비해 높은 점수를 획득하며, 각 연령 집단 내에서는 수행의 범위가 넓다는 점을 드러내었다. 30명의 부모들이 부모반응의 신뢰도를 측정할 수 있는 간격으로 수개월에 걸쳐 2차례의 설문조사에 응답하게 하였다. 평균적으로 부모들은 문항의 77% 정도에는 동일한 대답을 하였으며, 문항의 92%에 해당되는 4점 척도에 대해 한 가지 점에 의해서만 구별되는 응답을 하였다. 30명의 부모들 중 절반 이상은 응답 절차에 관해 질문하였는데, 이는 몇 가지 질문에 대답하는 아동의 특별한 기술을 증명하라는 질문 혹은 아동의 발달에 대한 정보를 제공할 수 있는 질문에 대답하도록 하는 질문지에 응답하는 절차에 관해서이다.

질문지 문항 중 어떤 것은 난이도의 논리적 척도를 구성하였는데, 그러한 것으로 아동이 다른 것을 완수하지 못한 채 어떤 한 가지의 기술을 소지할 것이라고는 기대될 수 없었다. 위에서 언급된 기본적이고 발전된 읽기 항목은 그러한 척도들의 일부분이며 사전 읽기와 읽기 항목의 진전된 부분이다. 또 다른 척도는 수학적 기술들과 관련된 항목들로 구성되었다. 일반적으로 이런 방법으로 지시된 문항에 대해 부모들이 반응하기에는 상당한 어려움이 있으리라 생각했던 예상과 일치하였다. 그 질문들은 순서 없이 제시되었으므로 '측정 가능한' 이러한 검사는 아동들의 능력에 관한 타당한 정보를 산출하는 질문지에서 지적되는 신뢰도와 연령

차이 등을 보완해준다(Krinsky, 1978).

객관적인 질문지 접근의 한 가지 한계는 어떤 영재아들은 그들이 하는 것에 대해서가 아니라 그들이 어떻게 하는지가 보다 더 중요한데 이 점을 간과할 수 있다는 점이다. 그 외 또 다른 문제는 일정한 분량의 도구는 아동의 탁월한 재능을 드러내는 모든 행동들을 충분히 포괄할 수가 없다는 것이다. 이러한 한계를 극복하기 위한 한 가지 방법은 개방형 질문이나 부모들에게 자녀들의 능력, 흥미, 성격유형 등에 관한 일화를 수집할 수 있도록 설계된 면담을 부가적으로 실시함으로써 보완하는 것이다. 때때로 비구조화된 접근이 아동 행동특성을 명확하게 그려내기에 더욱 성공적일 수 있다.

예를 들어, 어떤 부모는 우리의 종단적 연구에 자원하여 참여한 자신의 딸이 철자를 익힌 일에 대해 다음과 같이 기술하였다.

> 2살인 Alice는 음영을 포함하여 모든 색상을 구별할 수 있으며, 10까지 헤아릴 수 있고, 글자에 이름 붙이며 거리 신호에 대한 '철자법'부터 시작하였으며, 이름의 알파벳을 통해 모든 철자를 구별할 수 있었다. 그리고 언어의 모든 기본적인 능력을 활용하면서 열 단어 이상의 문장을 말할 수 있다. 이제 28개월이 된 내 딸은 16개 이상의 단어로 구성된 문장을 이야기하고 복잡한 구문을 사용한다. 예를 들면, 오늘 아침에 그 아이는 "내가 무용신발을 어디에 두었는지 찾아내려고 노력하고 있는 중이예요." 그리고 "이 이야기에는 어떤 유형의 소년과 소녀들이 등장하는지 알아보고 싶어요."라고 말했다…… Alice는 '새'에 대해 기억했다: '가장 잘 알려진 미국 새에 대한 안내'와 우리가 빈번하게 볼 수 있는 것들에 대해 인식하고 있다; 동물원에서 그 아이는 물총새, 야생 독수리, 콘도르 그리고 올빼미 등 책에서 보았던 새들을 구별할 수 있었으며, 자줏빛 제비와 깃털이 있는 박새…… 등이 부족하다고 화를 내기도 한다…… Alice는 6개월이 되었을 때 책을 처음 갖게 되었는데, 이 책들에 즉각적으로 흥미를 갖게 되었다. 그 아이는 이제 100권 이상의 책을 가지고 있는데, 그 책들의 대부분을 암기하고 있다.

5세 남아의 부모들은 그들 자녀 행동의 어떤 특징들이 그들의 지적 능력을 향상시킬 수 있도록 유도하는지에 대해 대답해 주도록 하였을 때 다음과 같이 답하였다.

> 우리 아이의 상징에 대한 조숙하고 강한 흥미와 조작능력은 주목을 끈다; 18개월에 이미 쓰인 글자의 상, 하를 구별할 수 있었다; 26개월에는 3 ~ 4개 글자로 된 단어를 유창하게 읽을 수 있었고, 도움 없이 쓰기를 할 수 있었다; 5세가 된 지금, 우리 아이는 언어기술은 숙달한 것 같아 보이고, 수학에 관심을 돌리고 있다.

이 아이가 5세 9개월이 되었을 때 실시된 면담에서 그의 어머니는 아들의 수행에 대해 부가적으로 자세히 묘사하였다. 그는 혼자서 두 자리 숫자의 각 요소를 분리하고 더하는 방식, 즉 예를 들면, $17 \times 19 = (10 \times 10) + (7 \times 9) + (7 \times 10) + (9 \times 10)$과 같이 곱셈에 대한 기본 원칙을 발견하였다. 그의 어머니는 그 아이가 이런 방식을 사용하여 10 이상의 곱셈 연산표를 기억하는 것을 좋아한다고 했다.

부모를 통한 일화기록들은 왜곡될 수도 있다. 어떤 부모들은 자녀가 가진 새로운 개념 파악의 신속성과 학습에서의 흥미 등에 대한 일반적인 열정을 실제보다 훨씬 적게 전달하기도 한다. 이런 식으로 기술된 아동이 지적 발달에 있어서 실제로 진보된 아동인지 혹은 대부분의 아동에게서 특징지어지는 학습에 대한 재미를 단순히 과시하는 것인지를 구별하기란 어렵다. 또한 부모들은 때때로 자녀들의 수행에 대하여 실제보다 더 발전된 정도를 나타내는 것이라고 잘못 해석하기도 한다. 예를 들면, 교통신호와 식료품 가게에서 상표들을 인식하는 아동은 비록 그 아동의 재인기술이 그 구체적인 내용에 대해서는 한계가 있을지라도 '읽기'를 하는 아동이라 기술될 수 있다. 가장 도움이 되는 부모들은 자녀의 행동에 대해 명시적이고 상세하게 기술하여 제공해 주는 사람들이다.

매우 어린 유아들의 지능검사 점수는 안정적이지 못하기 때문에 이것을 부모로부터 수집된 정보의 유용성을 평가하기 위한 유일한 준거로 이용하는 것은 합리적이지 못하다. 좀 더 나은 기준은 부모로부터 수집된 정보가 아동의 후기 수행을 얼마나 예언하는가를 판단하는 것이다. 자녀들의 나이가 2 ~ 3세 정도 되었을 때 부모로부터 수집한 정보는 그 당시에 실시되었던 지능검사 결과보다는 나중에 자녀가 4 ~ 5세 정도 되었을 때 실시된 검사수행과 더 강력하게 관련되어 있다(Roedell, Jackson, Robinson, 1980).

(2) 교사로부터의 정보에 의한 판별

교사추천(teacher nomination)은 "우리가 새로운 영재교육 프로그램을 시작하려고 하는데 여기에 참여시키고 싶은 아이를 몇 명 추천해 보시오!"와 같이 비형식적일 수도 있고, 객관적으로 점수화할 수 있는 평정양식이나 체크리스트를 사용하는 것과 같이 형식적인 것일 수도 있다(Davis & Rimm, 1994). 교사추천 방법은 아직 약간의 문제점이 있지만 분명히 가장 일반적인 판별 방법 중 하나이다. 우리나라의 경우에는 2차 영재교육진흥법이 발표된 이후 점차 시 · 도 교육청에서 지원하는 영재교육원에서 영재교육을 받을 수 있는 영재를 선발하기 위한 방법으로 교사의 관찰, 추천제를 확산시키고 있는 영향이 있다.

교사들은 많은 다양한 아동들과 더불어 활동하므로, 그들은 잠재적으로 같은 나이의 다른 아이들 간에 비교를 통하여 어떻게 특별한 아동의 능력에 대해 판단 내릴 수 있을지에 관해서는 부모들보다 더 유리한 위치에 있다. 다음의 **표 3-5**에 제시된 바와 같이, 영재프로그램에 참여할 자격이 있는 아동을 추천하는 역할을 하는 부모와 교사의 효과성과 효율성에 대한 평가는 연구에 따라 매우 다양한 결과를 나타낸다. 그럼에도 불구하고 높은 지능을 가진 유아를 판별함에 있어 유치원 교사들의 추천은 부모 추천만큼 효과적이라고 보지는 않는다.

＊표 3-5 유치원 교사와 부모의 영재아 추천 효율성과 효과성

인 용	효율성 (정확히 추천된 수 ÷ 전체 추천 수)		효과성 (정확히 추천된 수 ÷ 자격이 부여된 전체 수)	
	교사	부모	교사	부모
Weise, Meyers & Tuel, 1975	70.0%	–	–	–
Jacobs, 1971	4.3%	62.0%	9.5%	72.0%
Ciha, Harris, Hoffman, & Potter, 1977	24.7%	14.0%	22.4%	67.0%
Humes & Eberhardt, 1977	22.0%	23.4%	–	–

교사추천의 상대적인 효과성은 교사들로 하여금 정보적인 판단을 하게 하거나(Gear, 1978), 혹은 그들의 평가를 안내하는 구조화된 관찰계획을 교사들에게 제공하는(Kaufman, 1973) 등의 교사훈련을 통해 향상될 수 있다. Jacobs(1971)은 영재아를 추천하는 데 이용할 어떤 안내도 받지 못한 유아교사들의 경우에는 '협동적이며, 그들 행동에 의해 교사로부터 인정을 받게 된 언어적 적응력이 높은 유아'의 지적 능력을 과대평가하는 경향이 있다. 또한 이는 훈련받지 않은 유아교사들은 극단적으로 우수한 유아들보다 보통의 유아들을 추천한 것이라 여겨진다(Kaufman, 1973). 그리고 교사추천의 효과성은 사회계층과 그들 계층이 가진 인종학적 입장에 따라 다양하다(Ciha et al., 1974). 유치원 교사들이 내리는 유아들의 학문적 능력에 대한 평정에 있어서도 남아들보다 여아들을 더 높게 평가하는 경향이 있음이 보고되고(Stevenson et al., 1976) 있으며, 아마 실제로도 그럴 것이다.

불행히도 학령 전 유아교사들이나 보육시설 종사자들을 대상으로 하여 그들이 특별한 프로그램에 참여할 영재아를 어느 정도로 적절하게 추천할 수 있는 능력이 있는지에 관해 평가한 연구물은 아직 없는 실정이다. 우수한 능력의 예를 관찰하기 위하여 학령 전기 유아 교사에게 전형적인 유치원 교실에서 개별적으로 소집단을 구성하고 더 많은 수당을 지급하게 되면 이는 가능할 것이다.

시애틀 프로젝트에서 수행된 연구의 결과에서 몇몇 유치원 교사들은 실제로 유아들의 전반적인 인지적 성숙 정도를 정확하게 판단한다는 사실을 발견하였다. 봄과 가을 학기에 다섯 명의 교사들은 인지적 성숙에 따라서 집단 내에서 모든 유아들의 순위를 매기도록 요구받았다. 교사들은 이런 과제를 수행하는데 고려될 준거를 선정함에 있어서는 자신의 판단을 사용하도록 지시받았다. 가을과 봄학기의 순위 간에는 약간의 변화가 있었다. 교사들은 그들 간에 유의미한 일치를 보이고 있었으며(roh = .83), 순위 매기는 수단은 24명 유아의 스탠포드-비네 검사에서의 정신연령과 높은 상관관계를 나타내었다(roh = .78). 교사 순위와 검사 수행 간의 상관관계는 연령의 영향이 있었음에도 불구하고 통계적으로 매우 유의미하였다(Shorr, 1978). 이러한 교사들은 다른 유치원 교사들에 비해 더 나은 교육을 받았고 개별 유아의 능력에 더 민감할 수 있도록 훈련받았기 때문에 그들은 무선으로 선발된 다른 유치원 교사들에 비해 이러한 과제를 수행하는데 준비가 더 잘 되어 있을 것이라 생각된다.

교사로부터의 정보는 장애가 있는 유아들의 재능을 판별하는 데 특히 더 중요한 역할을 한다(Blacher-Dixon, 1977; Karnes, 1977). 교사의 체크리스트는 일반지능이나 수학, 읽기, 과학 기술, 창의성, 사회적 기술, 미술이나 음악, 심리운동 능력 등의 영역에서 잠재력이 있는 장애아를 선발하는 데 사용된 교사 체크리스트가 일리노이의 RAPYHT(Retrieval and Acceleration of Promising Young Handicapped and Talented) 모형 프로그램에서 사용될 수 있도록 개정되었다. 이 프로젝트 결과에 의하면, 체크리스트 정보를 기초로 하여 추수연구를 위해 선발된 아동의 절반 정도에게 프로그램에 참여할 자격을 주었다(Karnes, 1977). 자격을 부여하기 위하여 다양한 분야의 재능이 다양한 준거에 의해 결정되었으며, 다양한 유형의 능력을 측정하기 위한 척도들이나 표준화된 검사에서 평균에서 1 ~ 0.5 표준편차(상위 7%) 이상의 수행을 보인다는 전형적인 기준을 이용하였다(Roedell, Jackson, Robinson, 1980).

Renzulli(1983)는 교사가 사용하는 SRBCSS(Scales for Rating Behavioral Characteristics of Superior Students)를 개발하였다(**표 3-6** 참조). 이 척도에서 가장 널리 사용되는 것은 지적인 능력(학습), 창의성, 동기, 리더십을 평정하는 것이다. 이밖에 이 척도에서는 예술적, 음악적, 연극, 계획 특징, 의사소통의 정확성, 의사소통의 표현력 등을 평정하도록 되어 있다(Davis & Rimm, 1994).

* **표 3-6** 아동의 행동특성을 평정하기 위한 척도

이름______________________________ 날짜______________________
나이________________
이 양식을 작성하는 사람____
이 아동을 알게 된 지는 얼마나 되었는가?____________________________

작성요령 : 이 척도는 아동의 학습, 동기, 창의성, 그리고 리더십 영역의 특징을 알아보기 위해 고안된 것입니다. 각 문항들은 영재와 창의적인 사람들의 특성에 관해 다룬 연구문헌을 참고하여 만든 것입니다. 이 척도는 네 가지 서로 다른 행동의 차원을 나타내는 도구이므로 각각의 척도에서 얻은 점수를 총점으로 합산하면 안 됩니다. 진술문을 주의 깊게 읽고 다음의 기준에 따라 가장 적절한 곳에 O표 하세요.

만일 이 특성을 거의 또는 전혀 관찰하지 못했다면= 1
만일 이 특성을 가끔씩 관찰할 수 있었다면= 2
만일 이 특성을 꽤 많이 관찰할 수 있었다면= 3
만일 이 특성을 거의 항상 관찰할 수 있었다면= 4

기타 의견이 있으면 각 문항 아래에 있는 여백에 적어 주십시오.

채점 : 다음과 같이 계산하여 네 개의 차원별 점수를 얻을 수 있습니다.

각 열마다 O표 한 수를 더하여 '열별 총점' 적기
각 열별 총점에 가중치를 곱하여 '열별 가중치 총점' 적기
열별 가중치 총점을 모두 합하여 차원별 점수 적기
아래에 점수 기입

학습특성____________________
동기적 특성____________________
창의적 특성____________________
리더십 특성____________________

(다음 페이지에 계속)

PART Ⅰ : 학습 특성	1*	2	3	4
1. 같은 연령의 아동에 비해 유창하고 정교하며 표현력이 풍부한 언어적 행동특성을 가지고 있고 의미 있는 방식으로 용어를 사용하는 등 뛰어난 어휘력 수준을 보인다.				
2. 다양한 주제에 대한 폭넓은 정보(또래 아이들이 보이는 일반적인 관심의 수준을 넘어서는)를 가지고 있다.				
3. 사실적인 정보를 회상하고 숙달하는 속도가 빠르다.				
4. 어떤 일에 대한 이유와 방법을 발견하려고 하며 귀찮을 정도로 질문을 많이 하고, 사물을 작동하는 방법을 알려고 하는 특성을 가지고 있으며 인과관계에 대한 통찰력이 빠르다.				
5. 사람이나 사물 또는 사건 간의 차이점과 유사점을 알고 민첩하게 일반화에 이를 수 있고 중요한 원리를 포착해내는 능력이 있다.				
6. 이야기를 듣거나 영화를 볼 때 다른 사람들이 보거나 느끼지 못하는 부분을 더 볼 수 있는 날카롭고 민감한 관찰자이다.				
7. 전기, 자서전, 백과사전, 지도 등 어려운 자료를 피하지 않고 어른 수준의 책들을 선호하며 독서량이 많다.				
8. 논리적이고 상식적인 답을 확인하여 스스로 근거를 찾으려고 애쓰며 복잡한 내용은 각각의 부분으로 분리하여 이해하려고 노력한다.				
세로 점수 합				
가중치	1	2	3	4
가중치를 곱한 점수				
총점				

*1 = 거의 또는 전혀
2 = 가끔씩
3 = 꽤 많이
4 = 거의 항상

PART Ⅱ: 동기적 특성	1	2	3	4
1. 어떤 주제나 문제에 열중하고 과제가 완성될 때까지 지속한다.				
2. 일상적인 일에는 쉽게 지루해한다.				
3. 처음부터 흥미를 느끼고 시작한 일에는 외적인 동기유발이 별로 필요 없다.				
4. 자신의 결과물이나 속도에 쉽사리 만족해하지 않고 자기비판을 통해 완벽을 추구하려고 한다.				
5. 교사의 지도를 거의 요구하지 않고 독립적으로 작업하는 것을 좋아한다.				
6. 또래의 수준과는 다른 차원의 문제들, 즉 종교, 정치, 성, 인종 같은 어른 수준의 문제들에 관심이 있다.				
7. 자기 신념을 굽히지 않으며 자신의 주장이 강하다.				
8. 사람이나 사물 또는 상황을 조직화하고 구조화하는 것을 좋아한다.				
9. 종종 사람이나 사건 또는 사물에 대해 평가하고 판단하고 옳고 그름, 선과 악에 관심이 있다.				
세로 점수 합				
가중치	1	2	3	4
가중치를 곱한 점수				
총점				

PART Ⅲ : 창의적 특성	1	2	3	4
1. 모든 것에 대해 끊임없이 질문하고 매사에 호기심을 보인다.				
2. 어떤 문제나 질문에 대한 아이디어나 해결방안을 많이 제시하며 종종 독특하고 슬기로운 방안을 제안한다.				
3. 자신의 의견을 거침없이 표현하고, 간혹 자신의 견해와 일치하지 않을 때는 과격하고 맹렬하게 반응하며 집요하다.				
4. 모험심이 강하다.				
5. 재치있는 말, 공상 그리고 상상을 많이 하며 어떤 제도나 체제를 개조하고 향상시키고 수정하기도 한다.				
6. 같은 상황을 보고도 다른 사람이 느끼지 못하는 유머를 찾아내는 날카로운 유머감각을 보인다.				
7. 자신의 불합리성(예 남자가 여성스런 관심을 표현하고 여자가 지나치게 독립심이 강함)을 솔직하게 드러내고 정서적으로 민감함을 보인다.				
8. 미(美)에 대해 민감하다.				
9. 관습에 따르지 않고 무질서를 수용하며 남과 다르다는 것에 두려움을 느끼지 않는다.				
10. 비판적인 검토 없이 권위적으로 결정하는 것을 수용하지 않으며 건설적인 비판을 좋아한다.				
세로 점수 합				
가중치	1	2	3	4
가중치를 곱한 점수				
총점				

PART Ⅳ : 리더십 특성

	1	2	3	4
1. 약속을 중시하고 이를 잘 지키며 책임감이 강하다.				
2. 또래들 사이에서뿐만 아니라 어른들에게도 당당해 보인다.				
3. 또래들이 좋아한다.				
4. 교사나 또래들과 언쟁하려 하지 않으며 그들과 잘 어울리고 협동적이다.				
5. 언어적 표현력이 유창하고 이해력이 높으며 자신을 잘 표현할 수 있다.				
6. 사고와 행동에 융통성이 있으며 새로운 환경에 잘 적응한다.				
7. 사교적이어서 다른 사람들과 어울리는 것을 좋아한다.				
8. 일반적으로 자신과 연루된 활동을 지휘하거나 다른 사람을 지배하려는 경향이 있다.				
9. 사회적 활동에 참여한다.				
10. 모든 종목의 운동경기를 즐겨하며 체육활동에서 남보다 뛰어나다.				
세로 점수 합				
가중치	1	2	3	4
가중치를 곱한 점수				
총점				

4. 유아영재의 판별의 예

발달 이론가들은 아동의 삶에서 첫 5년은 차후의 지적 발달과 학습할 수 있는 능력에 지대한 영향을 미친다고 한다(Bloom, 1964; White, 1975; Burns, Mathews & Mason, 1990). 이러한 주장은 취학 전 프로그램이 모든 아동에게 가치롭다는 것을 시사해 준다.

Burns, Mathews 그리고 Mason(1990)은 정부의 지원하에 취학 전 영재 프로그램을 제공하고 있는 루이지애나 주의 취학 전 지적 영재아 판별 방법을 소개하였다. 루이지애나 주에서는 다음의 3단계를 통하여 영재아를 판별하고 있는데 이것은 지역 교육청에서 취학 전 영재를 위한 프로그램을 개발하거나 촉진하는 데에 적용해 볼 수 있을 것이다.

첫 번째 단계에서는 공적인 프로그램의 유용성과 취학 전 영재의 특징에 대해 취학 전 아동교사와 부모들에게 홍보하는 것을 목표로 한다. 이것은 신문과 지방잡지에 논문 게재, TV 인터뷰, 저녁뉴스, 학부모 단체나 종교 단체에서의 강연, 취학 전 아동교사의 현직교육 등을 통하여 이루어진다.

두 번째 단계는 일반적인 선별 방법으로서 팸플릿, 지원서, 부모용 질문지, 교사용 질문지(아동이 유치원에 다닐 경우) 등을 이용한다. 질문지는 부모 또는 교사에게 아동에 대한 45가지의 행동에 관해 평정하고 그 밖에 아동에게 나타나는 부가적인 몇 가지 행동들을 기술하도록 되어 있다.

세 번째 단계는 개별적인 선별이다. 먼저 Stanford-Binet 검사와 유사한 Hess의 학교 준비도 척도(Hess School Readiness Scale, Hess, 1975)를 실시한다. 만약 아동이 이 척도에서 일정한 기준(IQ 120 이상)의 성취를 보이면 Stanford-Binet 검사, 수학과 읽기 검사를 추가로 실시하여 판별한다(Davis & Rimm, 1994).

교육칼럼

교육칼럼 1 : 이경화 교수의 영재이야기

내 아이의 영재성은 과연 어느 정도일까?

"혹시 내 아이가 영재가 아닐까?" "왜 내 아이는 영재가 아니지?" "영재아이는 어떤 아이일까?" "어떻게 하면 영재아이로 키울 수 있을까?"

이 세상의 많은 부모들은 자신의 아이가 영재아이기를 바라고, 영재로 키우고 싶어 한다. 혹시 자기 아이가 또래보다 조금이라도 나은 능력이 보이는 것 같으면 영재가 아닌지 궁금해 한다. 영재의 중요한 특성은 평균이상의 지능, 창의력 그리고 성격적인 측면에서 과제집착력이라고 본다. 부모가 자녀의 특성을 올바로 이해하고 확인함으로써 그들의 특성에 맞는 교육을 시키는 것은 무엇보다 중요하다.

그러면 영재아이들에게서 주로 나타나는 다음과 같은 특성을 살펴보고, 우리 아이는 이중 몇 문항이나 해당되는지 확인해보자. 단, 이 체크리스트는 영재판별검사는 아니다. 우리 아이가 영재가 가진 특성을 어느 정도나 지니고 있는지 확인해 보고자 하는 의미이다.

1. 책이나 TV를 보면서 '왜'라는 질문을 자주 한다.
2. 상황에 맞추어 적합한 어휘를 사용할 줄 안다.
3. 어디를 데리고 가면 두리번거리며 주변에 관심이 많다.
4. 이야기나 동요, 동시, 역사적인 사실, 일상적인 일 등을 쉽게 기억한다.
5. 처음 가보는 장소에도 서슴없이 들어가려고 한다.
6. 상당한 유머감각이 있다.
7. 시작한 과제는 끝까지 완수한다.
8. 실패할 가능성이 많은데도 하고 싶은 일은 반드시 한다.
9. 사람을 지배하려는 경향이 있다.
10. 어떤 일을 하더라도 의욕적이고 적극적이다.
11. 물건의 작동원리나 자연의 이치에 대하여 질문을 많이 한다.
12. 독립적이고 자신에 대해 만족한다.
13. 퍼즐이나 장난감들을 분해하고 다시 끼워 맞추기를 좋아한다.
14. 또래들 사이에서 지도자 역할을 한다.
15. 길을 잘 찾고 방향감각이 뛰어나다.
16. 주의집중 시간이 길다.
17. 기회가 주어질 때 자기보다 나이가 더 많은 아동과 놀기를 좋아한다.
18. 틀에 박힌 그림, 기존의 노래보다는 자신만의 독창적인 것을 만들어 낸다.
19. 모양이나 쓰임새, 맛, 촉감 등 사물을 공통점에 따라 분류할 수 있다.
20. 새로운 환경에 잘 적응하며, 사교적이어서 주위에 친구들도 많다.

교육의 평등성을 강조하다 보니 교육의 수월성은 무시되고 있다. 또한 많은 부모들은 영재교육을 실시하는 것이 자녀를 유별나게 키우는 것이 아닌가 여긴다. "우리 아이는 평범하게 키우고 싶어요." "아이들 수준에 맞는 교육을 시켜야죠."라는 얘기를 많이 듣게 된다. 수준에 맞는 교육이란 아이들의 특성을 확인하고, 그 능력에 적절한 교육을 시키는 것이다. 결코 획일적인 교육이 수준별 교육이 될 수 없다. 우리 아이가 가진 영재성을 확인하고, 자녀의 특성에 맞는 교육을 하기 위한 부모들의 교육적 관심이 요구된다.

***자료제공 : 세종영재교육연구원, http://www.sigt.co.kr**

제 4 장

영재교육과정 모형

1. 영재교육과정 개발에 기초가 되는 모형들
2. 영재교육과정의 실제

토머스 제퍼슨 과학고 천문학 실험실. 학생들은 수만km 떨어진 서부 캘리포니아 마운트 윌슨(1천7백여m) 천문대에 설치된 24인치 망원경을 PC로 원격 조종하고 있었다. 나머지 11개의 실험실. '광학과 현대물리', '프로토 타이핑과 공학재료', '에너지 시스템', '극소전자공학'…. 도저히 고교 실험실이라곤 믿기지 않을 정도다. 실험실의 첨단장비는 AT &T. IBM. 소니. 버지니아 전력 등 굴지의 기업들이 지원하고 있다. 학생들은 초일류 기업의 연구소에서 진행되는 프로젝트에도 참여한다.

현장과 가깝고 현장의 변화에 유연하게 따라가는 실용주의적 커리큘럼, 국가. 연구소. 학교가 연계해 우수 인재를 일찌감치 발굴해 키워주는 인재양성 시스템, 풍부한 기부금을 바탕으로 한 양질의 교육…. 21세기 초강대국 미국의 힘의 원천으로 평가되는 교육 시스템이다. 이를 보고 세계의 인재들이 모여든다.

항상 무엇인가를 듣고, 무엇인가를 생각하며,

무엇인가를 배우자!

– Arther Helps –

영재교육과정 모형은 심화학습 활동을 구체적으로 설계하는 데 도움이 된다. 이 장에서는 영재교육 프로그램에 참가하는 아동들에게 차별화된 경험을 제공하는 데 도움이 될 만한 영재교육과정 모형에 대해 간단히 살펴볼 것이다. 여기에서 살펴볼 모형들은 대부분 독립적이면서도 상호 보완적이기 때문에 교사 혹은 영재교육 프로그램 설계자들은 단일의 모형을 적용하기보다는 한두 개의 교육과정 모형을 결합시킴으로써 다양한 아이디어를 얻을 수 있을 것이다.

여기서 살펴보고자 하는 모형은 심화학습 3단계 모형(Renzulli, 1977; Renzulli & Reis, 1991b), 학교전체 심화 모형(Renzulli & Reis, 1985a, 1986, 1991b), 다중 메뉴 모형(Renzulli, 1988), 피라미드 프로젝트(Cox, Daniel, & Boston, 1985), 퍼듀 3단계 심화학습 모형(Feldhusen & Kolloff, 1986), Guilford/Meeker의 지능의 구조 모형(Guilford, 1967, 1977, 1988; Meeker, 1969; Meeker & Meeker, 1986), Treffinger(1975)의 자기 주도성 증진 모형, Betts(1985, 1991)의 자율적 학습자 모형, Williams(1970, 1982, 1986)의 사고와 감정처리 개발을 위한 인지적-정의적 상호작용 모형, 다중-재능 토템 기둥 모형(Schlichter & Palmer, 1993; Taylor, 1986, 1988), 대각선 교육과정 모형(Kranz, 1993), Clark (1992)의 통합교육 모형 등이다(Davis & Rimm, 1994). 그리고 이와 같은 모형을 적용하여 구성한 영재교육과정의 사례를 살펴보기로 한다.

Section 1. 영재교육과정 개발에 기초가 되는 모형들

1) 심화학습 3단계 모형

Renzulli가 창안한 심화학습 3단계 모형(Renzulli, 1977; Renzulli & Reis, 1985a, 1987, 1991b; Reis & Renzulli, 1986)은 영재아들을 위해 '무엇을 해야 할 것인가'를 안내하는 가장 유명하고도 폭넓게 사용되는 모형이다. 이것은 주로 초등학생에게 실시되어 왔으나 아동의 개별적인 역량에 따라 유치원이나 중등학교급 대상에게도 응용해 볼 수 있다.

다음의 그림 4-1에서 볼 수 있는 바와 같이 이 모형에는 다소 연속적이기는 하지만 질적으로 다른 세 단계가 포함되어 있다. 1단계 심화학습은 일반적인 탐색활동으로서 아동들이 다양한 주제와 관심 영역을 접할 수 있도록 설계되었으며, 2단계 심화학습은 집단훈련 활동으로서 연구를 위한 기술들이나 창의성과 같은 인지적, 정의적 과정의 발달을 다루고 있다. 3단계 심화학습은 '특정분야에서 진짜 연구자나 예술가가 수행한 것과 같이' 실제 문제에 대해 탐구하는 활동이다(Renzulli, 1977).

1단계와 2단계 심화학습 활동은 모든 아동들에게 매우 유익하기 때문에 반드시 적용되어야 한다. 실제로 Olenchak과 Renzulli(1989)는 1단계와 2단계 심화학습 활동을 경험한 아동들이 학습에 대한 태도가 긍정적으로 향상되었다는 것을 발견하였다. 그리고 3단계 심화학습 활동은 영재성이 있는 아동들의 특수한 창의성, 능력, 그리고 열성이 요구된다.

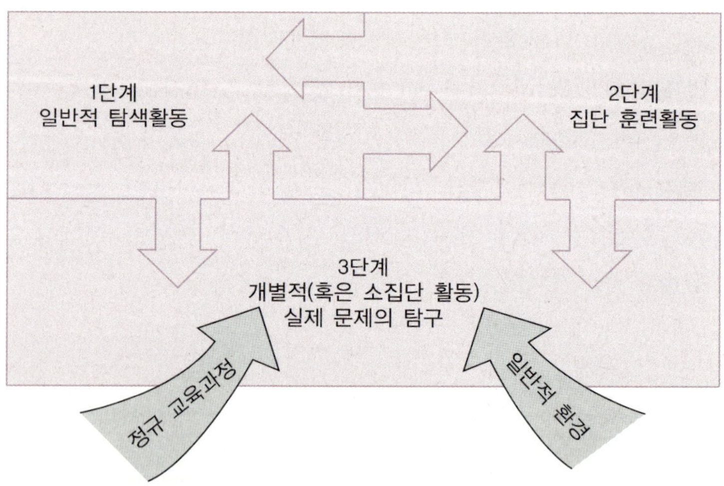

그림 4-1 Renzulli(1977)의 심화학습 3단계 모형

(1) 1단계 심화학습

일반적 탐색활동인 1단계 심화학습 활동에는 다음과 같은 세 가지 주요 목적이 있다. 첫째, 아동들이 정규 교육과정과는 다른 부분을 경험하도록 한다. 둘째, 관심 있는 모든 아동들이 활용할 수 있는 일반적인 심화학습 활동을 제공한다. 셋째, 3단계 심화학습에서 독립적인 프로젝트

를 수행할 수 있도록 학생들을 동기화시킨다. 영재아동들은 이러한 일반적인 탐색활동을 통하여 자신들이 더 심도 있게 공부할 아이디어를 확인하는 데 목적이 있다는 것을 이해해야 한다. 어떤 아동들은 사진술, 희곡, 서예 등과 같이 3단계 프로젝트에 매우 적합한 관심사나 취미들을 이미 오래전부터 가지고 있을 수도 있다.

자원센터(resource center)는 탐색활동을 하기에 적절한 장소이다. 따라서 자원센터에는 수많은 주제에 관한 책, 잡지, 기타 매체 등을 잘 확보하고 있어야 한다. 대개 교사와 아동이 공동으로 연구주제를 선택하며 집단 또는 개별적으로 연구를 수행한다. 또 다른 탐색활동 방법은 영재아들이 창의적이고 문제해결을 시도하는 미술가, 배우, 기술자, 박물관이나 미술관 큐레이터, TV쇼 감독, 사업가, 레스토랑 주인 등과 같은 사람들을 현장에서 직접 만나는 것이다. 이러한 현장 경험은 미술관이나 천문 관측소, 또는 양조장에 대한 단순한 탐방 이상의 의미가 있다. 즉 이러한 활동의 목적은 단순히 '보는 것'(Renzulli의 표현에 의하면 '박물관 관람')이 아니라 전문가의 활동에 참여해 보도록 하는 데 있다.

(2) 2단계 심화학습

집단훈련 활동인 2단계 심화학습의 목적은 사고와 감정의 폭넓은 발달을 촉진시키는 것이다(Renzulli & Reis, 1991b). 사실 모든 아동들이 이러한 기술, 능력, 태도, 전략들을 발달시켜야 하지만 특히 영재 프로그램은 영재아들의 기술, 능력, 태도, 전략의 발달을 촉진시키는 데 초점을 두어야 한다(Renzulli & Reis, 1991a). 또한 2단계 심화학습은 연극 대본 쓰기 기법이나 실험 도구 사용과 같이 영재아의 독립적인 프로젝트 수행과 직접적으로 관련된 기술을 다루는 내용이 포함된다. Renzulli와 Reis(1985a, 1991b)는 특히 다음과 같은 네 가지 범주에서 일반적이고 특수한 기술을 발달시켜 한다고 제안하였다.

① 창의적 사고, 문제해결, 비판적 사고, 의사 결정, 정의적(지각, 판단, 가치화) 활동

② 듣기, 관찰, 노트 정리, 요약, 조사와 면접, 분류, 자료 분석과 조직, 결론 추출 등과 같은 학습방법의 학습

③ 목록집, 요약, 정보검색 시스템과 같은 참고 문헌이나 자료 사용
④ 자신의 연구결과를 감상하게 될 잠재적인 청중들을 감동시킬 수 있는 작문, 언어적 · 시각적 의사소통 기술

(3) 3단계 심화학습

영재아동들은 3단계 심화학습 활동 과정에서 실제 문제를 조사하는 진짜 연구자 또는 독창적인 산출물을 창조해 내는 예술가가 된다. 이 단계에서 아동들은 정보의 단순한 소비자가 아니라 지식과 예술의 생산자로서의 역할을 해야 한다. 예를 들어, 프로젝트를 수행할 때 이 단계에서는 아동들에게 백과사전, 교과서, 또는 이미 요약된 다른 자료를 참고하도록 요구하기보다는 원자료를 활용하여 스스로 결론을 도출해 내도록 해야 한다.

아동들은 문제를 형성하고 연구나 예술적 방법을 설계하고 최종의 산출물을 계획하는 활동에 적극 참여해야 한다. 교사는 아동들이 문제를 명확히 인식하고, 프로젝트를 설계하고 자료나 장비를 설치하고 전문가나 정보원을 추천하는 안내자 역할을 해야 한다.

표 4-1에는 '재능자원' 아동들에게 제시된 3단계 심화학습 프로젝트 수행의 10단계가 요약되어 있다.

＊ 표 4-1 3단계 심화학습 프로젝트 수행 단계

① 자신의 관심사가 정말로 무엇인가를 발견하라.
② 자신의 관심사에 대해 공부한 후에 그와 관련된 의문점을 찾아보아라.
③ 선생님과 함께 계획을 세워라.
④ 다양한 자원을 활용해서 선택한 연구주제에 대하여 공부하라.
⑤ 선생님과 함께 연구과정에서 반드시 다루어야 할 문제를 결정하라.
⑥ 연구에 도움이 되는 기술(2단계 심화학습)이 무엇인지를 결정하라(예: 면접, 자료기록).
⑦ 과제를 수행하라. 그리고 매주 해야 할 일의 개요와 아이디어를 기록해 두어라.
⑧ 브레인스토밍을 통하여 어떤 방법으로 최종의 산출물을 만들 것인가를 결정하라(예 이야기, 논문, 책, 연극 등).
⑨ 최선을 다해라.
⑩ 산출물 평정양식과 같은 평가 도구를 사용하여 최종 산출물을 평가하라.

출처 : Renzulli & Reis(1985)

(4) 연구결과의 홍보

3단계 심화학습 활동의 결과물을 감상할 수 있는 청중을 확보하는 일은 매우 중요한 일이다. 성인과 마찬가지로 영재아들 역시 그들의 작품이 주목받고 관련 분야에 영향을 미치기를 원한다.

과학연구모임과 같은 지역사회 단체들이 적절한 청중이 될 수 있을 것이다. 때로는 어린이 박물관, 쇼핑센터, 병원 로비, 교육청이나 시 청사, 또는 학교 복도와 같은 곳에 작품전시를 할 수도 있고 글이나 연구 보고서를 잡지로 출판할 수도 있다. 또한 어린이 병원이나 산간벽지에 연극, 촌극, 그리고 다른 여러 종류의 산출물들을 보고 싶어하는 청중들이 있을 수 있다. 여기에 기자단을 초대할 수도 있다.

2) 학교전체 심화학습 모형

학교전체 심화학습 모형(Schoolwide Enrichment Model : SEM)은 초기의 회전문 모형(Revolving Door Model : RDIM)을 수정한 것으로서 프로그램이 학교전체에 초점을 맞추고 있다는 점을 강조하고 있는 새로운 이름이다. RDIM(Renzulli, Reis, & Smith, 1981)과 마찬가지로 SEM은 심화학습 3단계 모형을 기초로 하였다. 현재 SEM은 가장 널리 사용되고 있는 프로그램이다.

이 모형의 첫 번째 두드러진 특징은 판별과 선발 과정에 Renzulli의 재능자원 접근을 택하고 있다는 것이다. 영재판별의 일반적인 방법은 학교전체 모집단의 약 5%를 영재로 판별하는 것이다. 영재로 판별된 아동들은 대개 풀 아웃 방법으로 속진과 심화학습 활동에 참가한다.

SEM에서는 아동의 약 15 ~ 20%가 재능자원으로 선발된다. 학교 자체적으로 SEM에 참여할 아동들을 선발해도 좋으나 Renzulli와 Reis(1985)는 영재판별 절차에 따라 선발하기를 권장하였다. 이러한 선발 절차에서는 영재인지 아닌지 의심될 경우에도 참여를 허락하기 때문에 아동들에게 기회를 주려고 하는 것이지 탈락시키려는 것이 아니다. 또한 처음부터 독립적인 프로젝트를 수행하고자 하는 아동을 선발한 것이 아니기 때문에 아동들이 점차 독립적인 프로젝트를 수행하도록 해야 할 것이며,

그러한 과정에서 선발된 아동들은 자동적으로 재능자원의 일부가 되는 것이다. 따라서 아동선발은 일 년 내내 지속되고 많은 아동들이 프로그램의 혜택을 받게 됨에 따라 SEM은 엘리트주의를 추구한다든지 불공평하다는 비판을 거의 받지 않는다.

두 번째 두드러진 특징은 학교전체를 대상으로 하고 있다는 점이다. 1단계와 2단계 심화학습은 모든 아동들에게 필요하다는 것을 이미 언급하였다. SEM에서는 1단계와 2단계 심화학습을 모든 학급에서 하게 한다. 그러나 때로는 이러한 '일반적 심화학습'을 자료의 난이도, 집단의 크기, 또는 아동의 흥미를 고려하여 일부 집단에게만 실시하기도 한다.

정규 교사는 재능자원 교사에게 재능자원 아동에 관한 활동정보 메시지를 보내서 3단계 심화학습을 수행할 수 있도록 요청한다. 만일 프로젝트가 좋다고 판단되면 해당 아동은 재능자원 교사와 함께 계획을 수립해서 며칠, 몇 주, 혹은 몇 개월이 소요되는 프로젝트를 수행한다. 재능자원 아동의 약 50~60%는 한 해에 최소한 한 개의 3단계 프로젝트를 수행하고 싶어 하며 프로젝트 수행 과정에서 창의성을 발휘한다.

재능자원 아동들은 여러 가지 심화학습의 유형과 관련된 서비스를 받는다. 그들은 다른 학생들과 마찬가지로 일반적 심화학습 활동을 할 뿐 아니라 특정한 프로젝트 수행에 필요한 기술과 관련된 2단계 심화학습 활동도 한다. 또한 재능자원 아동들은 Renzulli의 'Interest-a-Lyzer'라는 도구를 이용하여 3단계 프로젝트에서 다루고 싶은 그들의 흥미를 확인할 수도 있다. 이 도구는 아동들이 미술과 공예, 과학, 창의적인 글쓰기, 법률·정치 영역, 수학, 경영, 역사, 운동, 야외활동, 공연 예술, 사업, 소비자 행동, 생태학 중 어느 분야에 흥미가 있는지를 확인하는 데 도움이 된다.

이 모형의 또 다른 중요한 특징은 교육과정 압축(curriculum compacting)이다. 정규 교사는 재능자원 집단의 아동들에게 좀 더 도전적인 교육과정을 제공하고 3단계 프로젝트 수행과 재능자원 심화학습 활동을 할 수 있는 기회를 확보해 주기 위해 교육과정을 압축해서 운영한다. 일반적으로 수학과 같은 기초 기술을 가르치는 교과목을 압축하지만 언어 기술, 예술, 과학, 사회 과목도 압축해서 운영하기 한다(Reis et al., 1992). 아동이 어느 영역에 강점이 있는지는 생활기록부, 표준화 검사 점수, 교실 활동 또는 교사의 관찰 등으로 확인될 수 있다(Renzulli & Reis, 1991b). 교육과정 압축전략 중 하나는 사전 검사나 단원 총정리 검사를 사용해서 특정한 분야에 대한 아동의 숙달 정도를 평가하는 것이다. 또 다른 전략은 효과적이고 경제적인 내용으로 수업의 속도를 촉진시키는 것이다. Reis 등(1992)은 우수한 능력을 가진 초등학생을 대상으로 한 연구에서 학습내용과 수업을 총 40~50% 정도로 압축시켜도 성취도가 저하되지 않았으며 과학 점수는 오히려 향상되었다고 하였다.

SEM을 운영함에 있어서 정석은 없다. Renzulli(1984)는 심화학습 3단계 모형이나 RDIM[SEM] 프로그램을 아무런 변형도 하지 않고 그대로 적용할 수는 없을 것이라고 하면서 적용 대상에 따라 각 지역이나 학교 혹은 유치원의 고유의 철학, 자원, 경영 구조를 검토해서 특성에 맞게 프로그램을 운영할 것을 제안하였다.

3) 다중 메뉴 모형

심화학습 3단계 모형과 학교전체 심화학습 모형에서 제공하는 학습 경험과는 달리, Renzulli(1988)의 다중 메뉴 모형(Multiple Menu Model)은 효과적이고 흥미로운 방식으로 내용 지식을 가르치는 데 초점이 있다.

다음의 다섯 가지 메뉴들은 영재교육의 목표와 일치하는 교육과정을 설계하는 데 지침을 제공하기 위하여 고안된 것이다.

(1) 지식 메뉴

Renzulli(1988)는 지식 메뉴를 가장 중요시하였다. 이 메뉴는 특정영역에서 가르칠 지식에 대한 타당한 계열성을 제시해 주며 다음과 같은 네 가지 하위 범주 또는 단계를 포함하고 있다.

첫째는 지식 분야, 정의, 조직으로 학습자가 특정한 영역의 일반적 특성과 하위영역의 구체적인 특성을 파악할 수 있도록 안내한다. 교육과정 개발자들은 특정분야의 조직을 시각적으로 설명하는 분지형 도식(branching diagram)을 사용하여 해당분야의 목적, 연구되어야 할 하위영역, 하위영역 내에서의 질문 유형, 자료의 원천, 기본적인 참고문헌과 전문학

술지, 주요한 데이터베이스, 주요 사건, 사람, 장소, 신념 등을 다루어야 한다.

둘째는 기본 원리와 기능적 개념이다. 기본 원리는 해당영역에서 보편적으로 합의된 진리이며 기능적 개념들은 해당분야의 용어집 역할을 한다.

셋째는 특수성에 대한 지식으로서 해당분야의 중요한 사실, 관습, 경향, 분류, 준거, 원리와 일반화, 이론, 구조에 관련된 것이다.

넷째는 방법론에 대한 지식으로서 특정영역에서의 표준적인 연구절차와 관련된다. 즉 문제를 발견하는 방법, 가설 진술, 자료 원천의 확인, 자료 수집 도구의 구성 또는 배정, 자료의 분석과 요약, 결론 도출, 그리고 결과 보고법 등에 관한 것이다.

(2) 수업목표 및 학생활동 메뉴

수업목표 및 학생활동 메뉴의 4개의 하위분야 중 첫째는 동화와 파지로서 듣기, 관찰, 읽기, 조작, 노트 정리 등과 같은 정보 투입 과정과 관련된다. 둘째는 정보 분석으로서 분류, 서열, 자료 수집, 해석, 대안 탐색, 결론, 설명 등 보다 상위수준의 이해를 위한 것들이다. 셋째는 정보의 종합과 응용으로서 쓰기, 말하기, 구성하기, 수행하기와 같은 사고 과정의 산출물, 또는 결과물을 다룬다. 마지막으로 넷째는 평가로서 개인의 가치관이나 전통적 표준에 따라서 정보를 재고하고 판단하는 것과 관련된다.

(3) 수업전략 메뉴

수업전략 메뉴는 연습문제와 암송, 강의, 토의, 또래 지도, 학습센터 활동, 모의수업과 역할놀이, 학습게임 등 모든 교사들에게 친숙한 교수-학습 활동을 항목별로 제시한다.

(4) 수업계열 메뉴

수업계열 메뉴는 계획한 학습활동의 결과를 극대화시키는 활동을 조직하고 계열화하는 것과 관계가 있다. Gagné(1974, 1985)의 학습의 조건 모형을 근거로 하고 있는 이 모형에는 주의집중 유도, 목표제시, 선수학습과 관련시키기, 자료제시, 수행평가, 피드백 제공, 전이와 적용을 위한 기회 제공 등이 포함된다.

(5) 예술적인 수정 메뉴

마지막으로 Renzulli는 교사들이 창의적인 수업을 통하여 아동들의 관심과 흥미를 유발시킬 것을 제안하였다. 예술적인 수정 메뉴는 교사가 개인적 지식, 경험, 신념, 회원의 정보, 해석, 논쟁, 편견 등에 따라 나름대로 자료를 수정해서 사용하기를 제안한다.

다중 메뉴 모형의 요소들은 표준적인 교수-학습의 실제이다(Davis & Thomas, 1989). 즉 교육과정 개발에서 포괄성과 균형을 유지하고자 할 때 고려해야 할 다양한 요인들을 상호 관련시킬 수 있도록 안내한다. 다중 메뉴 모형은 영재교사를 위해 기존의 학교 프로그램으로는 감당할 수 없는 영역에서 특수한 교육과정을 창의적으로 개발할 수 있는 조직적 틀을 제공한다.

4) 피라미드 프로젝트

피라미드 프로젝트는 기존 영재교육 프로그램에 대한 고찰(Cox, Daniel, & Boston, 1985; Cox & Daniel, 1988; Feldman, 1985; Ondo & Session, 1989)과 Richardson 연구를 토대로 발달된 것이다. 즉 기존의 영재아 프로그램들은 창의적이고 우수한 아동들의 욕구를 충족시켜 주지 못할 뿐 아니라 융통성 없는 커트라인을 적용하여 가능성 있는 학습자들의 프로그램 참여를 배제하고 있다. 또한 많은 프로그램들이 단편적이고 비연속적이며 대부분 풀 아웃 프로그램으로 구성되어 있는데, 학생들이 하고 싶을 때 할 수 없고, 하기 싫을 때 해야 한다는 문제점이 있다(Feldman, 1985).

Cox는 피라미드 프로젝트의 목표는 평균 이상에서부터 우수한 영재에 이르기까지 모든 연령의 유능한 학생들에게 적절한 수업을 매일 제공하는 것이라고 하였다(Feldman, 1985). Cox가 주도한 피라미드 프로젝트에 참가한 학생의 약 ¼은 '유능한 학습자(able learner)'로 정의되었다.

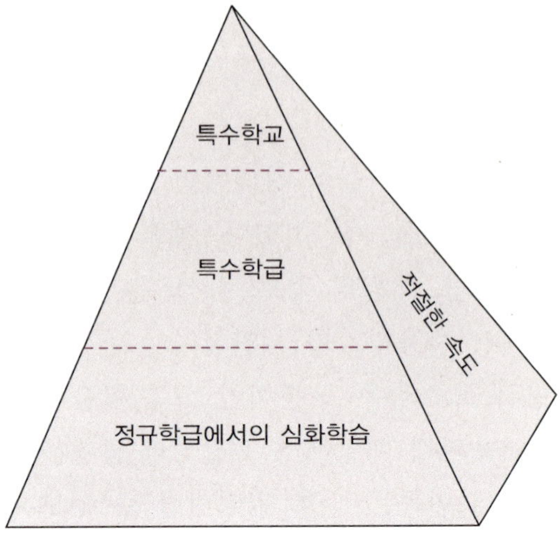

그림 4-2 Cox 외(1985)의 피라미드 모형

그림 4-2와 같이 피라미드 모형(Cox, Daniel, & Boston, 1985)의 바닥 폭이 넓은 것처럼 대부분 유능한 학습자들은 학습센터 이용, 융통성 있는 집단편성, 개별화 수업, 혼합 연령 집단편성, 교육과정 압축, 자료실 심화학습과 프로젝트 등으로 정규 학급에서 심화학습 활동을 하게 된다. Cox는 영재교육에 대한 훈련과 지도를 받은 교사라면 심화학습 활동을 유도할 수 있을 것이라고 하였다.

피라미드의 중간 부분으로 이동하면서 적어지는 좀 더 우수한 집단은 전일제 특수학급에 배정된다. 또한 아동들은 자신이 잘하는 과목을 이중으로 등록할 수 있다. 즉 초등학생은 자신이 잘하는 과목을 중학교에서 이수할 수 있고, 중학생은 고등학교에, 고등학생은 대학의 과목을 등록해서 이수할 수 있다.

피라미드의 정상 부분에서는 특수한 요구를 가진 좀 더 소수 집단의 아동들이 마그넷 스쿨과 같은 특수학교에 들어간다. 고등학교 수준의 이 학교들은 수학, 과학, 언어 또는 국제학사 프로그램에 중점을 둔다.

피라미드의 하단에서 정상에 이르기까지 융통적 속도의 개념이 적용되는데, 이 모형에서 교사들은 모든 아동들이 동일한 속도로 학습하는 것이 아니라는 점을 인식해야 한다. Ondo와 Session(1989)은 "피라미드 개념의 기본은 학생들이 자신이 숙달한 내용, 개념, 기술에 따라 앞으로 나아가야 한다는 것이다. 학교에서는 학생들이 특정한 영역에서 보다 높은 수준으로 이동하도록 하거나(속진), 심화학습의 기회를 제공해서 우수한 아동들의 교수-학습과정을 가속화시켜야 한다."라고 하였다. 그들은 피라미드 모형에서는 근본적으로 조기입학, 심화학습, 이중 등록, 교육과정 압축, 월반, 시험을 통한 학점이수 등의 형태로 융통적 속도를 유지한다고 하였다.

5) 퍼듀 3단계 심화학습 모형

퍼듀 3단계 심화학습 모형(Feldhusen & Kolloff, 1981, 1986; Kolloff & Feldhusen, 1984)은 3단계 수준의 기술 개발을 목적으로 한다. 즉, 이 모형은 창의성 신장에 초점을 두면서 다양한 사고기술, 수렴적 문제해결, 연구 기술, 그리고 독립적인 학습 등의 향상을 목표로 한다.

1단계는 기본적인 수렴적, 발산적 사고력 계발에 중점을 둔다(Feldhusen & Kolloff, 1986). 수업 활동은 주로 창의성과 그 밖의 다른 언어적 · 비언어적 분야의 사고기술을 향상시키기 위하여 비교적 단기간에 이루어지고 교사가 주도하는 연습과 워크북 활동으로 이루어진다. 과학, 수학, 언어기술 교과목의 내용과 기초 기술이 창의력과 다른 사고기술과 더불어 1단계에 포함될 수도 있다.

2단계는 창의적 문제해결력의 개발 단계로서 브레인스토밍, 시네틱스와 같은 창의적 사고 기법, 창의적 문제해결(CPS) 모형, 미래문제의 해결, 정신 오디세이 등이 포함된 좀 더 복합적이고 실질적인 전략과 체제에 중점을 둔다.

3단계 활동은 독립적인 연구 기술의 개발에 목표를 둔다. Feldhusen과 Kolloff(1981)는 3단계 프로젝트는 문제의 명확한 정의, 자료 수집, 결과 해석, 창의적인 결과 전달법 고안 등에 영재아들이 도전감을 갖고 참여하도록 유도해야 한다고 하였다. 3단계 프로젝트로는 짧은 글쓰기, 연극 연출, 대안적인 쓰레기 처리 시스템 연구하기 등을 예로 들 수 있다.

퍼듀 3단계 모형은 풀 아웃 방식으로 처음 몇 주 동안은 1단계, 다음의 12주 또는 16주 정도는 2단계를 실시하고, 그 이후에는 독립적인 연구와 프로젝트를 수행하도록 실시될 수 있다.

6) Guilford와 Meeker의 지능의 구조 모형

많은 사람들은 내용, 산출, 조작 차원의 조합에 따라 120개의 셀로 구성된 Guilford의 1967년도 지능의 구조모형(Structure of Intellect : SOI)에 친숙하다. 이 모형은 1977년에 '도형'이 시각적인 것과 청각적인 것으로 대체되면서 150개의 셀이 되었으며, 1988년에는 '기억'이 기억기록(단기), 기억파지(장기)로 나뉘면서 180개의 셀로 확장되었다.

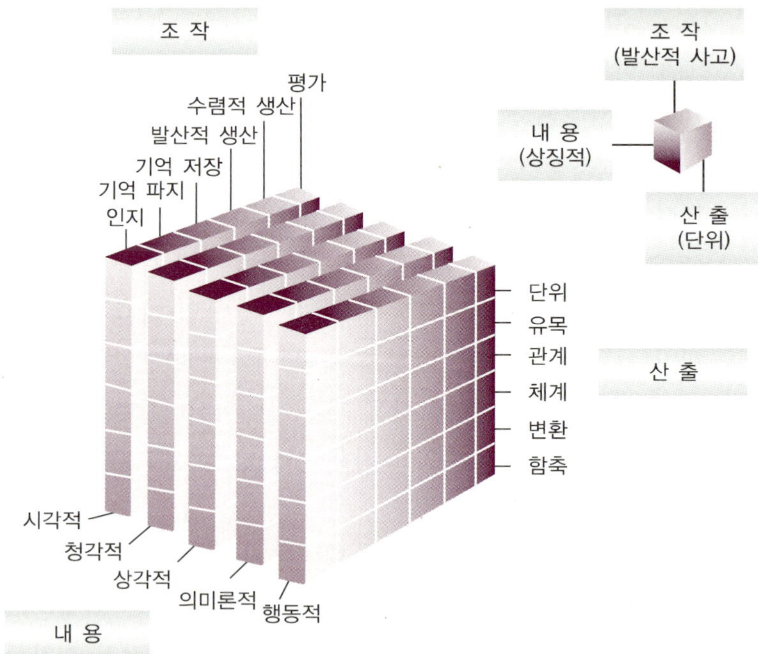

그림 4-3 Guilford(1988)의 지능의 구조 모형

Guilford는 그동안 이 180가지의 능력들을 측정하는 검사를 개발하였다. 예를 들면, **그림 4-3**의 모형에서 조작 차원은 확산적 산출이라는 조작 차원을 포함한다. 그 면의 어떤 부분은 '상징적(content : 내용) 단위(product : 산출)의 확산적 사고(operation : 조작)' 또는 DSU라는 셀이 될 것이다. DSU 검사 또는 단어 유창성은 특정한 글자로 시작해서 특정한 단어로 끝나는 단어를 나열하도록 질문하거나(예 R_______M), 하나, 둘, 세 개의 특정 글자를 포함하는 단어 나열, 특정 단어와 같은 압운의

단어 나열(예 roam) 등을 통하여 측정될 수 있다.

Guilford의 1967년 모형에서 90개의 셀만을 사용한 Meeker의 연구(1986)에서 90개의 SOI 능력은 Guilford의 다섯 개의 조작, 여섯 개의 산출 그리고 세 개의 내용(도형적, 상징적, 의미론적) 차원이 조합된 것이다.

Meeker와 Meeker(1986)에 의하면 SOI 검사는 영재 프로그램에서 두 가지 방식, 즉 영재아를 판별하는 용도와 영재 프로그램에서 개별적인 훈련 코스를 설계하기 위한 기초로 사용되어 왔다. SOI 검사는 아동이 획득한 점수의 프로파일을 통해 영재를 판별하는 데 사용된다. 또한 SOI 프로파일은 특정한 능력을 진단해서 그것을 신장시키는 처방적인 용도로 활용된다. SOI에 포함된 능력에 대한 훈련은 다음과 같은 4단계로 진행된다.

① 읽기, 계산, 수학 학습에 요구되는 능력이나 주어진 과제에 대한 필요조건을 확인한다.
② 이러한 능력을 검사한다.
③ 검사 결과 낮게 나타난 능력은 가르치고 영재성이 있는 것으로 나타난 능력은 유지하며 보통인 것으로 밝혀진 능력은 계발한다.
④ SOI 훈련을 실행하기 이전의 수행 수준과 훈련 이후의 수행 수준 간의 차이를 기록하여 비교한다.

Meeker는 90개의 능력 각각을 연습시키고 강화시킬 수 있는 자료를 고안하였는데, 여기에는 집단 교수학습을 위한 단기 수업용(mini-lesson plans)과 개별화 수업을 위한 자기학습용(self-help plans)이 있다. 예를 들어, 브레인스토밍과 관념적 과제는 확산적 사고기술이 취약한 아동들에게 사용되고 비판적 사고 활동은 인지와 평가(조작 차원)를 강화시키는 데 사용된다.

7) Treffinger의 자기 주도성 향상 모형

대부분의 아동들은 교육을 받는 동안 계속적으로 무엇을, 언제, 어떻게, 어디서 배워야 하는지에 관해 의문을 갖는다. 게다가 그들의 학습은 항상 다른 사람들에 의해 평가된다. 그들이 경험이나 훈련을 거치지 않고 갑자기 효과적이고 자기 주도적인 학습자가 될 것이라고 기대하기는 어렵다. 다른 사람들보다 다소 독립적이고 자기 주도적인 학습자라고 할 수 있는 영재아들 역시 독자적인 연구 수행에 필요한 기술이나 태도를 체계적으로 학습할 필요가 있다.

Treffinger(1975, 1978; Treffinger & Barton, 1988; Treffinger, 1986b)는 독립성을 증가시키고 자기 주도적인 학습자가 되는데 도움을 줄 수 있는 단계를 다음과 같이 제안하였다.

① 교사 주도적인 단계 (command style) : 교사가 사전에 학급 전체 또는 개별 아동들이 해야 할 활동을 알려주며, 활동 시간, 위치, 최종 산출물, 평가 준거 등을 결정한다.

② 1차 자기 주도적 단계 (task style) : 교사가 아동이 선택한 범위에서 학습활동이나 프로젝트를 만들어낸다.

③ 2차 자기 주도적인 단계 (peer-partner style) : 아동이 자신의 학습활동, 목표, 평가에 대한 의사결정을 하는데 참여하는 등 좀 더 적극적인 역할을 한다. 교사는 아동이 배우게 될 내용을 결정하고 선택하는 과정에 관여한다(Treffinger, 1975). 예를 들면, 교사가 개별 활동이나 집단활동과 관련된 주제나 프로젝트를 결정하는 과정에 참여한다.

④ 자기 주도적 단계 (self-directed style) : 아동들은 자기가 선택한 위치에서 활동을 수행하고 새로운 선택권을 만들어낼 수 있으며, 또한 자신의 향상과정을 스스로 평가할 수도 있다. 물론 교사의 도움을 받을 수도 있다.

아동들은 자신의 과제를 주도함에 있어 능력과 경험 면에서 차이가 있다. 그러므로 교사는 아동의 자기 주도성 수준을 결정해야 한다. Treffinger (1975)는 학생의 자기 주도성 수준을 확인할 수 있는 체크리스트를 고안하였는데, 만일 아동이 교사의 조언 없이도 자신의 향상과정을 평가할 수 있고 다른 사람들이 사용하는 것과 같은 준거를 사용하여 자신의 과제나 산출물의 강점과 약점을 확인할 수 있는 아동이라면 4단계의 자기 주도성 활동을 할 준비가 되었다고 보는 것이다.

Treffinger(1978)는 자기 주도성을 신장시키기 위해 일반적으로 고려해야 할 사항에 대해 다음과 같이 제안하였다.

- 아동들이 스스로 할 수 있거나 스스로 학습할 수 있는 일을 간섭하지 마라.
- 자기 주도적 학습에 개방적인 태도를 갖고 자기 주도적 학습을 지원하라.
- 학생들이 다양한 주제와 문제들을 관련시키고 종합할 수 있도록 하기 위해서 지식의 연속성과 내적인 관계성을 강조하라.
- 문제해결과 독립적인 연구 기술을 훈련시켜라.
- 학교나 가정에서 도전적인 상황을 만들어 독립적인 문제해결의 기회를 제공하라.

8) Betts의 자율적 학습자 모형

Treffinger의 모형이 자기 주도성을 향상시키기 위한 4단계를 개괄하고 있는 것이라면, George Betts(1985, 1991)의 자율적 학습자 모형(autonomous learner model : ALM)은 프로그램 설계를 전체적으로 안내해 주는 역할을 한다. 이 모형은 초등학교 과정에서는 약 2시간 30분씩 일주일에 2회 정도 풀 아웃 방법으로 운영할 수 있다.

Betts에 의하면 ALM은 아동들이 긍정적인 자아개념을 발달시키고, 자신의 영재성을 이해하며 사회적 기술을 발달시키는 것을 돕는 데 목적이 있다. 또한 이 모형은 학생들로 하여금 다양한 영역에서의 지식을 증가시키고 사고력을 계발할 뿐 아니라 학습에 대한 책임감을 형성하고 창의적이고 독립적인 학습자가 되도록 하는 데 있다. 이러한 목표들은 영재아 프로그램의 목적과 매우 일치한다.

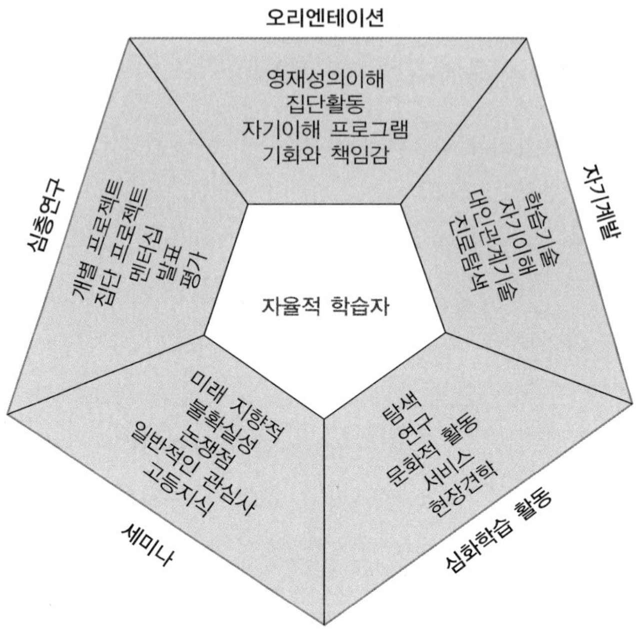

그림 4-4 Betts(1985)의 자율적 학습자 모형

자율적 학습자 모형은 **그림 4-4**에서 보는 바와 같이 다섯 가지 주요 차원으로 나누어진다.

① 오리엔테이션 : 이는 아동, 교사, 학교 행정가와 부모에게 영재교육의 주요개념과 자율적 학습자 모형의 특수성을 알리는 것을 목적으로 한다. 아동들은 자기 자신에 대한 이해와 프로그램을 통해서 무엇을 얻을 수 있는지에 관해 배운다.

② 자기 계발 : 이는 일생 동안 독립적이고 자율적인 학습을 촉진하는 기술, 개념, 태도를 계발하는 것에 중점을 둔다. 즉 학습기술(예 사고기술과 연구 기술), 자신의 이해(예 강점과 약점) 대인관계 기술(예 의사소통과 리더십) 그리고 진로탐색 등을 다룬다.

③ 심화학습 활동 : 이는 아동 스스로가 연구하기를 원하는 바를 결정하는 '아동 중심의 내용'과 관계가 있다. 이 단계에 이르면 아동들은 자신이 열정을 갖고 연구하게 될 주제를 발견하게 될 것이다. 아동들은 주제와 관련된 영역을 탐색하고 집단활동을 통해 발표할 것이

다. 연구의 유형을 조사하고 박물관, 연극, 콘서트, 전시회 관람과 같은 문화활동에 참여하며 그랜드캐니언에 대한 지질학과 고고학 연구와 같은 모험적인 계획을 짜기도 할 것이다.

④ 세미나 : 이는 각 개인이 3 ~ 5명의 소집단 활동으로 하나의 주제에 대해 연구할 수 있는 기회를 제공하며, 세미나 형식으로 그것을 발표하며, 그 집단에서 선정한 준거에 따라 세미나를 평가하도록 하기 위한 것이다. 학생들은 일반적인 정보를 발표하고 청중들의 토론 참여를 촉진시키며 토론과 활동의 종결을 통하여 학습하게 된다.

⑤ 심층 연구 : 이는 아동들이 개별적 또는 소집단 활동을 통해 장기적으로 관심을 가질 영역에 대해 조사하게 하는 것이다. 이러한 활동은 Renzulli의 심화학습 모형 중 3단계인 프로젝트와 유사하며 학생들은 자신이 무엇을 배우게 될 것인지, 무엇이 필요할 것인지, 최종의 산출물은 무엇이 될 것인지, 그것이 어떻게 제시될 것인지, 전체적인 학습과정이 어떻게 평가될 것인지를 결정한다.

자율적 학습자 모형은 미국과 캐나다의 여러 지역 사용되고 있는 것으로 매우 합리적인 프로그램 설계지침이다.

9) Williams의 사고와 감정 처리 교수 전략

Williams의 모형(Williams, 1970, 1972)은 영재아동들을 위해 특별히 고안된 것이 아니라 모든 아동들의 창의성과 생산에 포함된 인지적, 정의적 과정을 향상시키기 위해 고안된 모형이지만 영재교육 프로그램으로 활용된다. 유창성, 융통성, 독창성 그리고 정교성의 사고과정과 호기심, 위험감수, 복잡성 그리고 상상력의 감정 처리는 전통적이 교과 내용과 함께 통합되어 계발될 수 있다. 이때 교사들은 18가지의 교수방법 혹은 교수전략을 활용할 수 있다.

그림 4-5에 요약된 Williams의 모형은 커리큘럼(교과 내용), 교사행동(교수방법 혹은 교수전략), 학습자 행동을 포함하여 세 차원으로 구성되어 있다(Williams, 1970). 다시 말해, 차원 1은 언어, 수학, 사회, 과학, 음악,

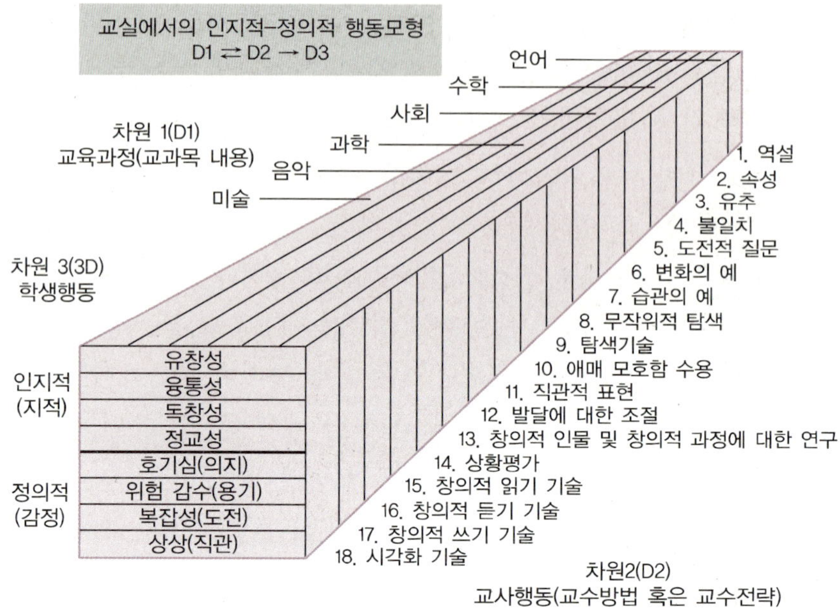

그림 4-5 Williams(1970, 1972)의 모형

미술 등 여섯 과목으로 이루어진 교육과정(교과목 내용)이다. 차원 2는 **표 4-2**에 제시된 18가지 활동과 기술들을 포함하는 교사행동(교수전략 또는 교수방법)이다. 교사는 여섯 가지 내용영역에서의 기술들을 가르칠 때 이것을 사용할 수 있다.

＊표 4-2 Williams의 교수전략

역설	자기 모순적 진술 또는 관찰
속성	고유한 특성 및 특질
유추	유사한 상황이나 유사점
불일치	알 수 없는 요소나 빠진 점
도발적인 질문	탐색이나 발견을 유도하는 질문
변화의 예	변화, 수정, 또는 하위 상황에 의한 역동성 탐색
습관의 예	고정관념이나 경직성 감지
무작위적 탐색	무작위적으로 결과를 이끌어내는 구조

(다음 페이지에 계속)

탐색 기술	역사적, 기술적 혹은 실험적 탐색 기술
창의적인 사람의 행동에 대한 연구	특출한 사람들의 행동에 대한 연구와 특징 분석
상황평가	준거 설정, 의사결정, 비판적 사고
창의적인 독서 기술	독서를 통한 아이디어 산출
창의적인 청취 기술	청취를 통한 아이디어 산출
창의적인 작문 기술	작문을 통한 자기표현
시각화 기술	시각적인 형태로 아이디어 표현하기
모호함에 대한 인내심	개방적인 상황에 대해 인내하기
직관적인 표현	육감적으로 느끼기와 정서적 느낌 표현하기
발달에 대한 조절	경험이나 상황에 단순히 순응하기보다는 그것을 통해 발달하기

차원 3은 학생 활동으로서 여덟 개 수준의 '사고와 감정처리' 즉 유창성, 융통성, 독창성, 정교성 등 네 개의 인지적(지적) 행동과 호기심, 용기, 도전, 직관 등 네 개의 정의적(감정) 행동이 포함되어 있다. **그림 4-5**에 표시된 'D 공식'은 교육과정 내용(D1)이 교수전략(D2)과 상호작용하여 학생 행동(D3)을 산출한다는 것을 의미한다.

이 모형에서는 6개의 교과목, 18가지 교수활동, 8가지의 사고와 처리과정으로 구성되어 있기 때문에 전체 864개(6×18×8)의 교실활동이 가능하다. Williams(1970, 1982)는 특정 교과목에 대해 하나의 교수방법을 이용하여 사고나 감정 기술을 강화시킬 수 있는 수많은 활동과 과제들을 설계하였다.

10) 다중-재능 모형

Schlichter(1986a, 1986b, 1987; Schlichter & Palmer, 1993)가 제안한 무한-재능 모형(Talents Unlimited)은 Talyor(1978)가 설명한 여섯 가지 재능 영역에서 아동들의 잠재력을 인식하고 이를 양성해야 할 교사들을 훈련시키기 위한 모형이다. 훈련 과정에는 다음과 같은 네 가지 주요 활동 범주가 포함된다.

- 다중-재능 이론과 22가지의 특수한 사고기술 요소에 관한 설명
- 재능 수업 모델링과 시연
- 교실에서 실제 수업
- 1:1 또는 소집단 설계

교사가 아동들의 재능을 가르치는 전략의 예는 다음과 같다.

① 생산적 사고 : 다양하고 특이한 생각을 하도록 함으로써 강화시킬 수 있다.

② 의사결정 능력 : 학생들에게 문제를 개괄하고 심사숙고하도록 하며 최종 판단을 내리게 하는 활동이다.

③ 계획 수립 능력 : 아이디어를 실행하는 방법을 설계하고 필요한 자원을 확인하며 일의 단계를 계획하는 활동을 통해 신장될 수 있다. 또한 이러한 능력에는 실행 가능한 문제를 정확히 파악하고 계획을 개선하는 활동이 필요하다.

④ 예언 능력 : 학생들에게 가능한 원인이나 다양한 현상의 원인과 결과를 예언하게 하는 활동이 포함된다.

⑤ 의사소통 능력 : 아이디어, 감정, 요구 등을 표현하기 위해 언어적, 비언어적 형태의 의사소통을 사용하고 해석하는 데 중점을 둔다.

⑥ 학문적 재능 : 특정 주제와 관련된 지식 기반을 형성하는 데 필요한 지식과 개념을 습득하도록 함으로써 신장시킬 수 있다(Davis & Rimm, 1994).

그림 4-6 재능기차

Schlichter(1987)는 창의성과 학문적 능력에 대하여 학습활동을 준비할 수 있는 방법으로써 다음과 같이 제안하였다(구자억 외, 1999).

(1) 의사소통력의 증진방법

- 말하기, 쓰기, 혹은 예술적 표현을 통해서 자신의 의사를 분명하게 효과적으로 표현하도록 한다.
- 아이디어를 충분하게 완벽하게 개발하도록 한다.
- 단서를 관찰하고 감정을 분석하도록 한다.
- 개성을 살려 주도록 한다.
- 정보를 효과적으로 받아들이고 이해하도록 한다.

(2) 계획수립력의 증진방법

- 기대하는 목적과 결과를 확인하도록 한다.
- 단계적 절차적 접근의 필요성을 이해하도록 한다.
- 필요한 정보와 자료를 획득하도록 한다.
- 방법과 절차를 구상하고 설계하고 배열하고 시각화하도록 한다.

(3) 예언력의 증진방법

- 원인과 결과를 분명히 파악하도록 한다.
- 상황들을 객관적으로 보도록 한다.
- 과거의 지식과 경험을 재조직하도록 한다.
- 상황에 영향을 미치는 행동들을 사회적으로 인지하고 민감하도록 한다.

(4) 의사결정력의 증진방법

- 결과들의 중요성을 판단하도록 한다.
- 성급한 판단을 자제하도록 한다.
- 한 가지 이상의 행동방향을 생각해 보도록 한다.
- 평가준거를 적용하도록 한다.
- 의사결정 한 것에 대하여 정당화하고 일관성 있게 행동하도록 한다.

(5) 창의성의 증진방법

- 아이디어를 창안해내고 세부 사항을 첨가한다.

(6) 학문적 능력의 증진방법

- 주어진 주제와 관련된 정보나 개념을 획득하도록 한다.

11) Kranz의 대각선 교육과정 모형

심화학습 활동은 교육과정의 수평적 확장이라고 하고 속진은 수직적 확장이라고 한다. Kranz(1993)는 이 두 가지를 조합해서 대각선(속진-심화병행) 교육과정 모형(Diagonal Curriculum Mode l: DCM)을 제안하였다. Kranz의 DCM은 가급적 세 개의 영역을 가로지르는 간학문적인 주제와 개념을 강조한다. 예컨대, AIDS라는 주제는 사회학적, 생물의학적, 지리학적인(예 인간의 이동) 요소들을 통합해서 살펴볼 수 있다.

Kranz에 의하면 주제와 개념은 의미가 있고 너무 광범위하지도 사소하지도 않은 폭넓은 논쟁이나 문제에 중점을 두어야 한다. 그것은 적당한 깊이와 복잡성이 고려되어 제시될 수 있으며 고학년에게는 좀 더 복잡한 문제가 반복적으로 제시될 수 있다. 때로는 교사들이 교육과정을 계획할 필요가 있을 것이다. 이를테면, 과학(생물학)을 담당하는 교사는 인문학(철학과 예술)을 담당하는 교사와 함께 '나는 누구인가?' 라는 주제를 선정할 수도 있고 유전학의 사회적 함의에 관한 단원을 만들게 할 수도 있다. Kranz(1993)는 간학문적인 수업에 필요한 많은 아이디어를 제공하였다.

12) Clark의 통합교육 모형

Clark(1992)에 의해 개발된 통합교육 모형은 두뇌연구, 일반 체제적 이론, 심리학 등에서 밝혀진 결과들을 종합하여 설계된 것으로 교수-학습과정을 최적화하는데 기본 취지를 두고 있다. 즉, 이 모형은 다양한 학문분야들을 관련짓고 전체로 묶는 데 관심을 두고 있기 때문에 총체적 접근법이라고 할 수 있다.

통합교육 모형은 개별화 교수를 지향하고 있기 때문에 내용수준, 학습속도, 학습 집단구성 면에서 다양성을 지니고 있다. 따라서 개별 영재학생의 학습요구를 충족시켜줌으로써 학습수준의 선택과 학습활동의 참여를 활성화시킨다. 이 모형은 두뇌의 능력수준에 적합한 교수과정과 학습경험을 제공함으로써 학습을 최적화할 수 있기 때문에 일반 학급에서도 적용이 가능하다. 또한 이 모형은 감정, 영감, 물리학적 민감성 등을 사고력과 결합시키고자 하기 때문에 정의적 교육을 등한시하고 있는 오늘날의 교실수업에서 특히 유의미한 모형이라고 할 수 있다(George, 1992). 통합교육 모형의 주요한 구성요소는 감응적 학습환경, 긴장의 완화, 동작과 신체적 부호화, 언어사용과 행동표출의 강화, 학습사태의 선택과 지각과정에 통제력 부여, 복잡한 인지적 활동에의 도전감 부여, 지적인 영감과의 통합 등이다(구자억 외, 1999; Clark, 2002).

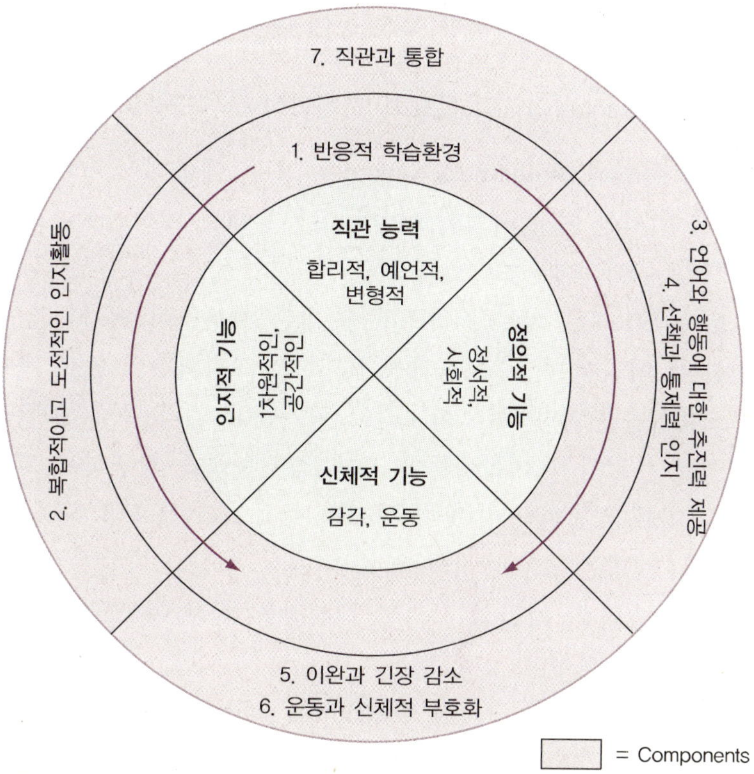

그림 4-7 Clark(2002)의 통합교육 모형

2. 영재교육과정의 실제

앞에서 살펴본 12가지의 영재교육과정 모형들은 다양한 영재교육 현장의 실정에 맞는 영재교육과정을 개발하고자 할 때 기초로 삼을 수 있다. 여기서는 이러한 영재교육과정의 모형들을 기초로 한 호주의 Wilderness School, 미국 버지니아 대학교의 영재교육과정 그리고 한국의 숭실대학교에서 운영하는 SIGT(세종영재교육연구원) 영재교육과정을 소개하고자 한다.

1) Wilderness School의 영재교육과정

호주의 영재학교 중에서 'Wilderness school'의 영재교육에 대한 기본 목표와 프로그램, 그리고 다양한 특성 등에 대하여 살펴보면 다음과 같다.

(1) Wilderness school의 교육목표와 교육과정

1884년에 설립된 Wilderness school은 호주 애들레이드(Adelaide)의 Medindie에 위치한 여자 사립학교이며, 유치원에서 12학년(K-12)까지 약 600명의 학생들이 수학하고 있다.

Wilderness Shool은 학문을 강조하며, 모든 학생들이 제3의 연구를 향해 정진한다. 따라서 학교 교육과정 및 보조 교육과정의 많은 측면에서 혁신적 교육실습을 수행하는 학교라고 평가받고 있다. 학교 교육과정의 모든 영역에서 각각의 여학생들이 지닌 잠재능력을 발견하고 계발시킬 수 있는 기회를 제공한다는 것이 학교의 중요 교육목표의 하나이다. 또한 강조하는 사항은 소녀들이 사회 전역에서 자신의 재능을 발휘할 수 있도록 자신감, 건강, 자발성 그리고 책임감을 가진 여성으로 성장할 수 있도록 지원하는 것이다.

이와 같은 교육목표에 근거한 Wilderness school의 기본적인 교육과정은 다음과 같다.

- 영재 여학생을 위한 계속교육과정(Extended Curriculum for Gifted Girls)
- 정신건강과 회복(Mental Health and Resilience)
- 사고와 학습교육과정(Thinking and Learning Curriculum)

(2) Wilderness school의 영재에 대한 정의

Wilderness school은 학교교육법에 명시된 바와 같이, '영재학생은 지적인 능력 혹은 창의력이나 또 다른 능력이 뛰어나다는 것이 입증되거나, 잠재적인 가능성을 소유한 사람으로, 정규교육을 통해 제공되는 것 이상의 차별화된 교육이나 교육적 지원을 필요로 하는 자이다.'라는 정의를 수용한다.

Wilderness school에 입학할 수 있는 영재학생들은 광범위한 객관적, 주관적 준거에 의해 판별되어 자격이 인정된다. 그리고 입학 후 유치원 단계(Reception)에서 12학년에 이르기까지 각 학생들에게는 자신이 가진 잠재력을 현실적으로 실현시킬 수 있도록 고안된 다양한 융통성 있는 자료들을 제공한다.

대부분의 활동들은 영재학생들이 가지는 특별한 요구들을 충족시킬 수 있도록 제공된다. 학년수준에서의 속진이나 교과영역 내에서의 속진이 가능하다. 즉, 특별한 교과목에서 특출함을 나타내는 영재학생이나 혹은 학습곤란을 겪는 영재학생들을 위해 개별 교육계획(individual educational plans) 프로그램이 개발되어 있다.

사진 4-1 유치원 과정(Reception)

사진 4-2 초등학교 저학년 과정

(3) Wilderness school의 영재프로그램

Wilderness school의 영재프로그램(gifted program)을 교육과정과 활동 중심으로 살펴보면 다음과 같다.

- 영재아동들을 가르치기 위한 전문가를 훈련시킨다.
- 사고와 학습기술 교육과정(A Thinking and Learning Skills Curriculum)을 운영한다.
- 차별화된 교육과정을 실시한다.
- 학급 내에서의 심화/계속(Enrichment/Extension) 프로그램을 적용한다.
- 영재판결 과정에서 탈락한 집단(Withdrawal group)에게도 심화/계속 프로그램을 적용한다.
- 능력별 집단편성을 한다.
- 개별 교육 프로그램을 구성한다.
- 통합학습을 실시한다.
- '영재성 이해(Understanding Giftedness)' 과정을 운영한다.
- 인지적 혹은 정의적인 측면에서의 요구에 대한 상담을 실시한다.
- 특별한 계속 과제(special extension projects)를 부여한다.
- 교과목과 학년 수준에서의 속진제를 적용한다.
- 조기입학 정책을 수립한다.
- 주제에 기초한 경쟁을 할 수 있도록 한다.
- 정신 토너먼트(Tournament of Minds)를 개최한다.

- 미래 문제해결(Future Problem Solving) 프로그램을 실시한다.
- 초등학생과 중학생을 중심으로 한 집단(Cluster Group)을 구성한다.
- 캠프와 방학 프로그램을 실시한다.
- 교육, 지역사회, 봉사 집단들에게 각 과정을 제공한다.

Wilderness school의 영재학생을 위한 교육 프로그램은 다음 그림 4-8과 같다.

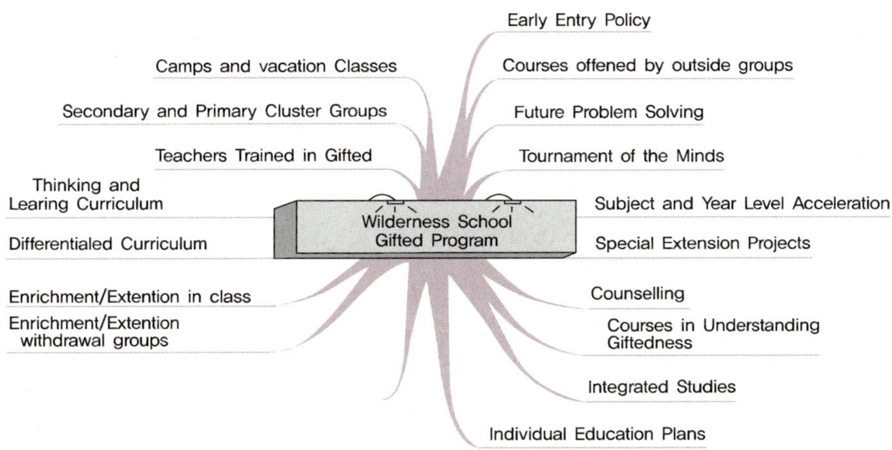

Wilderness School

그림 4-8 Wilderness school의 영재학생을 위한 교육 프로그램

(4) 영재아를 위한 계속교육과정(Extended Curriculum Program)

1983년 이후, Wilderness school은 영재아들의 능력에 적절하고 그들의 요구에 부합되는 속진과 심화 학습경험을 제공하기 위하여 '계속교육과정 프로그램(extended curriculum program)'을 개설하였다.

이는 학교교육과정의 전 영역에서 수월성을 추구하기 위한 욕구를 증진시키고 보완하기 위해 구성되었다: 공연(performing), 시각예술(visual arts), 인문학(the humanities), 과학, 상업, 공학, 수학, 영어, 언어…… 등.

Wilderness school의 교육목표는 여학생 개인이 각각 전체 학교 교육과정 내에서 자신이 가진 잠재적 능력을 발견하여 최대한으로 계발시킬 수 있는 기회를 제공하고 격려하는 것이다. 따라서 이와 같은 계속교육과정 프로그램의 가장 중요한 목표는 학교의 목표를 영재학생들을 위한 실제 교육으로 전환시키는 것이다.

① **초등학생을 위한 계속교육과정 프로그램** : Wilderness 초등학교의 기본 프로그램이 갖는 목표는 영재학생들이 몰두하는 각 영역에서 그들이 다시 생각할 수 있고, 그들의 재능을 길러주고 확장시킬 수 있는 학습 환경을 창출하는 것이다. 이는 능력별 집단편성과 개별교육 계획 등 다양한 방법을 통해 달성된다. 특수교사들과 함께 하는 팀티칭은 정규교실 내, 외에서 실시되며, 다양하고 확장된 활동을 가능하게 한다.

사진 4-3 초등학교 고학년 과정

② **중학생과 상급학년을 위한 계속교육과정 프로그램** : 7학년에서 10학년에 이르는 영재학생들은 교실수업에서 빠져나와 정기적으로 다른 반에 소속된다. 안전하고 수용적인 환경 내에서 학생들은 그들이 인지적으로나 정의적으로 요구되어지는 것을 충족할 수 있도록 계획된 교육과정에 참여할 수 있게 된다. 이와 같은 계속교육과정 (Extended Curriculum courses)에 참여함으로써 영재학생들은 더 격려되고 가치를 인정받게 된다.

Wilderness school의 중학생을 위한 교육 프로그램은 다음 **그림 4-9**와 같다.

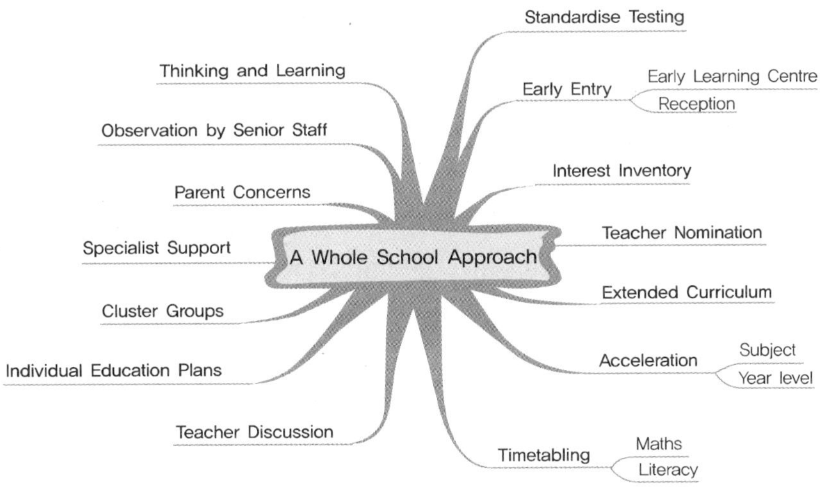

그림 4-9 중학생을 위한 계속교육과정 프로그램

정규교육과정의 교사들은 영재학생들이 그들의 교과 내에서 심화과정과 계속과정을 이수할 수 있는 기회를 제공한다.

유치원 과정부터 11학년에 이르기까지 모든 학생들은 '사고와 학습기술(Thinking and Learning Skill)' 과정에서 포괄적이고 연속적이며 개방적인 교육과정을 제공받을 수 있다. 이 과정은 학생들이 자신감을 가지며, 창의적인 의사결정과 문제해결을 할 수 있는 자율적인 학습자가 될 수 있도록 격려하는 데 목적이 있다.

사진 4-4 중학교 과정

③ 지역사회에서의 계속교육과정 프로그램 : Wilderness 학교는 8학년에서 12학년에 속하는 학생들을 위한 'Parade Cluster Group'과 5학년에서 7학년에 속하는 학생들을 위한 'Central Cluster Group'의 주요 회원 학교이다.

각 집단의 회원 학교들은 영재학생들을 위한 프로그램을 상호 교류할 수 있다. Wilderness로부터 온 학생들은 그들의 영재성과 흥미에 따라 선발되어 참여할 수 있으며, 그들의 교우들과 함께 배운 것을 공유할 수 있다. 또한 Wilderness의 학생들은 시 전역에 걸쳐서 형성된 각 집단에서 제공되는 영재학생을 위한 다양한 활동과 프로그램에 참여할 수 있도록 격려를 받는다.

2) 버지니아 대학교의 영재교육과정

미국 버지니아(Virginia) 대학교에서 운영하고 있는 영재센터 영재교육과정의 특징을 소개하면 다음과 같다(http://home.naver.com/iikpiano/giftchild2.htm)

(1) 교육과정의 핵심

① 3가지(K-U-D) 학습목표 설정

- 사실, 어휘 알기(Know), 개념, 원리, 일반화의 이해(Understand; 특정주제 학습분야의 핵심을 이해한 것을 추상적으로 진술한 것), 수행하기(Be Able to Do - Skills; 학습의 결과로 학생들이 수행할 수 있어야 하는 행동들)

② 학업수준이 높은 학생들을 위한 교육과정과 교수

- 깊이 있게 다루기(Establishing Deep roots) : 가르칠 내용을 그 내용이 속한 과목 또는 학문영역에서 필요한 기술(Skills), 개념, 원리, 사고기술 그리고 주어진 과제에 대한 산출물을 이끄는 기술 등을 바탕으로 깊이 있게 구성한다.
- 전문가 지향(Moving Toward Expertise) : 주어진 과제를 수행하는 과정에서 학생으로 하여금 전문가처럼 행동하도록 하고 가상적인 문

제가 아닌 실질적인 문제를 주며 평가를 학생들을 성공으로 이끌기 위한 지침으로 사용한다. 전문가와 똑같이 할 수는 없지만 전문적이고 과학적인 방법을 접목하여 학습하는 것을 말한다. 이 과정에서 교사는 학생이 가지고 있는 흥미분야의 전문가와의 만남을 주선할 수도 있다.

- 열정 기르기(Developing Passion) : 학생들이 능동적으로 참여하게 하고 그들의 수준과 기대에 적절한 과제를 부여하며, 과제선정과 수행과정에서 그들에게 선택권을 주고 그 과제나 학문분야를 파고들게 함으로써 학습에의 열정을 갖게 한다.
- 도전적인 경험 수용하기(Accepting & Embracing Challenge Experience) : 고급화된 내용과 자료, 속도와 내용, 과정, 과제의 난이도를 조정함으로써 도전적인 경험을 기꺼이 받아들이도록 한다.

③ 학업의 다양성과 재능계발을 위한 설계(Model for Academic Diversity & Talent Development) : 학업성적과 능력이 다양한 교실에서 수준별로 각 학생의 재능을 계발할 수 있는 교육과정 설계

- 수준별 내용구성 : 교재 보충, 유인물, 다양한 컴퓨터 프로그램, 시청각자료, 시간배정 등을 학생의 관심사, 특성, 수준에 따라 다양하게 함
  - Interest Center : 학생들이 흥미롭게 생각하는 주제관련 자료 비치
  - Contract : 학생이 스스로 자신의 과제와 수준, 과정을 문서화하도록 하는 것
  - Compacting : 교육과정 압축
  - Triarchic Based : 지능의 삼원이론에 근거를 둔 방법
  - Complex Instruction : 그룹별로 과제를 수행함에 있어서 각 그룹에 속한 구성원의 능력이나, 장점, 관심사 등을 다르게 구성하여 각 구성원이 자신의 특징을 살리고 자신과는 다른 장점을 가진 같은 그룹 내의 다른 구성원으로부터 도움을 받아 공동과제를 성공적으로 수행하도록 하는 교수법
  - Group Investigation : 그룹별 과제탐구법

- 수준별 과정
  - 단계식 과제(Tiered Assignment)
  - 단계화(Tiering) : 같은 질문, 과제, 과제 결과물의 유형 등의 난이도를 학생의 현재 학업준비도에 맞추어 조정하는 과정
  - 지능의 삼원이론을 바탕으로 한 과제 배당
  - 다중지능이론을 바탕으로 한 과제
  - 개념획득(Concept Attainment)
  - 시넥틱스(Synectics) : 유추와 비유를 활용하여 문제를 분석하고 문제해결 전략을 찾아내는 사고법

(2) 대안적인 프로그램들과 영재 학습자에게 적합한 교육과정

① 영재교육을 위한 모델의 선택

- 영재 선발의 기준이 좁거나 다양함(NARROW – EXPANCIVE, EXCLUSIVE – INCLUSIVE)
- 프로그램을 구성하는 사람의 철학에 의해 프로그램이 구성되기도 하며, 예산 장소 등의 실제적인 상황에 의해 프로그램이 구성되기도 함(PHILOSOPHICAL – PRATICAL)
- 프로그램의 내용, 교수, 방법 등이 고정적이거나 유동적인 경우 (FIXED – FLUID)
- 선발기준을 수행으로 보거나 잠재력으로 보는 경우 (PERFORMANCE – POTENTIAL)
- 정규 교육과정 속에 영재교육과정을 포함시키거나 정규 교육과정과 영재교육과정을 분리(ATTACHED TO REGULAR CURRICULUM – SEPARATE FROM THE REGULAR CURRICULUM)

② 영재 프로그램의 목표

- 아동들로 하여금 일반적으로는 접할 수 없는 주제들을 탐구해 보도록 장려함.
- 학생들로 하여금 특정 학문, 직업 영역에서 전문가들이 어떻게 수행

하는지를 이해하도록 하기 위함.

- 문제해결력, 확산적 사고력, 기획, 계획, 의사결정 등의 사고 기능들을 직접 적용하는 경험을 통해 계발하기 위함.
- 수준 높은 연구 기술을 계발하기 위함.
- 다른 영역에 전이되는 사고력을 계발하기 위함.
- 아이디어를 서로 교환하며 건설적인 비판을 하는 분위기를 만들기 위함.
- 학생들로 하여금 모험을 감행하는 자, 지도자, 협력자가 되도록 돕기 위함.

3) SIGT 영재교육과정

세종영재교육연구원(SIGT)의 교육과정을 살펴보면, 1차 과정으로 판별과정이 있다. 영재판별을 위하여 다단계의 검사(지능검사, 창의성 검사, 자아개념 검사, 영재 체크리스트)를 실시한다. 2차 과정은 집단화이다. 판별검사의 결과를 토대로 유아의 능력과 특성을 중심으로 소집단을 편성하여 영재교사의 지도를 직접 받는다. 즉, 연령과 지적 능력이 유사한 소집단(6명 이하)을 구성하여 유아들이 지닌 개별특성에 맞추어 지도하며, 유아들 간의 상호작용을 통해 학습 동기를 유발하고 스스로 지적 자극을 받을 수 있도록 한다.

SIGT 영재교육과정은 5단계로 구성되며, 5단계를 수료한 이후에는 교수들과의 멘토링으로 진행된다. SIGT는 영재들의 교육과정 개발과 수업에서의 교사, 학생, 교육내용의 상호작용을 위한 기본 모형으로 상보적 영재 교수-학습 모형(Reciprocal teaching Model for Gifted children : RMG)을 기반으로 한다. 이 모형은 영재들의 인지적 · 정의적 기술 개발을 목적으로 하므로, 그들의 개별특성과 인지적 · 정의적 학습특성을 기초로 하여 개발되어야 함을 강조한다. 인지적 능력은 수학/과학/언어/사회 교과 기반 창의성 및 사고력을 포함하고, 정의적 특성은 정서, 리더십을 포함한다(http://www.sigt.co.kr).

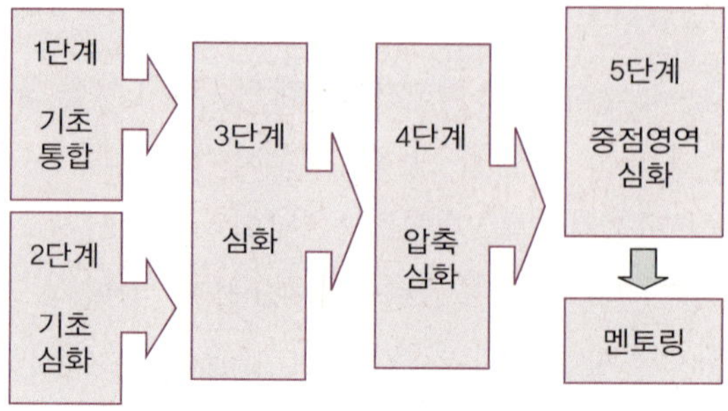

그림 4-10 SIGT 심화 5단계 모형

SIGT 영재 창의교육 프로그램의 교육모형과 교수학습 방법 및 프로그램 사례를 제시하면 다음과 같다.

(1) SIGT 영재교육과정의 목표와 교육 모형

SIGT 세종영재교육연구원은 영재교육을 위하여 첫째, 창의성 혹은 지능이 뛰어난 유아 및 아동을 판별하고, 영재유아 및 영재아동의 뛰어난 영역을 발견하여 탐구하고 계발시킨다. 둘째, 특정주제와 관련된 창의적 문제해결력을 기른다. 셋째, 논리적, 비판적 사고능력을 기른다. 넷째, 자율적인 탐구 자세를 기른다. 다섯째, 정서와 사회성 발달을 도와 사회적 능력을 함양한다. 여섯째, 긍정적인 자아개념을 통해서 자신감과 자기 표현력을 기른다. 등을 교육목표로 설정하여 영재교육을 실시하고 있다.

다양한 특성을 지닌 영재를 위한 교수-학습방법을 개발하기 위하여 적합한 단일의 교수-학습모형을 제시하기란 쉬운 일이 아니다. 그것은 다양한 교수-학습상황과 그 대상에 적합한 방법을 융통성 있게 적용하는 것이 가장 바람직할 것이기 때문이다. 이와 같은 관점에서 SIGT는 이경화(2002)에 의해 개발된 '상보적 영재 교수-학습 모형'(Reciprocal teaching Model for Gifted children : RMG)을 영재교육 프로그램 개발의 기반으로 하였다.

SIGT 교수-학습 모형은 아래 **그림 4-11**과 같이 다양한 과정을 포함한다.

그림 4-11에 제시된 바와 같이, 상보적 영재 교수-학습모형(RMG)에서는 영재에게 가르쳐야 할 목표 능력요인을 인지적 · 정의적 기술과 도전

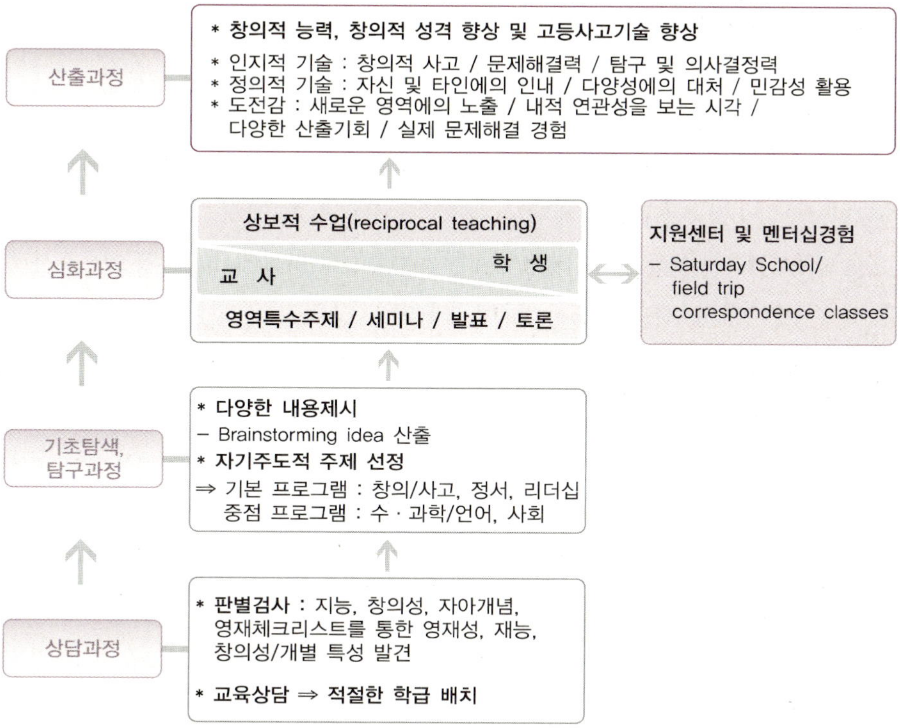

그림 4-11 SIGT 교육과정 : 상보적 영재 교수–학습모형(RMG)

감으로 설정하였다. 인지적 기술에는 창의력과 문제해결력 및 탐구력 등의 사고력이 포함되는데, 여기에서는 창의력을 창의적 사고(creative thinking)인 동시에 생산적 사고(productive thinking)의 작용으로 정의하며, 창의력을 하나의 문제해결과 관련된 인지과정으로 보는 입장을 취한다. 즉, 창의력은 생산적 사고와 관련된 인지과정이므로, 지식, 동기, 초인지 체제가 그 기초가 되며, 생산적 사고의 기능은 창의적 사고능력과 비판적 사고능력이라 여긴다. 따라서 생산적 사고의 기초가 마련되고 사고기능이 바탕이 되었을 때에 문제해결과 의사결정은 가능하다고 본다. 한편 정의적 기술에는 자신과 타인에의 인내, 다양성에의 대처, 현실과 이상 간의 변별, 민감성 활용 등을 포함시켰다. 이에 부가하여 도전감을 목표 능력요인으로 설정하였는데, 이는 영재들이 새로운 영역에 대하여도 도전감을 가질 수 있고, 다양한 요인간의 내적 연관성을 생각할 수 있는 능력을 신장시키며, 다양한 산출기회와 실제 문제해결 경험을 가질 수 있도록 하기 위해 포함시켰다.

이와 같은 목표달성을 위하여 제1단계인 상담과정에서는 인지적 특성으로서의 영재성 및 창의성과 정의적 특성으로서의 성격, 흥미, 태도 등 개별특성을 판별한 후, 상담을 통해 개별적으로 적합한 학급에 배치한다. 제2단계인 탐색, 탐구과정에서는 다양한 내용을 제시하고 학습자 주도적으로 주제를 선정하게 하며, 브레인스토밍(Brainstorming) 등의 과정을 통해 아이디어를 산출하도록 하며, 다양한 창의적 사고기법과 문제해결 능력을 향상시킨다. 이러한 과정을 거친 후 제3단계인 심화과정에서는 실제 심화교수-학습활동이 진행된다. 이때 교실에서 이루어지는 수업은 상보적 수업(reciprocal teaching)으로 이루어지며, 이와 더불어 교실 외 학습경험을 제공한다. 상보적 수업은 학생 스스로가 교사가 되기도 하고 학생이 되기도 하면서 서로 도와 목표를 달성하는 전략적 교수-학습방법이다. 즉, 교사와 학습자 또는 학습자 상호 간에 서로 대화를 통해 역할을 교체하면서 내용을 이해하고 학습하는 방법을 가르침으로써 수업의 책임을 점진적으로 교사로부터 학습자에게 이양하는 방법이다. 이 수업을 통해 학습자들은 능동적으로 자신의 목적을 결정하고, 적극적으로 자신의 경험이나 지식을 상호작용시킬 수 있다. 또한 자기점검 과정을 통해 초인지적 능력을 개발시킬 수 있을 것이다.

이 모형은 영재들을 위한 교수-학습방법의 개발을 위하여 체계화하고 구조화시킨 모형이므로 교육현장에서 영재학습자와 교사, 교육내용, 교육과정 간의 상호작용을 촉진시킬 수 있을 것이다.

또한 RMG을 기반으로 한 SIGT 영재교육 프로그램은 5단계로 진행되는데, 1단계는 기초 · 통합단계, 2단계는 기초 · 심화단계, 3단계는 심화단계, 4단계는 압축 · 심화단계, 그리고 5단계는 중점 영역 심화단계로 프로그램이 개발되어 진행되며, 5단계를 마친 후에는 평가를 거쳐 전문가와 함께하는 멘토링(Mentoring) 단계로 넘어가게 된다.

(2) 영재 창의성 교육 프로그램

SIGT 영재교육 프로그램은 기초 공통프로그램으로 창의성 프로그램과 사고력 프로그램 그리고 정서/리더십 프로그램이 운영되며, 영역 특수프로그램으로 수학/과학/언어·사회 프로그램이 운영된다. 이 중에서 영재 창의성 교육 프로그램을 구체적으로 살펴보고자 한다.

이경화 외(2002)는 창의성 측정의 Volcano모형에서 창의성이란 시대적 상황에 비추어 새롭고 독특하며, 적합한 산물을 생성해 낼 수 있는 개인의 능력과 성격이 통합된 구인이라고 정의하고, 창의성을 창의적 능력과 창의적 성격이 통합된 것으로 보았다. 따라서 SIGT 창의성 교육 프로그램에서는 창의성 구인을 유창성, 융통성, 독창성, 정교성, 민감성, 상상력, 과제집착력으로 보고, 창의성 영역을 언어창의성, 도형창의성, 소리창의성, 조작창의성 등으로 구분한다.

창의성 교육 프로그램을 통해서 주변의 환경에 관해 민감한 관심을 보이고 이를 통해 새로운 탐색 영역을 넓히는 능력, 주어진 자극에 대해서 가능한 한 많은 양의 아이디어를 산출하는 능력, 고정적인 사고의 틀을 깨고 발상 자체를 전환시켜 유연하고 융통성 있게 생각하는 능력, 독특하고 참신한 아이디어를 산출해 내는 사고 능력, 다듬어지지 않은 기존의 아이디어를 보다 치밀한 것으로 발전시키는 능력 등을 향상시키고, 문제 상황에서 아이디어를 자발적으로 산출하려는 성향이나 태도, 자신의 아이디어에 대한 가치를 인정하고 다른 사람의 평가에 구애 받지 않으려는 성향이나 태도, 항상 생동감 있게 주변의 사물에 대해 의문을 갖고 끊임없이 질문을 제기하려는 성향, 문제해결을 위해 다양한 정보를 수집하고 끈질기게 문제가 해결될 때까지 지속시키는 성향, 변화에 대한 개방성 등의 특성을 계발시킨다.

SIGT 영재교육 프로그램은 신뢰롭고 타당한 영재판별 검사를 통해 영재로 판별된 영재유아 및 영재아동을 대상으로, 그들의 지적능력과 특성을 기반으로 소집단(6명 이하)의 동질집단을 구성하여 영재들이 지닌 개별특성에 맞추어 적용하는 차별화 영재교육과정이라는 특징이 있다.

사진 4-5 탐색 · 실험 활동

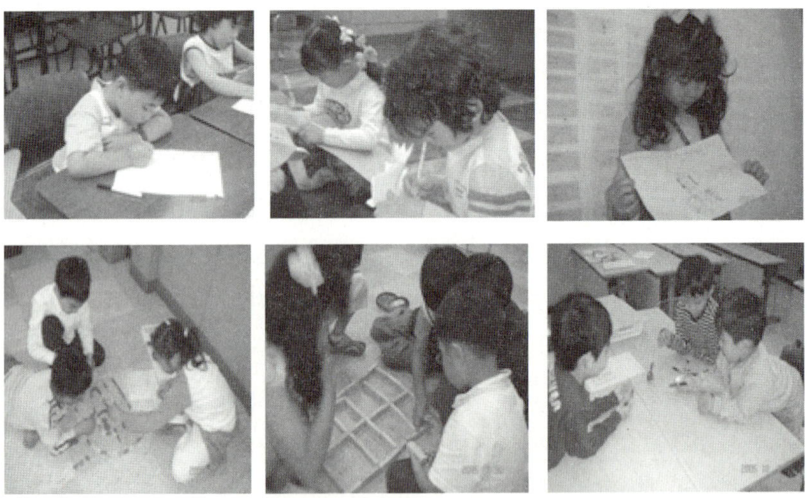

사진 4-6 개별 · 협동 활동

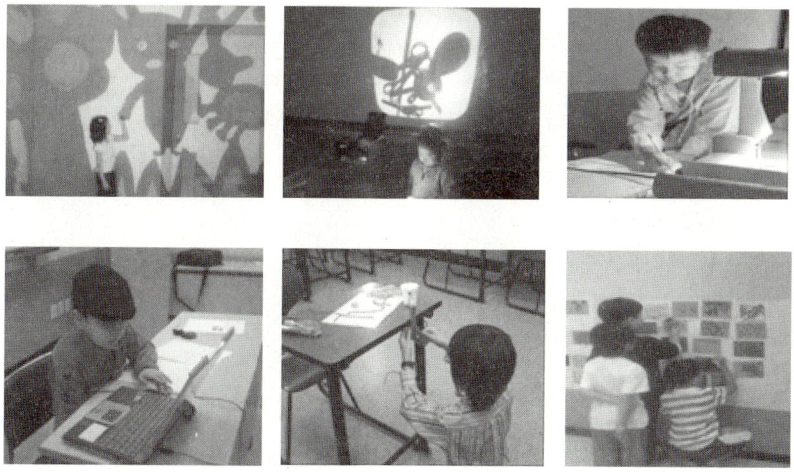

사진 4-7 재구성 · 설계 · 조사 · 실험

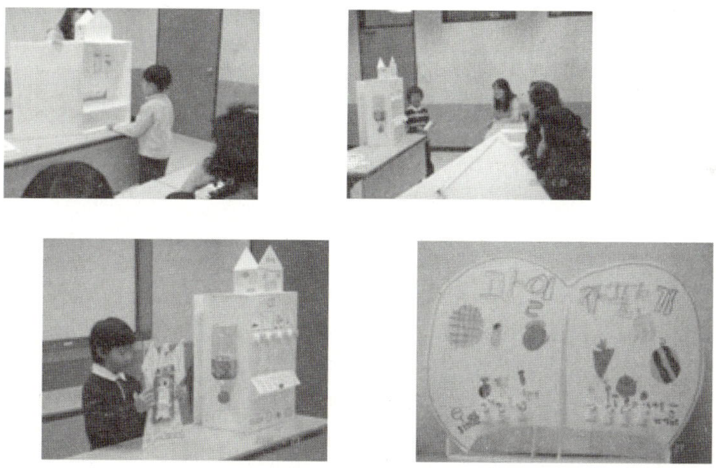

사진 4-8 발명품 프레젠테이션

사진 4-9 리서치 · 통계 · 프레젠테이션

제 5 장

유아영재교육 프로그램

1. 프로그램 계획의 기본 원리와 방법
2. 유아영재 프로그램의 유형

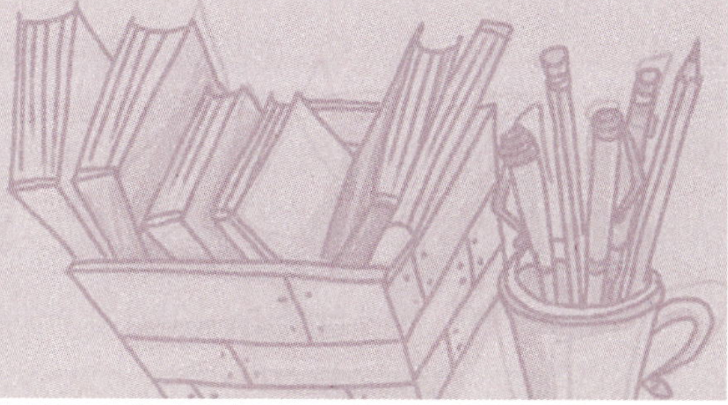

우리 가족이 다른 가정을 방문했을 때, 나는 내가 뭔가를 잘못하고 있는 것은 아닐까라는 생각을 하게 되었다. 다른 집 아이들은 우리 아이들보다 매우 조용했고 요구하는 것도 적었다. 우리 아이들은 게임이나 다른 놀이에서 다른 아이들 것을 다 빼앗았고 쉬지 않고 바쁘게 움직였다. 나는 영재아로 여겨지는 우리 아이들에게 과도한 집중을 했던 것 같다. 우리 아이는 절대 그만두는 것이 없으며 휴식도 취하지 않는다. 그리고 나에게조차 휴식을 주지 않는다. 언제 어떻게, 어느 정도에서 선을 그어야 하는지 알 수 없어 참 어렵다.

영재아들은 지적, 신체적, 정서적, 사회적 발달의 측면에서의 개인차가 대단히 크기 때문에 영재로 판별된 유아라면 누구에게나 동일한 정도로 유익하게 작용하는 단일의 프로그램은 없다. 유아들은 그들의 능력과 흥미에 따라 다양한 유형의 프로그램을 필요로 한다.

Section

1. 프로그램 계획의 기본 원리와 방법

유아영재들의 개별적인 특성을 고려한 프로그램을 계획함에 있어서는 먼저 기본적인 원리와 방법을 이해하는 것이 필요하다.

1) 판별체제의 사용

특정 유아집단에게 적절한 프로그램을 제공하는 한 가지 방법은 판별체제를 프로그램 계획의 기초로 사용하는 것이다(Renzulli & Hartman, 1971; Robinson, Roedell, & Jackson, 1979). 예를 들면, 만일 유아가 우수한 지적 기능을 토대로 선발되었다면 프로그램은 그 기능을 신장시키는 자극 경험을 제공해야 하며, 음악적 재능을 토대로 선발되었다면 프로그램은 음악 영역에서의 집중적인 수업을 포함해야 하는 것이다.

그러나 판별체제는 프로그램을 조성하기 위한 초기의 정보로만 사용할 수 있다. 유아영재들의 특정 재능이나 영재성이 무엇이든지 간에 모든 유아들에게는 신체적, 사회적, 그리고 지적 발달 등을 폭넓게 기를 수 있도록 설계된 프로그램이 필요하다. 심지어 특정 기술이 우수한 유아들을 하나의 집단을 선발했다 하더라도 그들의 그 특정 기술의 발달 정도와 다른 기술 영역의 발달의 수준 간에는 차이가 있을 것이다. 하나의 영역에서 우수한 발달을 보이는 영재아가 다른 영역에서는 평균이나 그 이하의 발달 수준을 보이는 것은 그리 특이한 일이 아니다. 효과적인 프로그램은 유아에게 취약한 영역을 발달시키는데 도움이 되면서 강점을 더욱 증강시킬 수 있도록 개별화된 활동을 제공하는 것이다. 간혹 교사들은 유아들의 강점 영역은 배제하고 약점 영역을 보완하는 활동에 지나치게 집중하는 경향이 있다. 유아에게 가장 취약한 능력을 보완하려는 풍조는 그들에게 가장 강한 영역만을 길러주려는 풍조 못지않게 불행한 일이다.

2) 관찰

개별화된 프로그램을 계획하기 위해 교사는 유아의 행동에 대한 정확한 관찰자가 되어야 한다. Ann Boehm과 Richard Weinberg(1977)의 책 「교실 관찰자 ; *The Classroom Observer*」는 교실 관찰에 관한 좋은 지침서이다. '유아발달 프로그램'의 연구진들은 교실에서 보이는 유아들의 능력을 교사가 다양한 방식으로 인식할 수 있도록 돕기 위하여 비형식적인 관찰 지침을 개발하였다. 다음의 '유아의 행동에 대해 주목해야 할 점'에 관한 항목들은 포괄적이지는 않더라도 상세하게 관찰하기 위한 출발점 역할은 할 수 있을 것으로 본다.

① 유아가 수준 높은 어휘를 정확하게 사용하거나 수업시간에 들은 새로운 단어에 대해 질문하고 그 단어를 익힐 때를 주목하라.

② 유아가 은유나 유추를 사용할 때 예를 들어, 나무에 있는 이끼에 대해 단순히 지각하는 수준을 넘어서 할아버지의 턱수염 같다는 말을 할 때를 주목하라.

③ 유아가 스스로 노래나 이야기를 지어낼 때를 주목하라. 특히 이것을 단어, 운율, 리듬 등을 사용하면서 놀이로 표현해 내거나 새로운 경험에 관해 정교하게 표현해 낼 때를 주목하라.

④ 유아가 작은 블록이나 큰 블록, 점토, 또는 그리기 재료들을 가지고 재미있는 모양을 만들어낼 때를 주목하라. 만일 유아가 어떤 모양을 그대로 만들어 보려고 시도하거나 만들어진 모양이 조화롭거나 정교하거나 특이할 때를 주목하라. 그리고 유아가 계획을 세우고 작업을 해 내는 과정에 주목하라.

⑤ 유아가 미숙해 보이는 다른 유아를 위해 잘 알아듣도록 말을 수정할 때, 예를 들어 아주 어린 유아에게 말할 때 짧은 문장으로 말하거나, 쉬운 단어를 사용하는 등의 조절을 했을 때를 주목하라.

⑥ 유아가 새롭거나 어려운 퍼즐들을 잘 다룰 때, 특히 어떤 조각을 어

디에 두어야 하는지에 관해 시행착오 없이 잘 시도할 때를 주목하라.

⑦ 유아가 재치 있게 말하거나 행동할 때, 예컨대 어떤 일의 특징을 다른 것 즉 개 짖는 소리로서 흉내 내었을 때를 주목하라.

⑧ 유아가 죽음이나 시간 또는 전류와 같은 추상적이고 복잡한 개념을 이해하면서 표현할 때를 주목하라.

⑨ 유아가 새로운 기술이나 개념, 또는 노래나 리듬을 매우 빠른 속도로 숙달할 때나 이전의 수업시간에 보여준 방법을 적용해 보려는 행동을 할 때, 예를 들어 유아가 그림조각 맞추기 놀이를 할 때 몇 주 전에 교사가 시범을 보인 방식을 따라 할 때를 주목하라.

⑩ 유아가 공각 지각력이 있는지를 알고 있는지에 주목하라. 예를 들면, 유아가 자신이 있는 곳이 방인지 유치원인지를 알고 있는가? 도보로 유치원에서 돌아오는 방법을 말할 수 있는가? 마당에서 세발 자전거를 타는데 공간이 너무 협소한 곳을 빠져 나오는 방법을 알고 있는가? 흔들리는 그네 옆으로는 가지 않아야 한다는 것을 알고 있는가?

⑪ 유아가 자신의 생각과 정보를 그대로 주고받기 위한 표현을 사용할 때를 주목하라.

⑫ 유아가 한 가지 일에 전적으로 열중하게 되는 것에 주목하라. 예를 들어, 유아가 차와 트럭을 가지고 노는데 온통 시간을 보내고 그림도 차와 트럭만을 그리고, 책도 차와 트럭에 대한 것만 읽으려 하고 차와 트럭의 다양한 형태에 대해 잘 알고 있을 때를 주목하라.

⑬ 유아가 서열화나 분류 문제를 잘 해결하거나 그것에 큰 흥미를 보일 때를 주목하라. 예를 들면, 블록을 모양에 따라 체계적으로 조립하거나, 크기와 형태에 따라 탈 것의 종류를 분류하거나 또는 페그보드(pegboard)의 조각들을 무지개색의 순서대로 배열했을 때이다.

⑭ 유아가 사물을 독특한 방식으로 해체하거나 다시 조립할 때를 주목하라.

⑮ 유아가 왼쪽, 오른쪽을 구별하는지, 자신의 신체와 다른 사람의 신체를 구분하는지 또는 자신의 신체를 왼쪽으로 또는 오른쪽으로 움직이는 방법을 이해하는지에 주목하라.

⑯ 유아가 과거와 현재에 경험한 내용을 기억하고 그것들을 관련시킬 때에 주목하라. 예를 들어, 어떤 유아가 집단활동 시간에 포유류에 대해 배운 원리를 몇 주 후 다른 시간에 배우는 공룡과 관련시켰을 때이다.

⑰ 유아가 다른 아이나 어른의 요구나 감정을 알아차리는 방식으로 행동할 때를 주목하라. 예를 들어 유아가 넘어진 친구를 도와주거나, 어떤 일을 슬그머니 다른 친구에게 양보했을 때이다.

⑱ 유아가 어려운 수업에서 몇몇 일들을 성공적으로 수행할 때, 혹은 어떤 시간에 몇몇 새로운 개념을 잘 이해할 수 있을 때를 주목하라.

⑲ 유아가 교실 환경에 대해 특별히 세심히 살필 때를 주목하라. 예를 들어 어떤 유아는 교실의 배치가 조금만 바뀌어도 항상 제일 먼저 알아차리거나 선생님의 헤어스타일, 또는 벽에 다른 그림이 걸려 있는 것 등과 같은 변화에 민감하다.

⑳ 어떤 유아가 갈등 문제를 다루거나 다른 아이들의 행동에 영향을 미치는 언어적 기술을 사용할 때를 주목하라. 예를 들면, 장난감 교환을 제안하거나 또래들끼리의 집단활동을 결정하거나 일반적인 리더십을 발휘하는 언어적 기술을 사용했을 때를 주목하라(Roedell & Robinson, 1977).

사진 5-1 영재아는 문제해결을 위한 과제집착력을 보인다

3) 학습 환경의 조성

세심한 관찰은 유아들의 개별적인 강점과 약점을 알아내고, 그들이 특정영역에 대해 어느 정도 이해하고 있는지, 새로운 개념이나 기술을 익히는 속도, 정보를 조직하고 하나의 경험을 다른 것에 적용하고 일반화하는 능력 등을 이해하는데 도움이 될 것이다. 그러나 유아들의 개인차가 프로그램의 내용에 지대한 영향을 미치긴 하지만, 아직까지는 평균적인 지능을 가진 유아의 학습과 발달에 적용되는 기본 원리들이 유아영재의 학습에도 동일하게 적용된다.

다음의 네 가지 원리들은 Piaget, Bruner, Weikart, Baer, 그리고 Bandura를 포함한 많은 발달 심리학자들의 연구를 종합한 것이다.

① 유아들은 새로운 경험이 이전의 경험과 현재의 이해 수준과 최적의 조화(optimum match)를 이룰 때 최대화되는 선천적인 학습 욕구를 가지고 있다. 주의력, 이해력, 그리고 기억력은 각각의 경험에 따라 강화되고 이전의 경험을 확장시킨다. 물론 최적의 조화를 이루는 수준은 일반유아와 영재유아 간에 차이가 있을 것이다.

② 비록 유아들이 가만히 보고 듣는 것만으로도 학습할 수는 있지만, 대부분 아이디어나 기술들은 유아가 만지고 말하고 스스로 해 보는 등의 적극적인 참여의 기회를 가졌을 때 가장 잘 배울 수 있다. 유아에게 주어진 상황에서 무슨 일이 일어날지를 추상적 또는 언어적 수준에서 예언해 보도록 하거나 교사가 말한 내용을 종합 또는 평가해 보도록 하는 기회를 가짐으로써 학습에의 적극적인 참여가 이루어질 수 있다. 그러나 좀 더 향상된 수준의 개념을 다룰 때는 구체적인 자료를 제시하는 것이 좋다.

③ 유아가 특정행동을 수행하게 되거나 그 행동을 반복하게 되는 것은 그 활동에 대한 아이의 내적인 흥미나 그 행동을 수행한 후에 이루어진 외적 결과, 그리고 교사나 다른 아이들 또는 어른들에 의한 행동적 모델에 의해 영향을 받는다. 일반적으로 아이들은 자신이 아는 사람이나 좋아하는 사람들의 주의를 끄는 행동을 반복하는 경향이 있다.

④ 유아들은 타인으로부터 배운다. 그들은 누군가에게 정보를 전달하

고 타인을 관찰함으로써 다양한 기술을 배운다. 또한 그들은 또래와의 대등한 상호작용을 통해 인지적, 운동적, 사회적 기술을 발달시킨다. 유아가 친구들과 정보를 교환하는 기회를 충분히 가지는 것은 의사소통 기술 향상에 도움이 된다. 유사한 흥미나 능력을 가진 또래와 상호작용하는 것은 유아영재뿐만 아니라 모든 아이들에게 중요하다. 그러나 그런 또래를 만나는 것이 쉬운 일은 아니다. 아이들의 생활 연령이 비슷하다고 해서 그들을 모두 진정한 또래집단이라고 보기는 어렵기 때문이다.

사진 5-2 자료실

사진 5-3 컴퓨터 실습실

4) 사회적 기술의 훈련

사회적 기술 훈련은 대부분의 유치원에서 필수적으로 다루고 있는 좋은 프로그램이다(Combs & Slaby, 1978; Roedell, Slaby, & Robinson, 1977). 이러한 훈련은 또래집단과 쉽게 어울리지 못하는 영재아들에게 특히 중요하다. 정신연령은 6세의 수준이지만 신체적, 사회적 기술은 보통인 세 살짜리 유아는 친구를 사귀기가 힘들 것이다. 3세아의 이해 수준을 넘어선 어휘력을 가진 영재아가 같은 연령의 또래들과 의사소통하는 것은 매우 어려울 것이다. 또한 영재아가 자신의 지적 능력 수준과는 맞지만 좀 더 나이가 많은 아이들과의 신체적, 사회적 차이를 극복하는 것 역시 어려울 것이다. 현저하게 차이가 나는 유아들은 친구관계의 형성을 더욱 어렵게 만들 수 있는 부적응적인 사회적 행동 양상을 보이기도 할 것이다.

그러나 사회적 상호작용 기술을 강조함으로써 영재아가 독립적인 학습자가 되기 위한 방법을 배울 필요가 있다는 점을 간과해서는 안 된다. 독자적으로 학습 도전감을 조성할 수 있는 아이가 자신의 특정 재능을 계발시킬 수 있다.

사회적 상호작용과 독립적 학습기술의 발달에 영향을 주는 요인은 유아영재든 일반유아든 모두 동일하다. 예를 들어, 잘 계획된 물리적 환경은 유아로 하여금 자신의 활동을 수행하도록 자극하기 때문에 교사로부터 계속적인 지도를 받을 필요가 없다. 유아에게 적절한 크기의 가구, 쉽게 접근할 수 있고 매력적인 자료들, 그리고 잘 정돈된 물리적 환경은 유아로 하여금 자신의 요구를 관리하게 할 수 있고 자신의 작업 영역을 정돈하게 할 수 있다. 소집단 활동을 촉진하도록 사회적 상호작용을 자극하는 자료들을 준비하는 것이 좋다. 예를 들어 소방 모자, 병원 놀이 장비와 같은 자료들은 집단 상상놀이를 하도록 자극할 수 있다. '주유소 놀이'를 하는 데는 최소한 두 명이 필요하며, 그네나 흔들바위와 같은 기구도 그것을 성공적으로 조작하기 위해서는 둘 또는 그 이상의 협조자가 필요하기 때문에 자연스럽게 사회적 상호작용을 자극할 수 있다.

흥미 있는 사건에 자연스럽게 몰입할 수 있도록 계획함으로써 긍정적인 사회적 행동을 촉진할 수 있다. 미리 수업 자료들을 준비해 두면 유아들이 기다리거나 지루해하지 않을 수 있다. 충분히 흥미롭고 도전적인 활동을 제공함으로써 유아가 문제해결을 하는데 모든 주의를 기울이도록 안내할 수 있다. 모든 유아들과 마찬가지로 유아영재들도 지루할 때 흐트러지거나 관심을 갖지 않게 되는 것이다. 그러나 그들의 흥미를 유지하는 데 필요한 활동은 일반유아들의 흥미를 유지하는 데 필요한 것보다는 좀 더 복잡하다.

교사의 행동은 유아의 사회적 행동에 강력한 영향을 미친다. 어른의 관심이 계속적으로 특정 아이의 행동에 맞추어진다면, 그 행동은 계속 증가할 것이다. 반면, 계속 주목을 받지 못하는 행동은 감소하는 경향이 있다. 우수한 추리력을 가진 유아들은 그들의 행동이 어떤 반응을 초래하게 될지를 잘 알고 있다. 그들은 교사가 자신에게 관심을 갖도록 조작하는 전문가가 될 수 있다. 교사의 관심은 아이와의 대화, 미소, 쳐다보기, 신체 접촉 등을 포함하여 폭넓게 정의될 수 있을 것이다. 또한 꾸짖음이나 조롱과 같은 부정적인 행동도 포함될 수 있을 것이다. 그러므로 교사는 유아의 적절한 행동에 관심을 보이고 부적절한 행동은 무시해야 한다. 그냥 무시할 수 없을 정도로 잘못된 행동에는 대해서는 아무 말 없이 하던 일을 멈추는 것이 좋다.

교사가 유아의 강점과 잘한 점에 대해서 관심을 가지는 것은 그들의 긍정적인 자아존중감과 자기확신감 발달에 도움을 줄 수 있다. 유아가 자신의 행동에 대한 주도성을 형성할 수 있도록 하기 위해서는 교사가 지시적으로 말하는 것을 최소화해야 한다. 꼭 필요한 지시는 유아가 다른 일을 하기 전에 무엇을 완수해야 하는지를 알게 하는 말 속에 포함시키는 것이 좋다. 예를 들면, 교사가 "그림을 빨리 그려야 간식을 먹을 수 있단다."라고 말하는 방식으로 유아의 주도성을 형성시킬 수 있다. "네가 또다시 모래를 던진다면 넌 모래상자를 가지고 놀 수 없을 것이다."와 같은 부정적인 진술문도 유아가 자신의 부정적인 행동의 결과를 알게 하는 데 효과적인 방식이다(Roedell, Slaby, & Robinson, 1977).

또래 간의 갈등 문제에 교사가 평화적인 해결 방법으로 개입하고 안내한다면 이를 최소화할 수 있다. 지적으로 우수한 유아는 갈등을 잘 해결한다. 그들은 대개 교사가 어떤 제안을 했을 때 자신의 요구와의 문제에 관해 의사소통을 잘할 수 있는 우수한 언어 능력을 가지고 있다. 그들의 우수한 추리력도 다양한 문제의 해결에 도움이 된다. 교사들은 유아들이 일상적인 상황에서 이러한 인지적 기술을 사용하도록 촉진할 수 있다. 교사가 '갈등은 해결을 필요로 하는 문제'라고 정의하면 유아들은 문제해결을 위해 그들의 논리적 기술을 사용할 수 있다(Hall & Roedell, 1978).

또한 잘 계획된 교사-주도적 수업을 통해 소집단 활동으로 사회적 행동을 성공적으로 가르칠 수 있다. 어떤 이야기나 인형놀이를 이용하여 잠재적인 갈등 문제에 대한 해결방안을 생각해보게 할 수 있다(Spivack & Shure, 1974). 인형놀이와 역할놀이 시간은 유아들이 자신의 해결 방안을 평가하는 데 도움이 되며, 자신이 원하는 결과를 가져다주는 대안을 선택하는 방법을 배울 수 있다. 다양한 상황에서 어떻게 갈등이 생기는지에 관해 토론해 보는 것은 사회적 민감성과 다양한 사회적 행동의 결과를 인식시키는 데 도움이 될 수 있다(Hall & Roedell, 1978; Roedell, Slaby, & Robinson, 1977).

사진 5-4 사회적 관계를 통한 문제해결

5) 사고기술의 훈련

유아를 위한 좋은 프로그램들은 대부분 사고기술의 발달에 중점을 두고 있다. 예를 들어, Piaget의 교육 이론을 따르는 교육자는 분류, 순서성, 공간적, 시간적 관계와 같은 기술들을 발달시키려고 한다(Kamii & Radin, 1967; Weikart, Rogers, & Adcock, 1971). 대부분 유치원 프로그램들은 일반적으로 언어기술의 발달이나 인지발달에 중점을 둔다(Gordon, 1972). 교육자들은 흔히 유아영재를 위한 프로그램 개발에 있어서 이들의 우수한 사고기술이나 창의력의 계발을 위한 개념적 틀로서 지적 발달 모형을 사용한다.

예를 들어, Benjamin Bloom(1969)은 사고의 위계화에 따라 교육의 과정을 개념화하였다. **표 5-1**에 제시된 것은 여섯 가지 주요 수준에 관한 예를 비연속적인 활동의 형태로 제시한 것이다. 이 중 몇몇 사고의 수준들은 실제적인 상황에서는 단일한 단위로 합쳐지기도 한다. 이 모형은 교사들이 모든 위계 수준을 포함하는 학습 경험을 계획하는 데 도움이 되는 유용한 개념적 틀을 제공한다. 영재아든 일반 아이든 모든 학습자는 단순한 기억의 수준을 넘어서 일반적 원리를 이끌어 내고, 다른 흥미 영역으로 일반화하고, 그들의 노력의 적절성을 평가하는 사실을 다루는 기회를 가져야 한다.

✱ **표 5-1** 인지 영역에 관한 Bloom의 교육목표 분류학(교육과정 활동의 예시)

교육 목표의 수준	예시 활동
1. 지식	유아들이 집의 구성요소에 대하여 책이나 사진을 통해 알 수 있는 정보나 그 기능에 대해 논의한다.
2. 이해	유아들이 집에 속하는 것과 그렇지 않은 카드를 분류하여 융판 위에 붙인다.
3. 적용	유아들이 융판 위에 집에 관한 조각 그림을 배열해 놓고 그 건물에 대해 이야기를 꾸미거나 설명한다.
4. 분석	유아들이 집을 부분적으로 분석하는 포스터를 만든다. 종이의 바깥쪽에는 외벽, 문, 창문 등을, 안쪽에는 각 방에 있는 다양한 가구들을 그린다. 각 방들은 그 기능에 따라 주방, 침실, 거실 등으로 나눈다.
5. 종합	유아들이 각자 생각하는 이상적인 집의 모형을 설계하고 만든다. 천조각, 톱밥, 소독저 등을 이용하여 점토 모형을 만든다.
6. 평가	다양한 기후를 고려한 최적의 집은 어떤 형태인지를 결정하고 왜 그런지에 대해 말한다(예: 더운 기후에는 벽이 뚫린 집이 좋으며, 비가 많은 기후에는 경사진 지붕의 집이 좋음 등……). 이 단계는 유아들이 이상적인 자신의 집을 설계하면서 다양한 기후에 대해서도 고려할 것이기 때문에 종합단계와 통합되기도 한다.

Sandra Kaplan(1975)은 우수한 유아들에게는 낮은 수준의 사고에 대한 학습은 보통 아이들보다 빨리 지나가고 좀 더 높은 수준의 사고를 발달시키는데 시간을 활용해야 한다고 지적하였다. 예를 들어, 영재아들은 흔히 기본적인 사실에 대해서는 빨리 이해한다. 그럼에도 불구하고 상위 수준의 사고과정을 다루기 전에 반드시 기본과정을 다루어야 한다. 예를 들어, 어떤 유아가 다니는 학습센터는 다양한 측정도구를 많이 사용하는데, 만일 그 유아가 그런 도구를 사용하는 기본적인 원리나 규칙에 대해 한 번도 배워본 적이 없다면 불이익을 받을 것이다(Bailey & Leonard, 1977).

Guilford(1967)는 지능의 구조 모형에서 지능을 조작(operations), 내용(contents), 산출(products)과 같은 지적 행동의 세 요소를 세 개의 차원으로 하는 입방체 모양으로 개념화하였다. 내용 차원은 다양한 교과를 의미하며, 조작 차원은 내용의 다양한 형태들을 다루는 과정을 그리고, 산출 차원은 다양한 형태의 내용들을 조작한 결과와 관련된다. Mary Meeker(1969)는 「지능의 구조 : 해석과 사용 ; *The Structure of Intellct: Its Interpretation and Uses*」에서 교육과정 개발을 위한 모형과 함의에 관해 자세히 설명하였다.

Guilford의 모형은 유아의 독립적, 창의적 기술을 계발하고자 하는 교사에게 특히 유용하다. Guilford는 발산적 사고기술을 증진시키고 문제에 대한 다양한 해결방안에 관해 생각하도록 설계된 활동의 중요성을 지적한다. 전통적인 교육은 하나의 문제에 대해 하나의 정답만을 찾도록 격려하는 수렴적 사고에 지나치게 치중해 있다. 지적 활동을 내용, 조작, 산출의 조합으로 개념화함으로써 교사들은 다양한 목표에 적합한 다양한 교육과정으로 변화시킬 수 있다. 예를 들어, 인지, 기억, 수렴적 산출, 발산적 산출, 그리고 평가와 같은 다양한 유형의 사고 과정들을 모두 유사한 주제의 형태나 적합한 산출과 관련시킬 수 있다. 또한 발산적 산출과 같은 특정의 사고기술을 다양한 주제의 형태의 내용에 관련시킬 수도 있다.

Frank Williams(1970)도 주제의 형태, 교사의 교수전략, 학습상황에서 학습자의 인지적·정의적 반응이라는 세 차원을 고려한 교육과정 개발을 제안하였다. Williams는 학습자의 창의적 문제해결과 독창적 표현을 돕기 위해 교사가 할 수 있는 역할에 관해 제안하며, 교사로 하여금 위험 감수, 호기심, 상상력과 같은 비지적인 요인들에 관한 학습의 중요성을 인식하도록 하는 내용을 다루고 있다(이 모델에 관한 자세한 사항은 「*Classroom Ideas for Encouraging Thinking and Feeling*, 1970」 참조).

이러한 교육과정 모형들에서 시사하고 있는 교육의 과정에 관한 견해는 교사들에게 많은 시사점을 제시하고 있다. 유능한 교사가 되기 위해서는 아이들에게 단순한 정보를 전하는 것에서 그치지 않는 그 이상의 과제가 필요하다. 아이들에게 학습에 대한 적절한 태도를 발달시키면서 폭넓은 사고기술을 익힐 수 있도록 돕는 교수전략이 필요하다. 아이들의 능력을 폭넓게 계발시키려면 교사들은 인지적·정의적 기술 모두를 고려해야 하는 것이다(Sisk, 1977).

사진 5-5 토론 활동

사진 5-6 신논문 발표

6) 속진 대 심화

대부분 심리학자들과 교육자들은 좋은 교수를 위한 관건 중 하나는 학습자의 이해 수준과 학습내용의 제시가 최적의 조화(optimum match)를 이루는 시점을 발견하는 것이라고 생각하는 것이다. 가장 효과적인 학습은 학습자의 지적 수준보다 약간 높은 수준의 경험을 제공했을 때 일어난다. 유아들은 이미 완전히 알고 있는 친숙한 내용이나 너무 이해하기 어려운 내용에 대해서는 크게 주의를 기울이지 않는다(Furth, 1970; Hunt, 1961; Piaget, 1966). 유아영재교육에서 해결되어야 할 가장 중요한 이슈는 어떻게 유아의 능력 수준과 최적의 조화를 이루는 학습내용을 제공할 것인지에 관한 것이다.

많은 교육자들은 영재아들에게 현재의 수준보다 높은 수준에 이르게 하는 것보다는 학습자가 특정영역에서 현재 도달해 있는 것과 동일한 수준의 수업내용을 제시해야 한다고 생각한다. 이는 '속진'보다는 '심화'를 강조하는 것이다. 그러나 실제적인 교육 활동에 관해 논의할 때는 속진과 심화의 구분이 없어진다. 예를 들어, 많은 유치원 교육과정에서는 아이들에게 물체가 가라앉고 뜨는 실험을 해 볼 수 있는 기회를 제공한다. 이 실험을 영재아를 위해 심화시킨다면 가라앉는 물체와 뜨는 물체를 기록하여 차트를 만들어보게 할 수 있다. 물론 이러한 심화의 형태는 초등학교 아이들이 수행하는 실험의 유형과 관련이 있으므로 속진의 한 유형으로도 볼 수 있다.

읽기와 같은 과목 영역에서는 속진과 심화에 대한 논쟁이 일어날 수 있다. 글자를 다 알고 단어의 철자를 교사에게 묻고 확인하는 아이는 분명 읽기 학습을 할 준비가 되어 있는 것이다. 이런 아이에게 낱글자를 새롭고 다양한 방식으로 익히게 하는 심화활동을 아무리 많이 제시하더라도 이 아이가 가지고 있는 단어에 대한 호기심을 만족시킬 수는 없을 것이다. 뿐만 아니라 이는 아이가 가지고 있는 읽기에 대한 열망을 무시해 버리고 아이의 문제와는 무관한 심화활동으로 무의미한 시간을 보내고 마는 결과를 초래하는 것이다. 이런 경우에는 아이의 능력 수준과 학습 내용 간에 최적의 조화(optimal match)를 이룰 수 있는 내용을 제시하는 것이 적절하며 아이가 성취하기 위해 준비하고 있는 기술을 더욱 신장시킬 수 있게 하는 것이다.

이러한 관점에서 볼 때 준비가 되어 있는 유아에게 읽기를 가르치는 활동을 속진이라고 하는 것은 적합하지 않다. 영재아들이 자신의 빠른 발달속도에 따른 학습이 허용되지 않는 교실에서는 더 이상의 진보를 이루기 어렵다. 아이의 빠른 학습 속도에 적합한 교육프로그램을 제공해서 얻은 결과는 진정한 의미에서 속진이라고 보기 어렵다. 아이에게 부자연스런 속도로 나아가도록 압력을 가한 것이 아니기 때문이다. 아이의 빠른 발달 속도에 적합한 교실환경이라고 표현하는 것이 좀 더 바람직한 설명이 될 수 있다. Lynn Fox(1979)는 속진-심화 논쟁에 대해 다음과 같이 주장한다.

'심화'를 한 주제 영역에서의 고차적 사고력과 창의성의 과정을 계발하는 학습경험을 제공하는 것이라고 정의하고, '속진'을 학습자의 개별적 능력에 부합하는 학습의 기회를 제공하는 것이라고 정의한다면 이 두 용어는 서로 상충적이라기보다는 상보적인 것이다. 만일 영재를 위한 교육프로그램의 목표가 그들의 학습 요구에 부합하도록 하는 것이라고 본다면 속진과 심화는 둘 다 필연적인 것이다. 이렇게 하여 영재 학습자는 그들의 연령 또래들보다 높은 수준의 내용을 더 빠른 속도로 익히고, 보다 높은 수준의 추상적 · 평가적 사고를 향상시킬 수 있다(pp.106 ~ 107).

2. 유아영재 프로그램의 유형

현재 국가 간에는 유아영재를 교육하는 수많은 접근과 수많은 흥미롭고 가치로운 프로그램들을 실시하고 있다. 그 모든 프로그램들을 한 권의 책으로 설명하기는 어렵다. 그러므로 유아영재들을 교육하는 몇 가지 주요 접근들의 대표적 프로그램, 즉 전통적 프로그램, 창의성을 강조하는 프로그램, 장애아를 위한 프로그램, 부모를 교사로 이용하는 프로그램 및 시애틀 프로젝트 프로그램을 고찰하고 우리나라에서 영재교육연구소의 사례에 대해 소개할 것이다.

이 프로그램들은 영재만을 위한 것은 아니다. 이 정보들은 대부분 프로그램 관리자들로부터 얻은 것으로서 대개 프로그램의 목표들에 관한 일반적인 설명에 그치고 있다. 특정 프로그램에 관한 사실적인 정보를 얻을 수 있는 가장 좋은 방법은 하나의 프로그램을 통해 상호작용하고 있는 교사와 학생들을 직접 방문하여 관찰하는 것이다. 영재를 위한 프로그램의 실행에 관해 실제적이고도 자세한 이해를 원하는 독자들은 직접 방문하고 관찰하고 교사와 대화를 나누는 방법이 도움이 될 것이다.

1) 전통적 프로그램

유아영재를 위한 대부분 프로그램들은 대규모 연구소에서 초등학교나 경우에 따라서는 고등학교 때까지 계속해서 제공하는 프로그램의 일부이다. 그런 기관에서 제공되고 있는 연속성 있는 교육 프로그램들은 학교교육 기간 내내 계속적으로 다니는 아이들에게 큰 도움이 된다. 그런 프로그램들은 대개 학교에서 최적의 기능을 발휘하는 데 필수적인 사회적 기술과 함께 전통적인 학업기술들을 가르치는 데 중점을 두고 있는 경향이 있다.

뉴욕의 Hunter대학에서 실시하는 공립학교 프로그램인 'Hunter College Elementary School'는 영재를 위한 전통적인 프로그램들 중 가장 오래된 것이다. 3세 6개월 된 아이들이 유치부 프로그램에 들어가게 되는데

Stanford-Binet 지능검사를 통해 선별한다. 검사 회기 동안 검사자들은 아이들의 행동에 관한 정보를 수집하고, 좀 더 세부적인 정보는 부모를 통해 얻는다. 불리한 배경 조건을 가진 아이들은 리더십과 창의적 능력을 근거로 하여 입학이 가능하다는 판별을 받기도 한다. 선발된 유아들은 보육 프로그램을 통해 긍정적인 정서를 함양하기도 하지만 스페인어와 같은 제2외국어 교육과 함께 전통적인 학업기술을 배우기도 하며 특수한 개별적 프로젝트에 참여하기도 한다(Mancini, 1977; Miller, 1978).

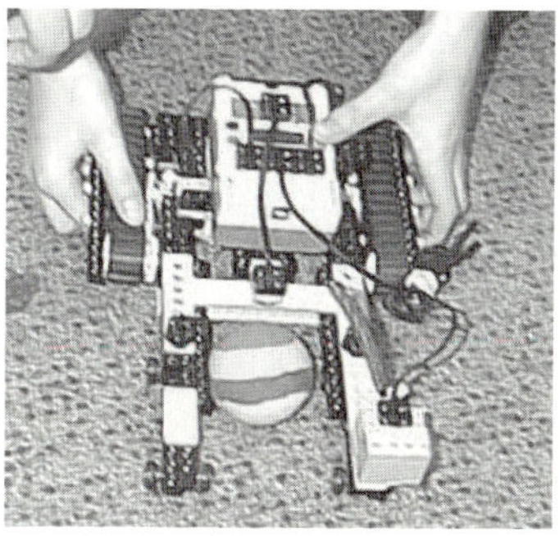

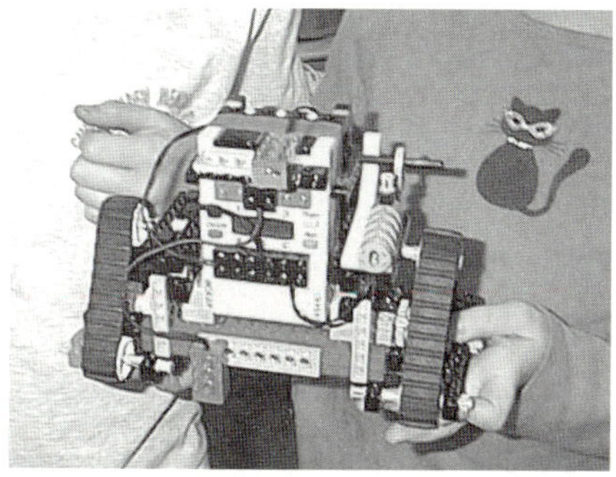

사진 5-7 MIT 자원봉사자의 도움으로 만든 로봇(Hunter 학교)

'Astor Program'은 뉴욕에서 실시하는 또 다른 공립학교 프로그램이다. Astor Program I 수준에는 Stanford-Binet 지능검사에서 상위 2% 이내(IQ 132 이상)의 점수를 얻고 면접에서 사회적 성숙도가 높으며 주의 집중력이 있고, 충동을 자제할 줄 아는 4세 6개월에서 5세 6개월 된 아이들이 참여할 수 있다. 이 프로그램에서는 Bloom의 교육목표 분류학에서 제시하는 고차적 사고기술인 논리력과 다양한 행동 양상에 대한 사회적 결과들을 평가할 수 있는 능력을 강조한다. 또한 아이들에게 개별적인 향상 과제와 함께 기초적인 학업기술을 가르친다. 교사들은 아이들이 관심 있는 다양한 영역에 대해 창의적으로 접근하도록 자극하며 의문을 가지거나 가설을 세워보도록 격려하고 자신의 생각을 검증하고 평가해 보도록 격려하는 역할을 한다(Kaplan, 1978).

미시간 주의 불룸필드 힐에 있는 사립 영재학교에서 실시하는 프로그램인 'Roeper School'은 3세에서 12세의 아동을 대상으로 하며 학업적 요소는 크게 강조하지 않으며, 혼합 연령집단을 통해 교육이 이루어진다. 소집단을 통한 학습과 발산적 사고기술을 통한 창의적 문제해결 접근과 함께 정의적 교육을 강조한다(Reoper, 1966; 1978).

워싱턴의 시애틀에는 유아기부터 초등학교 연령기의 영재아를 위한 두 개의 사립학교가 있다. 그중 하나인 'Seattle Country Day School' 프로그램의 관계자는 대부분 전통적 프로그램들의 철학은 "준비된 아이들에게 적절한 학습을 제공하는 것"이라고 말한다(Beckman, 1978). 'Seattle Country Day'에 지원한 아동에게는 WPPSI나 WISC-R를 실시하고, 부모와 아동 면접, 이전 교육기관으로부터의 정보 등을 토대로 선발하는데 학업적 재능뿐만 아니라 사회적 성숙도를 보이는 아동에게 입학을 허락한다. 유치원기부터 중학교 시기의 아이들에게 제공하는 프로그램인 'Evergreen School'은 창의적 능력뿐만 아니라 우수한 지적 능력을 가진 3, 4세 유아들을 대상으로 선발한다. 봄 학기에 교실을 방문한 3세 아이의 행동을 교사가 관찰하여 보통 4세의 IQ 수준을 보일 때 선발하며, 프로그램에서는 집단 협동, 사전 학업기술, 그리고 작업과 놀이영역에서의 독립성을 강조한다(Christensen, 1978).

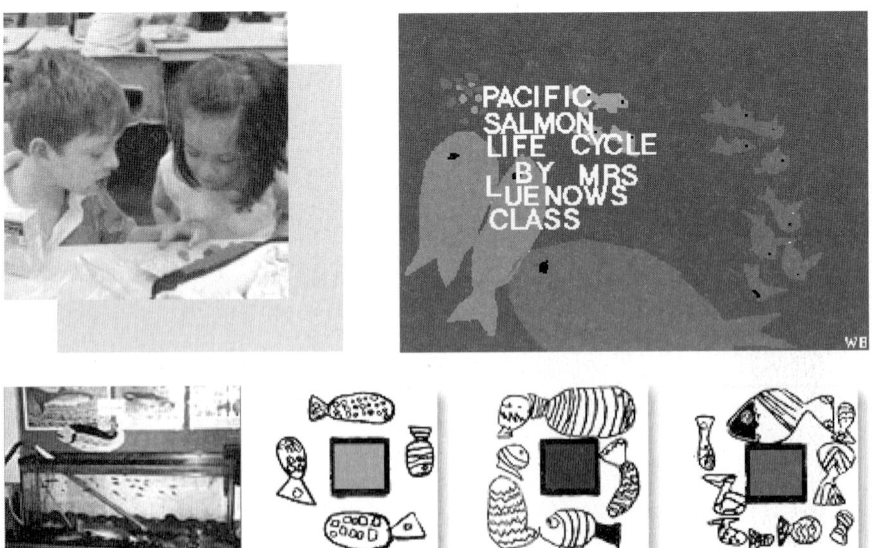

사진 5-8 Seattle Country Day School에서의 활동(salmon circle 활동)

2) 창의성을 강조하는 프로그램

텍사스 주의 달라스에 있는 'Creative Learning Center'에서는 2세에서 8세 사이 60명의 영재아동을 대상으로 프로그램을 실시한다. 이들 중 $\frac{2}{3}$는 빈곤계층의 아이들이다. 그중 50%는 흑인이고 25%는 멕시코계이며 15%는 아메리칸 인디언, 그리고 10%는 영국계 미국인들이다. 가정방문, 부모와 아동 면접, 심리검사를 토대로 선별한다. 프로그램의 내용은 창의성에 중점을 두고 있지만 폭넓은 학업 영역의 내용들도 다룬다. 센터에서는 영어와 스페인어를 모두 사용하며, 프로그램의 내용은 몬테소리 방법의 영향을 받은 것이다. 이 프로그램에 임하는 아이들은 프로그램화된 학습 환경에서 쉽게 이용할 수 있는 자료와 자기-교정(self-correcting)을 사용하여 자신의 속도대로 나아간다. 교사는 관찰자와 촉진자로서의 역할을 하며 아이들의 독립심을 길러질 수 있도록 촉진한다(Tittlc, 1978).

아이다호 주의 보이스에 있는 'A Small World-A Center for Creativity'에서는 모든 아동의 타고난 창의성을 계발시키는데 주력한다. 이 프로그램의 관계자들은 부모추천(parent nomination) 말고는 별다른 형식적 선발절차가 없긴 하지만 이 프로그램에 참여하는 대부분의 아이들은 조기 읽기와 같은 우수한 기술을 보인다고 보고한다(Comba, 1978). 이 학원의 철학은 모든 아이들은 어떤 특정한 영역에서는 영재일 것이라는 가정에 기초를 두고 있고, 아이들의 개별적인 영재성뿐만 아니라 다른 모든 영역에서 그들이 가지고 있는 잠재력을 찾아내고 이를 계발시키는 것을

사진 5-9 흥미에 따른 영역별 활동

과제로 하고 있다. 교사들은 개별 아이들의 능력과 흥미에 적합한 개별적인 프로그램들을 설계하고 있다.

3) 장애를 가진 영재 및 재능아를 위한 프로그램

아이다호 주의 Coeur d'Alene과 Post Falls에 있는 Panhandle 아동 발달 협회의 후원을 받고 있는 'Sunburst Preschool'은 Peabody 그림 어휘력 검사, Columbia 정신 성숙도 검사, DAP(Draw-A-Person) 검사에서 평균 이상의 점수를 받은 시골 아동들을 대상으로 한다. 이 프로그램은 하나의 모형 프로그램으로 고안되었으며, 미 연방 교육부의 영재교육 담당 부서로부터 지원을 받았다. 프로그램의 목표는 모든 아이들에게 적극적인 학습이 일어날 수 있게 하고 개념 발달을 통해 고차적 사고과정의 발달에 도전할 수 있도록 하기 위해 개별 아동의 강점과 약점에 적합하게 설계된 개별화 학습 경험을 제공하는 것이다. 교육과정은 Bloom의 교육목표 분류학에 기초한 것으로서 아동의 사고기술이 지식, 이해와 같은 낮은 수준에서 종합, 평가와 같은 높은 수준으로 발달할 수 있도록 계획된 단원으로 되어 있다. 각각의 단원들은 하나의 주제를 중심으로 하여 점점 복잡한 사고과정으로 들어갈 수 있도록 설계되어 있다.

만일 프로그램의 개별화가 유아영재 및 재능아를 위해 중요하다면 장애를 가진 유아영재 및 재능아들을 위해서도 필수적이다. 'Sunburst Preschool' 프로그램에서는 이러한 개별화의 필요성을 강조한다. 학부모 자원봉사자들이 교실에서 아이들과 1대 1로 수업하는 교사를 돕는다. 프로그램은 각 아동별로 개별적으로 계획되고, 개념-평가 전략에 제시된 특정 준거와 관련하여 각 아동의 진보상황이 평가된다. 각각의 계획 일부분으로 장애를 가진 유아영재 및 재능아들이 장차 학교에 들어가는 데 도움이 될 수 있는 기초적 개념들을 다루게 되는데 이는 각 아동의 발달 수준이 어느 정도인지, 얼마나 발달하는지의 진보상황을 결정하는 진단 활동 세트이다. 활동계획안에는 개념을 가르치기 시작한 날짜와 함께 평가한 날짜가 기록된다. 각각의 개념 옆에는 각 개념에 관해 아이가 도달한 가장 고차적인 사고의 수준을 Bloom의 교육 목표 분류학에서 정의한 바에 따라 기록하는 칸이 있다(**표 5-2** 참조). 또한 아이들의 특수 학업기술을 평가하기 위하여 PIAT를 실시한다(Hanninen, 1978).

＊표 5-2 Sunburst Preschool에서 개발한 준거-관련 개념 평가지의 예

사고과정	영 역	개 념	활 동	날 짜			
				평가한 날	가르치기 시작한 날	종료한 날	재검사한 날
	표현언어	확인하기	1. 계절에 대해 이해하고 있는 바를 말하기. 2. 차이점을 말할 수 있는가? (예 나무와 유리의 차이점) 3. 인과관계 말하기. 4. 시를 지을 수 있는가?				
	표현언어	확인하기	1. 같은 점과 다른 점을 기술할 수 있는가? (그 이유도) 2. 예쁜, 좋은, 신나는, 큰, 작은, 어려운, 무서운, 재미있는, 빠른, 느린과 같은 간단한 단어들의 동의어를 말할 수 있는가?				

노스캐롤라이나 주에 있는 채플 힐의 'Gifted-Handicapped Preschool Project'는 신체적, 정신적, 정서적 또는 상황적 장애가 있음에도 불구하고 비범한 재능을 보이는 3세~6세 유아들을 위한 프로그램이다. 이것은 미 연방 교육부 장애아 사무국의 재정지원을 받은 것인데, 이 프로젝트에 참여한 아이들은 부모나 의사, 교사 혹은 다른 전문가들에 의해 의뢰되었다. 아이들은 대개 일반적인 지적 능력이나 특정한 학업 적성, 창의적 혹은 생산적 사고, 리더십 능력 심리운동 능력 혹은 시각/공연 예술분야 등의 영역에서 두드러진 수행을 보일 것이다. 이 프로그램에서는 이중 어떤 영역에서든지 연령 규준보다 최소한 1년 이상의 높은 수행을 보이는 장애아에게 참가자격을 주었다.

교사들은 이 프로그램에 참여할 아동을 판별하기 위해 다음의 네 가지

기법을 조합하여 사용하였다.

- **비구조적인 관찰** : 특정한 기술을 사용하는 것을 기록하면서 교실에서의 아동 행동 관찰.
- **체크리스트** : 유아의 특정영역 능력에 관한 구체적인 정보를 얻기 위함.
- **구조적인 관찰** : 특정 상황에서 유아의 행동에 관한 정보를 구체적으로 얻기 위함.
- **사회적 관계 측정** : 다양한 상황에서 어느 친구가 수행을 잘한다고 생각하는지에 관해 교사가 유아들에게 질문함.

이 프로그램의 교육과정은 개념 단위별 접근(unit-concept approach)을 통해 폭넓은 경험을 할 수 있고, 아이들마다 개별적으로 제공할 수 있도록 구조화되어 있다. 수업은 유아의 사고력을 Bloom의 교육목표 분류학에서 설명하는 고차적 수준으로 발달시킬 수 있도록 고안된 것으로서 하나의 핵심 주제를 중심으로 다양한 활동을 할 수 있도록 조직되어 있다.

이 프로그램에 참여하는 유아들은 필요에 따라 레크리에이션, 음악, 미술, 연극, 그리고 개별 치료 활동에 참가한다. 이 프로그램은 모든 수업 영역에서 장애아가 못하는 영역에 관한 것보다는 잘하는 능력을 중심으로 다루고 있다. 유아의 강점을 이용해 도전감을 주는 활동도 제시하지만 못하는 영역에 대해서도 개입할 수 있도록 돕는 내용들을 균형 있게 제시하면서 각 유아 별로 개별적인 목표들이 마련되어 있다.

이 프로그램에서는 부모들의 참여가 가장 결정적이다. 부모들은 교실에서 교사들을 보조하며 자신의 아이가 집에서도 프로그램 활동을 하도록 촉진한다(Blacher-Dixon, 1977; Child Development Institute, 1977).

'RAPYHT Program(Retrieval and Acceleration of Promising Young Handicapped and Talented)'은 일리노이 대학교의 아동 행동/발달 연구소에서 실시하는 프로그램이다. 이것은 미 연방 교육부 장애아 사무국의 재정지원을 받은 것이며, 이 프로그램의 대상은 특수교육을 위한 선별검사과정에서 판별된다. 초기의 선별과정 동안 장애아들의 재능은 그들이 가진 장애로 인해 잘 드러나지 않기 때문에 이 과정에서 발견하지 못한 그들의 재능을 판별하기 위해 특수교육 교사들에게 자신의 반에 등록

한 아이들을 대상으로 재능 체크리스트를 완성하도록 요구한다.

'RAPYHT Program'은 장애가 있는 유아영재들의 교육을 위해 개방적인 교실(the open classroom)과 구조화된 교실(the structured classroom)이라는 두 가지의 접근을 통합한다. 이 두 종류의 교실에는 한 교실에 다양한 아이들이 모여 있는 방법의 적절성을 입증하고 통합교육의 장면을 제공하기 위하여 장애를 가진 영재아와 일반아, 그리고 특별한 재능이 없는 일반 장애아들이 함께 섞여 있다.

개방적인 교실 접근에서 교사는 유아들이 기초적 기술을 습득할 수 있도록 도우며, 특수한 재능을 기르고 촉진하는 환경을 제공한다. 이 프로그램의 철학은 유아들은 스스로 자신이 언제, 어떻게, 무엇을 그리고 어떠한 속도로 학습할 수 있는지에 관해 최적의 판단을 내릴 수 있는 존재로 가정한다. 아이들은 자신의 학습활동을 주도하며 교사들은 촉진자로서의 역할을 한다. 교사들은 아이들의 흥미를 바탕으로 교육과정을 짜고 아이들은 자율적으로 자신의 학습활동을 선택한다. 아이들이 언제든지 쉽게 사용할 수 있도록 다양한 수업자료를 준비한다. 수업 중 발생하는 문제에 대해 교사와 아이들이 함께 논의하고 해결해 나간다. 교사는 아이들을 격려하고 피드백, 정보제공, 생활지도를 통해 의미 있는 교실환경을 조성한다. 아이들에게는 생산적으로 시간을 사용하고 가치 있는 작업과 학습을 하게 한다. 교실의 시간표는 융통성 있게 적용되며 아이들은 독립적으로 또는 소집단으로 활동을 하게 된다. 매일 열리는 집단 모임 시간에 모든 아이들과 교사가 함께 일일활동을 계획한다.

개방적인 교실 접근과는 대조적으로 'RAPYHT Program'에서는 Guilford의 SOI 모형에 근거한 교육과정을 통해 교사 주도적인 활동을 하는 구조화된 교실 접근도 포함하고 있다. 이 접근의 기본 철학은 교사가 특수하고도 개별화된 각각의 수업 목표들에 대해 체계적인 활동을 제시함으로써 아이들이 최적의 학습을 경험할 수 있다고 가정하는 것이다. SOI모형은 수렴적, 확산적 및 평가적 사고를 포함하여 다양한 지적 능력들을 기를 수 있는 프로그램 설계를 위한 기초를 제공한다. 수, 언어, 읽기 단원들은 게임 형식으로 제시되며, 음악, 미술, 무용 및 사회-정서 발달을 향상시키기 위해 고안된 활동들도 포함되어 있다. 개별적으로 혹은 비슷한 요구를 가진 소집단을 대상으로 하여 활동을 계획한다. 아이들이 자신의 프로젝트를 진행해 나가는 동안 구조화된 단기 수업과 교사의 지도하에 이루어지는 놀이시간을 번갈아 경험한다.

평가 절차에서는 개별 아동의 발달 수준을 결정하기 위하여 두 가지 유형의 교실 접근의 결과들을 통합한다. 각 아동의 강점영역뿐만 아니라 약점영역을 위해 개별화 교육 프로그램(IEPs)을 준비한다. 교사는 아이들의 시기 별 진보상황을 도표로 기록한다(Karnes & Bertschi, 1978). 예비적 평가자료에 의하면 RAPYHT Program의 두 가지 유형의 교실 접근에 참여한 아이들은 IQ 검사와 시각-운동 및 언어기술 검사 점수들이 향상된 것으로 나타났다(Karnes, 1977).

4) 학부모를 교사로 활용하는 프로그램

메릴랜드 주의 볼티모어에 있는 Dundalk Community 대학의 'Project L-E-A-P(Learning and Enrichment for Able Preschoolers)'는 4세에서 6세아를 위한 프로그램이다. 이 프로그램은 재정적인 문제 때문에 지금은 더 이상 실행되고 있지는 않으나 흥미 있는 모형 중 하나이다. 아이들은 분류, 1:1 대응, 양의 보존에 관한 Piaget식 검사와 PPVT를 통해 판별된다. 이 프로그램에서는 Piaget식 과제에서 충분히 잘 수행하고 120 이상의 IQ를 받은 아이들을 선발한다. 부모들은 프로그램 지도자의 안내하에 자신의 아이들과 함께 작업을 수행하는 동안 아이와 부모, 그리고 프로그램 지도자가 매주 토요일 아침마다 3시간 정도씩 만난다. 부모들은 규정된 양식을 사용하여 자기 아이의 반응을 기록할 책임이 있다. 이 프로그램의 교육과정은 읽기와 읽기 기술, 수 개념, 일반적 언어 예술의 발달 영역에서 개별화 수업을 강조한다. 각 주제 영역별로 개별 아동의 기술을 평가하고 아동의 개별적인 향상 수준에 적절한 학습경험을 제공한다(Schuster, 1976).

5) 시애틀 프로젝트

워싱턴 주 시애틀에 있는 Washington 대학교의 '유아발달 프로그램

(Child Development Preschool Program)'은 미 연방 교육부 영재교육 담당 부서와 Spencer 재단으로부터 재정지원을 받은 것이다. 이 유치원에서는 다양한 유형의 우수한 지적, 학업적 기술을 가진 아이들의 발달에 중점을 두고 있는 유아발달 연구소의 포괄적인 프로그램을 통합적으로 적용한다.

이 프로그램은 시애틀에서 지적, 학업적으로 우수한 아이들을 위한 교육 프로그램들 중 우수한 대열에 속하는 것이다. 월등히 우수한 초등학생을 대상으로 하는 시애틀의 공립학교 프로그램인 개별적 진보 프로그램(Individual Progress Program)은 아이들이 자신의 속도로 심화 교육과정을 하면서 진보할 수 있게 고안된 것이다. Washington 대학교의 유아발달 연구소 지원을 받은 조기 입학 프로그램(Early Entrance Program)에서는 매우 우수한 중학생에게 Washington 대학교에 시간제나 전일제로 입학할 수 있는 기회를 준다.

사진 5-10 유아발달 프로그램

시애틀 프로젝트에서 개발한 선별체제는 지적 능력이나 특수한 인지적 영역에서 우수한 능력을 보이는 유아에게 자격을 주는데, 부모용 질문지와 유아를 대상으로 실시한 검사점수 등을 근거로 한다.

이 프로그램에서는 교사 주도적인 상황과 유아 주도적인 상황을 균형 있게 혼합한 다양한 학습경험을 제공하도록 고안되었다. 유아들은 언어 예술, 읽기, 과학, 수학, 사회적 기술, 미술, 드라마, 그리고 창의적 동작 영역의 구조화된 활동에서 교사와 함께 작업하도록 능력 수준별 소집단에 배치된다. 계획된 대근육, 소근육 활동을 통해 신체적 기술을 계발하기도 한다.

'유아발달 프로그램(Child Development Preschool Program)'에서는 유아들이 좀 더 높은 연령에서 다루게 될 학업적 개념을 배울 준비가 되어 있고 또 배우려는 열망이 있다는 사실을 인식한다. 그러나 좀 더 나이가 많은 유아들을 위해 고안된 학업적 과제는 대개 작성된 수업자료를 따라 읽거나 쓰는 교사 주도적인 과제를 수행하도록 요구하는 경향이 있기 때문에 어린 유아들의 관심을 끌지 못한다. 아무리 우수하더라도 3, 4세 유아들은 대부분 이런 방식의 활동에는 흥미를 잃는다. 그러므로 향상된 내용을 유아들이 수용할 수 있는 형태로 제공할 수 있도록 조정하였다. 유아들이 무엇인가를 이해하고 경험할 수 있도록 하기 위하여 단원을 짧은 단위로 나누고, 가능한 한 시각적인 실물을 제공하고, 활동을 게임의 형태로 제시하고, 매력적인 조작 자료들을 제공한다.

유아영재를 위한 대부분의 프로그램들은 사회적 성숙도를 보이는 아이들만을 받아들인다. 그러나 유아발달 프로그램에서는 사회적 기술의 발달을 판별의 준거로 삼기보다는 이 프로그램의 결정적인 교육과정 요소로 다루고 있으며, 다음과 같은 다섯 가지의 사회적 기술 범주를 강조하고 있다.

① 독립심(자신의 일상적인 일은 스스로 해야 한다는 책임감을 가지게 한다) : 유아들이 자신의 활동을 주도하고 의사결정을 내리고 자신이 세운 계획대로 실행하는 것을 배우고, 친구가 방해하더라도 자신의 활동을 계속할 수 있도록 주의 집중하는 것을 배운다.

② 주장성(비폭력적인 방법으로 자신의 권리를 주장하는 것을 배운다) : 울음이나 칭얼거림을 동원하지 않고 효과적으로 자신의 요구와 감정을 표현하는 것을 배운다.

③ 사회적 민감성(타인의 감정이나 느낌을 해석하고 이해하는 것을 배운다) : 다른 아이들을 도와주고 공유하고 협조하는 것을 배운다.

④ 교우관계 형성(다른 아이들이나 어른들과 상호작용하는 방법을 배운다) : 다른 아이들이 놀고 있는 집단활동에 들어가려면 어떻게 말해야 하는

지, 다른 친구의 제의에 어떻게 적절하게 반응해야 하는지를 배우고 집단활동에 참여하면서 자신의 관심사와 다른 친구들의 관심사를 어떻게 맞물리게 하는지를 배운다.

⑤ 문제 해결 : 물리적인 폭력을 사용하지 않고 갈등을 해결하고 차이점을 협상하는 방법을 배운다.

유아들은 이러한 기술들을 이야기나 인형놀이, 역할놀이 등이 포함되어 있는 수업을 통해 교사의 지도하에 배우게 된다.

이 프로그램에서의 유아들의 진보상황은 몇 가지 방법으로 평가하게 된다. 교사들은 각 유아마다 교육과정 영역별 기술들을 작성해 놓은 양식에 계속적인 관찰 기록을 한다. 또한 PIAT를 포함한 표준화 검사 배터리를 이용하여 평가한다.

6) 퍼듀 대학교 영재교육 프로그램

Purdue 대학교의 Gifted Education Resource Institute(GERI)에서는 영재아와 재능아가 지닌 개인적인 능력 및 잠재력을 일생에 걸쳐 발전시키는데 목적을 두고 있다. GERI에서는 재능을 가진 영재아의 교육뿐만 아니라 세계 각국으로부터 전문가를 훈련시키는 과정을 두었다. 또한 영재아 가족을 위한 서비스를 제공하고, 여름, 겨울 방학을 이용한 캠프를 실시한다.

GERI의 잘 알려진 영재 프로그램으로 '수퍼 토요일(Super Saturday)'이 있다. 수퍼 토요일은 학문적, 창의적 그리고 예술적으로 재능이 있는 아이들에게 도전적인 심화 기회를 제공하도록 만들어진 mini-courses의 프로그램이다. 각 세션은 외국어, 시각적인 예술, 수학과 언어, 사회 그리고 과학을 포함한 다양한 영역을 포함한다.

수퍼 토요일 클래스는 재미있고 역동적이다. 아동들의 창의적 활동이 권장되고 관심 영역에 참여할 수 있도록 한다. 소집단 활동과 현장견학을 통해 영재아 상호 간에 관심과 정보를 교류할 수 있는 기회를 제공한다. 이 프로그램은 약 25년 동안 영재아들에게 도전적이고 재미있는 학습경험을 제공해 왔다. GERI의 여름 캠프는 4세 유아에서부터 청소년기에 이르는 영재를 대상으로 하여 양질의 교육적 경험을 제공하는 프로그램이다.

사진 5-11 GERI의 수퍼 토요일과 여름캠프

7) 세종영재교육연구원(SIGT) 영재교육 프로그램

서울에 있는 숭실대학교의 세종영재교육연구원(Sejong Institute for Gifted and Talented : SIGT)에서 유아 및 아동영재교육을 목표로 하여 영재교육 프로그램을 개발하고 교육한다. SIGT의 영재교육 목표는 첫째, 창의성 혹은 지능이 뛰어난 유아 및 아동을 판별하고, 유아영재 및 영재아동의 뛰어난 영역을 발견하여 탐구하고 계발시킨다. 둘째, 특정 주제와 관련된 창의적 문제해결력을 기른다. 셋째, 논리적, 비판적 사고능력을 기른다. 넷째, 자율적인 탐구자세를 기른다. 다섯째, 정서와 사회성 발달을 도와 사회적 능력을 자라게 한다. 그리고 여섯째, 긍정적인 자아개념을 통해서 자신감과 자기 표현력을 기른다는 것이다.

교육내용으로는 기본 영재 프로그램으로 창의성, 사고력 계발 프로그램과 영역별 영재 프로그램으로 수·과학 프로그램과 언어·사회 프로그램을 실시한다.

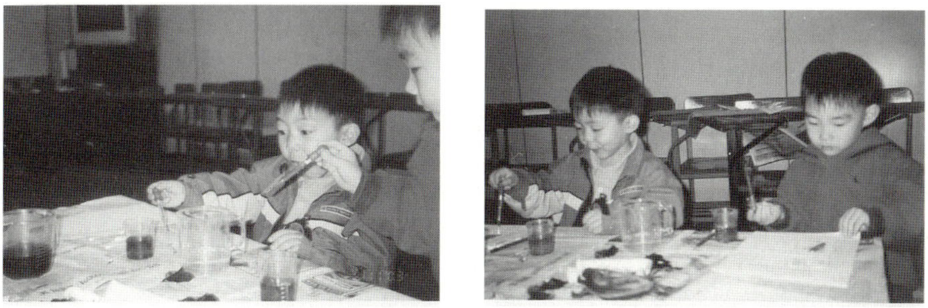

사진 5-12 과학실험을 하는 SIGT의 유아영재

① 창의성 계발 프로그램

이경화(2002)는 창의성 측정의 Volcano 모형에서 창의성이란 시대적 상황에 비추어 새롭고 독특하며, 적합한 산물을 생성해 낼 수 있는 개인의 능력과 성격이 통합된 구인이라고 정의하고, 창의성을 창의적 능력과 창의적 성격이 통합된 것으로 보았다. 따라서 SIGT 창의성 계발 프로그램에서는 창의적 능력 구인을 민감성, 상상력, 유창성, 융통성, 정교성, 독창성 여섯 가지로 보고, 창의성 영역을 언어창의성, 도형창의성, 소리창의성, 조작창의성 등 네 가지로 구분한다. 한편 창의적 능력 구인은 호기심, 민감성, 독립심, 과제집착력 등 네 가지를 포함한다.

창의성 프로그램을 통해서 주변의 환경에 관해 민감한 관심을 보이고 이를 통해 새로운 탐색 영역을 넓히는 능력, 주어진 자극에 대해서 가능한 한 많은 양의 아이디어를 산출하는 능력, 고정적인 사고의 틀을 깨고 발상 자체를 전환시켜 유연하고 융통성 있게 생각하는 능력, 독특하고 참신한 아이디어를 산출해 내는 사고 능력, 다듬어지지 않은 기존의 아이디어를 보다 치밀한 것으로 발전시키는 능력 등을 향상시킬 수 있다. 또한 정의적 측면으로는 문제 상황에서 아이디어를 자발적으로 산출하려는 성향이나 태도, 자신의 아이디어에 대한 가치를 인정하고 다른 사람의 평가에 구애받지 않으려는 성향이나 태도, 항상 생동감 있게 주변의 사물에 대해 의문을 갖고 끊임없이 질문을 제기하려는 성향, 문제해결을 위해 다양한 정보를 수집하고 끈질기게 문제가 해결될 때까지 지속시키는 성향, 변화에 대한 개방성 등의 특성을 계발시킨다.

② 수·과학 영재 프로그램

수학 영재 프로그램은 수학을 통한 논리적 사고력과 창의력 계발 및 문제해결 능력 및 집중력 향상, 추상적 개념의 구체화 및 구체적 현상의 추상화 능력 증진, 습득한 개념의 객관적 표현능력 향상, 협동과 공동작업을 통한 사회성 향상을 목표로 하는 프로그램이다.

또한 과학 프로그램은 주변에서 쉽게 관찰할 수 있는 여러 가지 과학의 기초개념을 이해하고 인식하는 단계로부터 감각, 자석, 소리, 식물 등의 주제를 통하여 현상을 분류, 측정, 예측, 가설 검증하는 과학적인 방법들을 탐구하고 직접 실험해 보도록 구성되어 있다. 유아 과학 프로그램의 구체적 내용은 색깔, 형태, 촉감, 냄새, 소리, 크기, 수량, 위치, 생물체 등을 중심으로 구성했으며 이를 통해 관찰하기, 그룹 짓기, 분류하기, 가설 설정하기, 실험하기, 탐구 결과 기록 및 전달하기, 결과 해석 및 일반화하기 등 과학적 과정적 경험을 중요시하는 활동들로 구성된다.

③ 정서 프로그램

SIGT 영재 프로그램에서는 영재의 정서적 문제에 대처하기 위하여 정의적 측면에서의 정서개발 프로그램을 실시한다. 자아존중감 및 리더십 향상을 목적으로 하는 프로그램으로 유아의 정서 및 사회적 성숙의 기회를 제공하여 전인적인 인간으로 성장할 수 있도록 하는 프로그램이다.

세종영재교육연구원은 영재판별 검사 결과를 토대로 하여, 유아의 능력과 특성을 중심으로 소집단을 편성하여 영재교사의 지도를 직접 받는다. 즉, 연령과 지적 능력이 유사한 소집단(6명 이하)을 구성하여 유아들이 지닌 개별특성에 맞추어 지도하며, 유아들 간의 상호작용을 통해 학습 동기를 유발하고 스스로 지적 자극을 받을 수 있도록 한다.

* 목표 : 창의력·사고력 향상
* 활동 : 소그룹 활동, 개별화 교육이 가능한 개방식
* 영역 : 과학 , 수학, 언어, 사회, 리더십, 정서

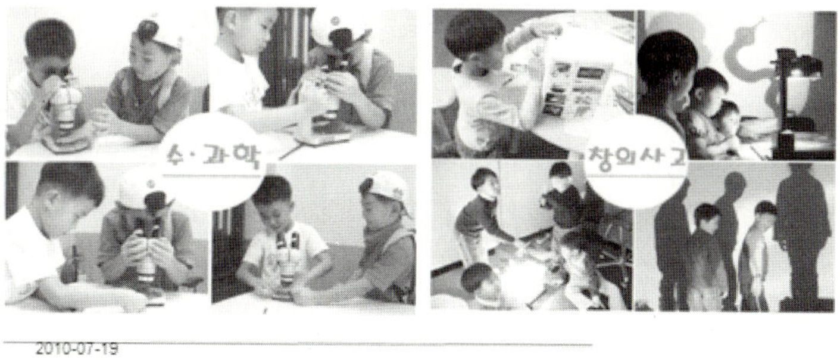

사진 5-13 SIGT 영재프로그램의 특징

Case SIGT 영재 창의성교육 프로그램 사례 1

❖ 新모자 발명왕 프로그램

이 프로그램은 유아들의 창의력 신장을 위한 프로그램으로 창의적 문제해결(Creative Problem Solving) 모형 단계에 따라 진행된다. 따라서 유아들에게 익숙한 모자를 주제로 하여 창의적 문제해결의 주요 요소인 창의적 사고기법을 습득하는데 주안점을 두고 문제해결 단계에 따라 적절하게 사용할 수 있는 방법을 익히도록 구성되었다.

다음에는 SIGT 프로그램 사례를 참고로 제시한다. 표 5-3은 "新모자 발명왕" 프로그램의 전체 구성안이며, 표 5-4는 SIGT 창의사고 프로그램의 교수-학습 과정안이다.

∗ 표 5-3 SIGT 창의성교육 프로그램 전체 구성안 : 新모자 발명왕

차시	문제해결 단계	활동명	활동내용	계발요소	창의사고 기법
1	문제인식	다양한 모자 이야기	• 시간/지역/연령/장소에 따른 다양한 모자의 종류와 활용도 탐색	추측, 분류, 지식, 연상	브레인 스토밍
2	문제발견	우리가 바꾸자	• 모자의 결점을 찾아 변형방법 탐색 • 히트기법을 사용하여 자료의 조직화	관찰, 속성분류, 추론	결점 열거법, 히트 기법
3	아이디어 발견	결합하기	• 강제결합법을 활용하여 새로운 아이디어 생성 • PMI 기법 활용하여 아이디어 정교화하기	장·단점 분석, 독창성, 비교, 대조	강제 결합법, PMI 기법
4		내 생각은 이래	• 설문조사하기 • 설문조사를 통해 모자의 좋은 점, 불편한 점을 비교, 분석	설문조사의 필요성 이해, 질문생성, 분석	P-P-C 대화 기법
5		수리수리 마수리	• 시네틱스 기법을 활용하여 독창적인 모자 창출하기 • 모자를 이용해 마술을 만들기	상상력, 유추, 비교, 분석, 융통성	시네 틱스 기법
6		아이디어 체크 리스트	• 아이디어 체크리스트를 통해 독창적 아이디어 발산 • 자료와 정보를 활용하여 발명만화 만들기	상상력, 유창성, 독창성, 추론	스캠퍼 기법
7	해결 방안	발명의 기초	• PMI 기법을 활용하여 아이디어 정교화 • 발명한 모자의 장점을 Icon을 이용해 메시지로 나타내기	상징화, 실제화, 계획, 종합	스캠퍼 기법, PMI 기법
8		모자 만들기	• 조합의 원리를 이용한 형태학적 분석법 사용하여 재료선정. • 만들기	정보의 활용, 정교성, 적용, 산출	형태 학적 분석법
9	실행 및 수용	신모자 발표회 및 세미나	• 발표와 평가 • 개인별 포트폴리오를 만들어 작품설명	요약, 질문, 해석, 주도성, 건설적 비판	P-P-C 대화 기법

✱ **표 5-4** SIGT 영재 (창의사고) 프로그램 교수-학습 과정안

영 역	창의사고	단 계	2 단계	분 기	4 분기	차 시	6
제 목	'아이디어 체크리스트'			계발요인	상상력, 유창성, 독창성, 개방적 사고, 추론능력		
학습목표	• 발산적 사고를 증진시키는 SCAMPER기법을 사용하여 모자를 창의적으로 바꾸어 보는 활동을 통해 융통성과 독창성을 증진시킨다.						

활동단계	교수 - 학습활동	시간	자료 및 유의점
◈ 도입	정보와 자료를 활용한 아이디어 발견단계 ▸ 3차시와 4차시의 활동경험을 환기해 본다. ▸ 이번 시간에는 더 새롭고 재미있는 아이디어의 산출을 위해서 SCAMPER라는 기법을 사용할 것이며 이 기법은 우리가 생각하지 못한 독특한 아이디어를 생성하는 데 도움을 줄 것이라고 설명한다.	5	
◈ 전개	아이디이 빌견 ▸ 워크시트의 질문들을 살펴보며 이야기 나눈다. 문제를 해결하는 데 도움이 되는 아이디어 체크리스트 방법 (SCAMPER)을 이용해 모자에 대한 발명을 돕기 위해 워크시트에 적힌 질문들의 의미를 파악해 본다. * 스캠퍼의 각 내용은 외우기도 쉽고 실생활에 많은 도움을 주기 때문에 창의성 향상을 위해서 널리 사용되는 기법이다. 스캠퍼는 다음 7단어의 약자로 게임을 하도록 구성되어 있으며, 아이디어와 상상력을 동원하도록 도와주는 체크리스트이다. S 대치하기 (Substitute)…무엇을 대신 사용할 수 있을까? C 결합하기 (Combine)…무엇을 결합할 수 있을까? A 동화시키기 (Adapt)…조건이나 목적에 맞게 조절할 수 있을까? M 수정하기 (Modify)…색, 모양, 형태 등을 어떻게 바꿀 수 있을까? M 확대하기 (Magnify) … 첨가할 것은 없는가? P 다르게 활용하기 (Put to other uses) … 다른 용도로 사용할 수 없을까? E 제거하기 (Eliminate)…무엇을 삭제, 제거, 축소할 수 없을까? R 재배열하기 (Rearrange)…어떻게 형식, 모양을 바꿀 수 없을까?	40	제시자료 · 워크시트 · 싸인펜 · 필기도구

(다음 페이지에 계속)

활동단계	교수 – 학습활동	시간	자료 및 유의점
	▸각 항에 대하여 '만약 ~ 라면 어떻게 될까' 상상하여 본 뒤 그림이나 설명을 적어 본다. 예 만약 모자가 모자와 돋보기가 합쳐지면 어떻게 될까? 자료와 정보의 활용 방법 익히기 ▸발명백일장에서 제시된 발명만화를 살펴본다. 발명만화를 보고 다른 학생들은 어떤 아이디어들이 있는지 그것의 필요성을 어떻게 효과적으로 표현하였는지 살펴보고 스캠퍼 활동에서의 아이디어를 기초로 하여 워크시트에 발명만화를 그린다. 이 과정에서 유아들은 자료와 정보의 활용방법을 습득하게 된다. (일상에서 그런 모자가 있으면 어떤 일이 일어날지, 왜 이런 모자 가 필요하다고 생각했는지에 대해 중점적으로 생각하여 그린다.)		
◈ 마무리	▸아동들이 그린 발명만화를 비교하여 살펴보며 자신의 생각이 잘 드러나게 그린 것은 어떤 것인지 그리고 그 이유는 무엇이라 생각하는지 이야기 나눈다.	5	

사진 5-14 SIGT 유아의 창의활동

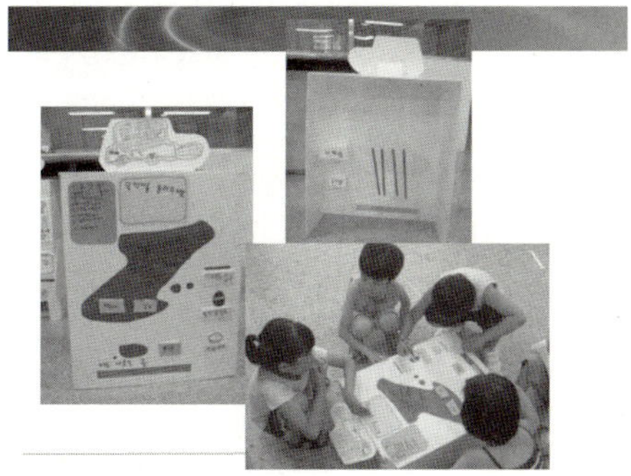

사진 5-15 SIGT 유아 창의과학 활동

Case SIGT 영재 과학교육 프로그램 사례 2

다음으로는 SIGT(세종영재교육연구원)의 유아영재프로그램 중 과학 교육프로그램의 교수-학습과정안 사례 두 가지를 소개한다.

* **표 5-5** SIGT 영재과학 프로그램 교수-학습 과정안 (사례 1)

일 시	2000. . ( )요일	분 기	3분기 기본 프로그램
과 목	유아 수. 과학	단 계	식물의 종류
차 시	1. 탐색과 관찰	지도교사	김 미 숙
주 제	식물을 탐색해요.		
학습 목표	여러 가지 식물의 종류에 대해 알고 탐색해 본다.		

단계	학습 내용	교수-학습활동	시간	학습 자료 및 유의점
도입	◈ 동기유발	◇ 상상해 보기 • 비밀상자 안에는 무엇이 들어 있을까? (호기심) • 각자 생각한 것을 이야기해 본다. • 비밀상자 안에서 꺼내 본다.	8'	☆ 비밀상자 속에 식물을 뿌리 채 넣어 오늘의 수업내용에 대해 호기심을 자극하여 동기유발을 시킨다.

(다음 페이지에 계속)

단계	학습 내용	교수-학습활동	시간	학습 자료 및 유의점
전개	◈ 활동 1	◇ 관찰하기 • 비밀상자에서 꺼낸 식물을 관찰한다. • 오감을 통해 관찰한다. • 식물이라고 생각되는 것을 말하거나 (화이트보드 혹은 전지, 활동지) 써 본다.	20'	☆ 비밀상자, 뿌리 채 있는 식물, 확대경, 필기구류, 활동지
	◈ 활동 2	◇ 비교 · 분류하기 • 여러 가지 준거에 의한 식물을 비교, 분류해 본다. • 식물의 길이에 따라 키가 큰 순서대로 전지에 놓아본다. • 자신이 생각한 준거에 의해 분류해 본다. • 나뭇잎의 모양에 따라 분류해 본다 (잎맥 분류). * 개인 탐구 또는 협동학습 • 수집한 식물 중 한 가지 식물을 선택하여 오감을 통해 관찰하여 관찰용지에 기록한다.	15'	☞ 다른 친구들이 쓴 것을 비교해 보도록 한다. ☞ 실외활동이 가능한 경우에는 야외에서 유아들과 산책하면서 여러 가지 종류의 식물을 탐색해 본다.
정리	◈ 평가 ◈ 차시 예고	◇ 관찰하고 기록한 결과물을 말해 본다. • 식물을 여러 가지 준거에 의해 분류한 것 • 오감을 통한 식물 관찰 ◇ 식물의 부분과 전체, 꽃의 구조에 대해 이야기한다.	7'	☞ 실외에서 학습이 불가능할 경우에는 다양한 종류의 식물을 준비해 둔다.

*** 표 5-6** SIGT 영재과학 프로그램 교수-학습 과정안 (사례 2)

일 시	2000. . ( )요일	분 기	3분기
과 목	유아 수 · 과학	단 계	지렛대의 원리
차 시	3. 탐구 및 이해	지도교사	김미숙
주 제	바윗돌 옮기기		
학습 목표	문제 상황을 이해하고 유추기법을 통해 다양한 아이디어를 적용해 보며 문제를 해결한다.		

(다음 페이지에 계속)

단계	학습 내용	교수 – 학습활동	시간	학습 자료 및 유의점
도입	◈ 동기유발	◇ 문제 상황 이야기 들려주기 • 산꼭대기에서 굴러온 커다란 바위가 어느 마을의 딸기밭에 떨어졌다는 내용 • 비밀상자 안에는 무엇이 들어 있을까?(호기심)	10'	☞ 문제 상황을 그림 또는 말로 설명해준다.
전개	◈ 활동 1	◇ 유추 활동 (상상놀이) • 환상 유추(산꼭대기에서 굴러온 바위를 옮길 아주 희귀한 방법) • 개인 유추(내가 만약 바위라면 어떻게 다른 곳으로 옮겨갈 수 있을까?) • 직접 유추(무거운 상자를 실제로 옮길 수 있는 방법) • 각자 자신이 생각한 것을 발표한 후에 문제 상황과 가장 적절한 아이디어를 선택한다.	13'	☞ 활동지, 필기구류 ☆ 큰 돌, 나무 젓가락, 자 ☞ 실제 상황에 가장 적합한 아이디어를 실제 적용 및 응용해 본다. 적용해 보고 고쳐야 할 점은 무엇인지 토의한다. ☞ 과제를 실험해 보고 실험 일지를 써 볼 수 있다. ☞ 협동학습으로 활동한다.
	◈ 활동 2	◇ 지렛대의 원리 • 지렛대를 이용한 원리에 대해 이야기해 본다. • 시소놀이 * 실제 놀이터에 가서 실험해 본다.	13'	
정리	◈ 평가 ◈ 차시예고	◇ 지렛대의 원리 • 지레에 작용하는 힘 중 막대를 받치고 있는 받침점, 힘이 가해지는 힘점, 물체에 힘이 작용하는 작용점을 이해하는가? ◇ 중력 / 뉴턴	7'	☞ 지렛대, 도르래 등의 원리를 적용해 볼 수 있다.

- 딸기밭에 떨어진 커다란 바위를 희귀한 방법으로 옮겨 보세요.
- 무거운 상자를 어떻게 옮길 수 있을까?
- 내가 만약 바위라면 어떻게 다른 곳으로 옮겨갈 수 있을까?

사진 5-16 식물을 관찰하는 유아영재

영재아를 위한 프로그램들은 다양한 영재집단 내에서 보이는 극단적인 다양성을 고려해야 한다. 프로그램은 영재들의 인지적, 신체적 및 사회적 기술의 발달을 위해 개별화된 기회를 제공해야 하고 판별체제에서 중점을 두었던 기술을 위한 특별한 자극을 포함해야 한다.

그동안 다양한 프로그램 모형들이 개발되어 왔으나 이들 중 어느 모형이 가장 효과적이라고 말할 수 있는 증거는 없다. 실제로 '최고'의 프로그램 모형은 존재하지 않을 것이다. 예를 들어, David Weikart가 수행한 Head Start 프로그램에서는 교사가 어떤 모형에 관한 명확한 확신을 가지고 아이들에게 제공했을 때 효과적이었던 것으로 나타났다. 영재아를 위한 프로그램에도 이와 동일한 원리가 적용될 수 있을 것이다. 어떤 모형이든지 교사와 아동이 모두 흥미로운 주제에 관해 열정적으로 상호작용하며 학습에 참여하는 것이 효과적인 프로그램을 만들어낼 수 있는 것이다.

다양한 프로그램 모형들은 서로 다른 다양한 목표를 가지고 있다. 이러한 목표의 다양성은 다원주의 사회에서 필수적인 것이다. 어떤 아이에게는 이상적인 프로그램이 다른 아이에게는 부적절한 선택이 될 수도 있을 것이다.

제 6 장

유아 창의성의 이해와 창의성 계발

1. 유아의 창의적 특성
2. 창의성의 요인
3. 창의성 개발
4. 기본적인 창의적 사고기법
5. 유아 창의성 계발프로그램의 실제

아주 다른 성격을 가진 두 명의 소년이 숲 속을 걸어가고 있었다. 첫째 소년은 선생님도 부모님도 모두 똑똑하다고 인정받는 소년이었기에 늘 자기 자신이 똑똑하다고 생각하며 생활하였다. 그 소년은 시험 성적도, 학교 성적도, 그리고 기타 학생 자치활동 성적도 훌륭하였다.

반면 다른 소년은 한 번도 똑똑하다고 소리를 듣지 못하고 자란 소년이었다. 그 소년은 시험 성적도, 학교 성적도, 그리고 기타 학생 자치활동 성적도 신통치 않았다. 기껏해야 칭찬이라고는 눈치가 빠르다거나 현실 감각이 뛰어나다는 소리를 들었을 정도이다.

이 두 소년이 숲 속을 걸어가다가 커다란 어려움에 봉착하게 되었다. 몸집이 크고 화가 난 데다 배가 무척 고픈 회색곰이 그들을 향해 달려오고 있었다. 이때 똑똑한 첫 번째 소년은 자기가 아무리 빨리 도망을 간다고 하더라도 그 곰은 17.3초 만에 자신들을 따라잡을 것을 알고 도망가기를 포기한 채 공포에 사로잡혀 두 번째 소년을 쳐다보았다. 그러나 두 번째 소년은 침착하게 자신의 조깅화 끈을 단단히 조이고 있었다. 이를 본 첫 번째 소년이 두 번째 소년에게 이렇게 말했다.

"너 돌았구나. 우리가 저 회색곰보다 빨리 달릴 가능성은 없어!" 그러자 두 번째 소년은 첫 번째 소년에게 이렇게 말하였다.

"그건 사실이야. 하지만 난 너보다 빨리 달리기만 하면 돼."

영재교육에서 창의성만큼 중요한 주제는 없다. 영재교육의 첫 번째 목적은 영재아들의 영재성을 계발하고 그들의 잠재성을 실현시키도록 돕는 것, 즉 영재아들이 자아를 실현하고 더욱 창의적인 개체가 될 수 있도록 도움을 주는 것이다. 영재교육의 또 다른 목적은 영재아들이 사회에 창의적 공헌을 더 많이 할 수 있도록 한다는 것이다.

Section

1. 유아의 창의적 특성

창의적인 사람들의 특성을 살펴본다면, 이들은 자신감이 넘치고 독립적이며 위험을 감수하고 위기대처 능력이 뛰어나다. 그리고 열정적인 동시에 모험심과 호기심이 많고 재치가 있다. 또한 이들은 이상주의적이고 예술적이며 신비롭고 복잡한 것에 매력을 느끼는 경향이 있고 혼자 있는 시간을 필요로 한다. 반면 이들은 고집이 세고, 지시받는 것을 싫어하며 비협조적이고 냉소주의적이며 규칙에 대해 의문을 갖는 경향이 있고 말이 없는 편이다.

창의적 아동들의 경우에 이들이 가진 어떤 특성은 교사들을 골치 아프게 할 것이다. 특히 창의적 아동들은 교사(혹은 부모)의 통제에 저항하고 비협조적이며 일반적으로 수용되고 있는 관행에 무관심하고 냉소적이면서 자기주장이 지나치게 강하다. 그리고 부주의하며 세세한 부분에 관심을 기울이지 않으며 규칙과 권위에 반박하고 쉽게 잊어버리거나 혹은 과잉 행동을 보이며 대화를 잘하지 않고 다른 사람과 보조를 잘 맞추지 않는다. 이러한 특성 중 일부는 주의력 결핍 및 과잉행동장애를 나타내는 아동들의 특성과 유사하다는 것에 주목할 필요가 있다(Heward & Orlansky, 1992).

창의적인 사람들의 개인적 특성은 창의적 활동과 취미생활을 통해서 나타난다. 예를 들어, 연극 공연에는 창의적 특성들(예 유머, 에너지, 미적 흥미, 위기 대처 등)을 필수적으로 요구하기 때문에 연극은 창의성을 가름해 주는 중요한 지표가 될 수 있다. 그 밖에 창의적인 사람들의 성격 특성에는 여행하기, 여러 지역에서 생활하기, 자신보다 어리거나 더 나이가 많은 친구와 사귀기, 상상 속의 친구와 교류하기 등이 포함된다. 그러나 이러한 모든 특성들이 모든 창의적 아동들에게 적용되는 것은 아니다.

Torrance는 창의적인 사람들의 근육운동 및 청각 분야에서 보여주는 다양한 창의적 특성을 제안하였다. 창의성은 유창성, 융통성, 독창성, 정교화에 덧붙여 문제에 대한 민감성, 문제를 정의하는 능력, 조급한 결말에 저항하는 능력, 시각화, 유추적인 사고, 분석, 종합, 평가, 변형, 직관, 집중, 논리적 사고력 등과 관련이 있다. 또한 기존 지식을 사용해서 새로운 아이디어를 산출하고 고정적인 지각을 피하고 혼돈 속에서 질서를 발견한다.

또한 창의적인 사람들은 놀기를 좋아하고 유머 감각이 있으며 이상주의적인 동시에 매사에 심사숙고하는 특성이 있다. 그들은 예술에 관심이 있고 복잡하고 신비적인 것에 매력을 느끼며 사생활을 중요시하여 혼자 있는 시간을 요구하는 경향이 있다. 한편 그들의 지각력은 매우 우수하고 '직관적'이다. 특히 그들은 창의적인 문제해결 과정에 수반되는 모호성을 기꺼이 수용하려고 한다(Sternberg, 1988). 이러한 근본적인 특성들 대부분은 Barron(1969, 1988)과 MacKinnno(1978)에 의해서 수행된 창의적 건축가, 작가, 수학자들에 대한 연구를 통해서 밝혀졌다.

한편 Torrance(1979, 1981b)는 아동의 청각과 근육운동을 관찰해 봄으로써 창의성을 검증해 볼 수 있는 항목을 다음과 같이 제안하였다.

- 크레용 사용, 타이핑, 피아노 연주, 요리, 옷 만들기 등에 손재주가 있으며 손놀림이 능숙하다.
- 마임, 창의적 드라마, 역할극에서 빠르고 정확한 움직임을 보여준다.
- 보통 사람보다 더 오랫동안 창의적 동작에 몰두한다.
- 시, 이야기, 혹은 노래를 해석하거나 표현하는데 전력을 다한다.
- 창의적인 움직임이나 춤에 심취한다.
- 노래, 시, 이야기들을 창의적인 움직임이나 춤으로 표현한다.
- 리듬에 따라 움직이며 소리에 잘 반응한다.
- 음악이나 노래를 작곡한다.

- 음악과 리듬이 있는 활동에 인내심을 갖고 참여한다.

이경화(2006)는 만 4, 5세 유아와 초등학생의 창의성을 측정할 수 있는 3단계로 구성된(유아용, 초등저학년용, 초등고학년용) 『한국형 개별 창의성검사(이경화, 2005)』를 활용하여 4세에서 11세까지 한국 아동 창의성의 발달적 특성을 분석하였다. 그 결과 각 유아, 초등저학년, 초등고학년의 발달단계별로 창의적 능력과 성격 모두에 있어서 차이가 나타났으며, 창의성의 각 하위 요인에 따라 다양한 발달적 특성이 나타났다. 또한 창의적 능력과 창의적 성격 간에 유의미한 상관관계가 있음이 확인되었다. 또한 유아기의 창의성은 초등학생 시기에 비하면 낮은 점수를 나타내고, 초등학교 입학 후 점차 증가되지만 초등학교 저학년 시기에 창의성이 가장 높으며, 고학년이 되었을 때는 발달이 약간 주춤하는 현상이 나타나 저학년에 비하여 오히려 낮게 나타난다는 사실을 확인하였다.

사진 6-1 창의적인 활동에 참여하는 유아

지금까지 창의적인 사람들에 대한 이해를 돕기 위하여 이들의 특성에 대하여 기술하였다. 이러한 특성을 살펴봄으로써 교사나 부모들은 부정적 특성을 너무 많이 드러내어 미움을 사는 아동들을 어느 정도 이해할 수 있을 것이다. 또한 교사들은 창의적인 아동들이 그들의 열정, 관행에 대한 거부, 독창성, 완고함, 호기심 등을 건설적인 방향으로 활용할 수 있도록 유도해야 할 것이다. 한편 성적이 보통이거나 혹은 그 이하인 아동들도 미술, 무용, 또는 그 밖의 다른 특정한 분야에서 놀랄 만한 창의적 재능을 입증할 수 있다는 것에도 주목해야 한다.

창의적인 사람이 가진 특성을 인식하는 것은 창의적인 아동을 판별하는데 어느 정도 도움을 줄 수 있겠지만 창의적 아동을 완전히 판별하기란 쉽지 않다. 아인슈타인, 에디슨, 처칠, 피카소, 파스퇴르, 월트 디즈니, 찰스 디킨스 등과 같이 창의성이 뛰어난 사람들도 실제로는 교사나 교수 혹은 전문가들에 의해 창의적인 사람으로 판별되지 않았다.

사진 6-2 어떤 인재로 키울 것인가?

2. 창의성의 요인

여러 가지 지적 능력이 창의력과 관계가 있다. 실제로 창의성과 전혀 무관한 정신적 능력을 분리하기란 매우 어렵다. 다음에 기술하게 될 항목들은 중요한 창의적 능력을 포함하고 있다. 이들 대부분은 창의성에 대한 연구, 특히 Torrance의 연구(Torrance, 1962, 1979, 1980, 1984, 1988)에서 제시된 것이다. 첫 번째 네 가지 능력, 즉 유창성, 융통성, 독창성, 정교화 능력은 Guilford(1967)의 검사와 Torrance(1966)의 창의성 검사를 통해 측정될 수 있다. 일부 사람들은 이 네 가지 요인이 창의성의 핵심이라고 가정하는데 그것은 잘못된 생각이다.

- **유창성** : 문제나 질문에 반응할 때 많은 생각들을 산출하는 능력을 말한다. 그러한 생각들은 수학과 음악과 같이 언어적이나 비언어적인 것으로 나타난다. 유창성은 '연합적 유창성' 혹은 '관념적 유창성'이라고도 한다.
- **융통성** : 특정한 문제를 다양한 관점에 따라 해결하려고 하고 다른

범주에서 아이디어를 도출해 내거나 여러 관점에서 하나의 상황을 볼 수 있는 능력을 말한다.

- 독창성 : 독특함이나 사고와 행동에서의 차별성을 말한다.
- 정교화 : 특정한 아이디어에 구체적인 사항을 덧붙이는 것으로서 여기에는 사고의 개발, 정리, 실행이 포함된다.
- 문제에 대한 민감성 : 문제를 확인하고 문제해결 과정에서의 곤란점을 파악하며, 빠뜨린 정보를 탐색할 뿐만 아니라 좋은 질문을 생성할 수 있는 능력이다(Dillon, 1982).
- 문제의 정의 : 이 능력에는 문제의 실체 확인, 문제의 중요한 측면 분리, 문제의 명확화 및 간결화, 하위 문제의 확인, 문제에 대한 대안적인 정의 제안, 문제의 포괄적인 정의 등이 포함된다. 특히 문제에 대한 대안적인 정의를 제안하고 문제를 포괄적으로 정의하는 능력은 문제해결에 반드시 필요한 능력이다.
- 시각화 : '마음의 눈'으로 사물을 보고 이미지와 아이디어를 정신적으로 조작할 수 있는 능력이다.
- 어린아이와 같은 사고 : 어린아이와 같이 생각하는 능력으로 아이의 마음에는 창의적 사고를 방해하는 요인들, 즉 습관, 전통, 규칙, 규정 등이 많지 않다.
- 유추적 사고 : 하나의 맥락에서 아이디어를 도출해 그것을 다른 맥락에서 사용하는 능력, 혹은 특정한 문제에서 해결책을 가져와 그것을 또 다른 문제로 전이시킬 수 있는 능력이다.
- 평가 : 관련이 없는 사항으로부터 관련성을 분리할 수 있고 비판적으로 사고하며 아이디어, 산출, 문제해결 등의 적절성을 평가할 수 있는 능력이다.
- 분석 : 세부 사항을 분석하고 전체를 부분으로 분석할 수 있는 능력이다.
- 종합 : 관련성을 찾고 부분을 창의적인 전체로 결합할 수 있는 능력이다.
- 변형 : 어떤 것을 새로운 것에 적용하고 새로운 의미와 시사점을 발견하거나 혹은 하나의 대상이나 아이디어를 창의적으로 다르게 변화

시키는 능력이다. Guilford(1986)는 이것을 매우 중요한 창의성이라 고 하였다.

- 경계선의 확장 : 보통의 생각을 초월하고 어떤 대상을 새로운 방법으로 사용하는 능력이다.
- 직관 : '직관적인 도약'을 하거나 정보가 불충분해도 관련성을 잘 파악해 내며 '행간을 읽는' 능력을 의미한다.
- 결과의 예언 : 다른 해결책의 대안과 행동의 결과를 예언하는 능력이다.
- 조급한 결론의 유보 : 잠시 판단을 연기하는 것이다. 즉 처음 떠오른 아이디어에 연연해하지 않는 것을 말한다.
- 집중력 : 산만하지 않고 특정한 문제에 초점을 맞출 수 있는 능력이다.
- 논리적 사고력 : 부적절한 것에서 적절한 것을 분리해 내고 합리적인 결론을 끌어내는 능력이다.

Tardif와 Sternberg(1988)는 창의적인 사람들이 갖는 정보처리적 특성을 다음과 같이 제시하였다.

- 기존 지식을 새로운 아이디어 탐색을 위한 기초로 이용한다.
- 고정된 방법으로 사고하거나 지각하지 않는다.
- 이미 형성된 구조를 이용하는 대신 새로운 구조를 만든다.
- '나무'를 보기보다 '숲'을 보는 것과 같이 넓은 범주를 이용한다.
- 신기하거나 기존 지식과 다른 점에 주목한다.
- 무질서 속에서 질서를 발견한다.
- 비언어적인 의사소통을 더 선호한다.
- 의사결정을 하는 데 있어서 기술이 있고 융통성이 있다.

좀 더 포괄적인 관점에서 창의력을 본다면 11장에 기술된 많은 사고기술들(예 계획하기, 추론하기, 모든 요인들 고려하기, 우선순위 매기기 등)은 창의적 사고와 문제해결에 중요한 능력이다. 또한 몇 가지 창의적 성격 특성(예 유머, 호기심, 심사숙고, 지각과 직관 등)은 '능력'으로 보인다. 7장에서 살펴보았던 Guilford의 지식구조 모형(SOI)에서 발산적 사고력은 전술한 창의력과 중복된다. 예를 들면, 유머는 SOI모형에서 '의미적 변형의 발산적 산출물(DST)'이라고 할 수 있다. 물론 과학, 비즈니스, 예술, 혹은 사회 현장에는 수많은 학습 기술과 능력이 있는데, 이러한 것들은 특별한 지식영역 내에서 창의적 사고를 하는 데 핵심적인 역할을 할 것이다.

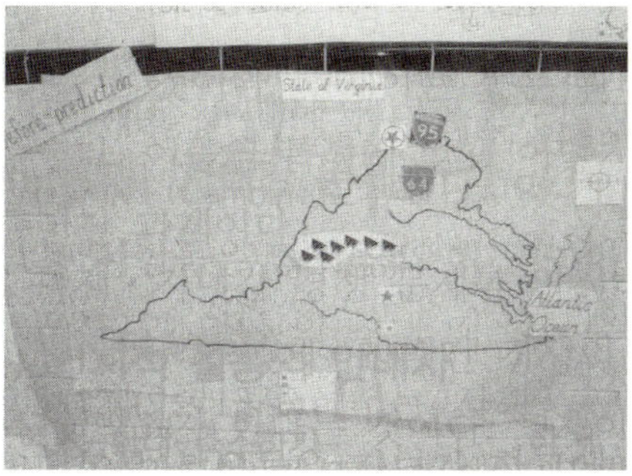

사진 6-3 영재아동의 창의적 산출문

3. 창의성 계발

창의성을 계발을 위해서는 창의성에 대한 이해가 필요하며, 창의성 계발을 위한 전략과 이를 적용한 훈련 프로그램이 요구된다. 여기에서는 창의성 의식을 향상시키고 창의적 태도를 기르는데 초점을 두고 그 전략과 연습 및 자료에 관해 살펴보기로 한다.

1) 유창성, 융통성, 독창성, 정교화

아동들은 수업을 통해 창의적 능력을 연습할 수 있다. 아동들은 브레인스토밍이나 개별적으로 창의성을 연습할 수 있다. 가장 대표적인 방법의 하나는 아동들을 팀으로 나누어 문제를 해결하도록 하는 것이다. 모든 팀은 동일한 문제에 대하여 아이디어를 내고 전체가 모인 자리에서 그 아이디어를 발표한다. 아동들은 다른 팀이 내놓은 각기 다른 문제 해석, 접근 방법, 아이디어들을 경청한다.

유창성, 융통성, 독창성, 정교화를 자극하기 위한 연습 방법은 다음과 같다.

① '만일 ~라면 어떤 일이 일어날까?'라는 문제를 가지고 예상할 수 없는 사건에 대한 결과의 목록을 작성하도록 한다. 그런 사건은 상상이나 가능성을 가진 현실일 수 있다. 예를 들면, 인간의 뒤통수에 눈이 달려 있다면 어떤 일이 일어날까? 책이 없다면 어떤 일이 일어날까? 등이다.

② 어떤 물품의 개선을 생각해 보는 것은 흥미 있는 개방형 질문이다. 아동들에게 연필, 책상, 운동화, 교실, 피아노, 학교의 급식, 컴퓨터, 욕조 등을 개선할 수 있는 방법을 생각해 보도록 한다.

③ 물건의 특별한 용도를 생각하게 하는 것은 창의성 검사의 한 방법이다. 버려진 폐타이어를 어떻게 활용할 수 있을까? 빈 우유병을 어떻게 활용할 것인가? 나무젓가락, 음식찌꺼기 등을 어떻게 활용할 수 있을까? 등이다.

④ 문제와 역설(逆說)의 제기는 흥미 있고 도전적인 일이다. 여기에서 제시되는 문제들은 해결을 요구하거나 혹은 논리적인 설명을 필요로 한다. 문제는 현실적이기도 하지만 환상적일 수도 있다. 예를 들면, 자전거 도둑을 어떻게 잡을 수 있을까? 어머니 생신 때 10,000원을 가지고 무엇을 살 수 있을까? 거실에 코끼리가 들어왔다면 어떻게 밖으로 내보낼 수 있을까? 등이다. 또한 설명을 요구하는 문제의 제기도 가능하다. 이를 테면, 교장 선생님이 갑자기 휴식 시간을 취소했다. 왜 그랬을까? 미술관에서 10점의 작품이 없어졌는데 도둑이 침입한 흔적은 없다. 미술품은 어떻게 사라졌나? 등이다.

⑤ 문제를 설계함으로써 아동들은 이상적인 학교, 성능 좋은 잔디 깎기 기계, 다기능의 의상, 안전한 여행방법, 식당에서 음식을 효율적으로 나르는 방법, 쥐를 잡는 효과적인 방법 등을 설계하고 구상할 수 있다.

사진 6-4 창의성 계발을 위한 활동

한편 아동들은 여러 가지 일들을 목록화해 봄으로써 유창성을 연습할 수 있다. 예를 들면, 그것은 둥글다, 사각형이다, 달콤하다, 시큼하다, 희다, 쇠로 만들어졌다 등으로 목록을 만들어 볼 수 있을 것이다. 또한 아동들은 이 방은 깔끔한 사람에게는(혹은 굶주린 쥐, 외계인) 어떻게 보일까? 와 같이 사물을 다른 관점에서 봄으로써 융통성을 연습할 수 있다. 아동들에게 기초적인 아이디어를 구성하도록 함으로써 정교화 연습을 시킬 수 있다. 예컨대 개를 운동시키는 기계나 고양이를 돌보는 기계를 크기, 재료, 비용 등을 고려하여 이야기나 그림으로 상세하게 표현하도록 하는 것이다.

2) 문제에 대한 민감성

문제에 대한 민감성을 키워주기 위해서는 학습자들이 문제를 발견하고 문제점을 찾고 빠진 정보를 찾아내는 연습을 시켜야 한다. 이러한 연습의 한 가지 유형은 애매한 상황이나 혹은 평범한 물체에 대해서 아동들로 하여금 질문을 만들어 보도록 하는 것이다. 예를 들면, 너는 구름, 멕시코, 컴퓨터, 달, 학교 급식 등에 관해서 어떤 질문을 할 수 있겠니? 우리는 ~에 관해서 무엇을 모르고 있나? 등이다.

3) 문제의 정의

문제를 정의하는 것은 복잡한 능력을 요구한다. 다음과 같은 순환적인 연습이 문제의 정의를 도울 수 있다.

- 실제적인 문제를 찾고 그 문제를 단순화하고 명료화한다.
- 여기에서 기본적인 문제가 무엇인가? 우리가 하려고 하는 것은 무엇인가?
- 문제의 중요한 요소를 분리시킨다. 관련 있는 것은 무엇이고 본질적인 것은 무엇인가? 우리는 무엇에 초점을 맞추어야 하는가?
- 하위 문제를 찾는다. 어떤 문제가 중심 문제와 관련되어 있나?
- 대안적인 문제의 정의를 제시한다.
- 새로운 해결 가능성을 찾기 위해 문제를 더 포괄적으로 정의한다.

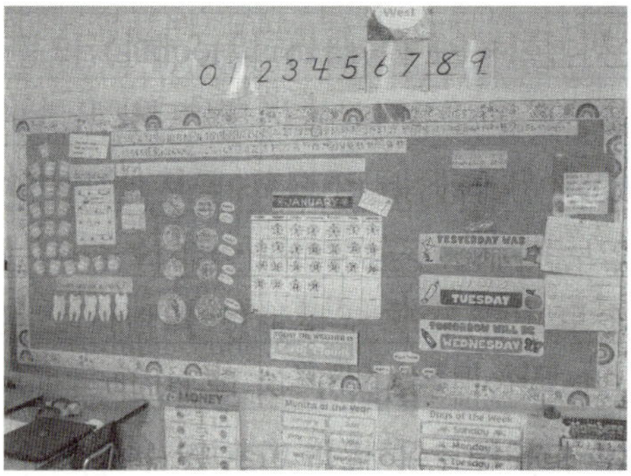

사진 6-5 창의성 신장을 위한 교실환경

4) 시각화와 심상

시각화와 심상은 중요한 창의적 능력이다. 아동들에게 긴장을 풀고 눈을 감고 멋진 이야기를 시각화하도록 요청한다. 예를 들면, "지금 양손에 전구를 꽉 잡아라. 손을 앞으로 쭉 뻗어라. 전구가 제트 엔진이라고 생각해라. 이륙하기 위해 달려가고 있다고 생각해라." 등이다. 시각화를 위한 또 다른 연습은 창의적인 작문 활동이다. 예를 들어, 특정한 기사를 신문에서 오려내어 아동들이 그 이야기를 보충하게 한다.

5) 유추적 사고

유추적 사고란 단순한 인지능력이 아니라 생산적인 사람들에 의해 사용되는 중요한 사고기법이다. 유추적 사고를 기르기 위한 활동은 Gordon

(1974), Gordon과 Poze(1972a, 1972b, 1980), 그리고 Stanish (1977, 1986, 1988)에 의해 집필된 책에 잘 설명되어 있다. 교사 혹은 영재교육 담당자들은 다음과 같은 식으로 유추적 사고를 가르칠 수 있다. 햄버거는 학교 기념일과 어떤 관련이 있는가? 어떤 동물이 바이올린과 유사한가? 왜 그런가? 어떤 날씨(혹은 동물, 물고기, 야채, 자동차, 책, 스포츠 등)가 당신과 관련이 있는가? 어떤 색깔이 슬픔을 나타내는가? 등이 그러한 예이다.

사진 6-6 유아영재의 창의적 특성

6) 조급한 판단의 유보

대부분 아동들과 성인들은 자신이 내놓은 초기의 아이디어를 고수하려는 마음을 가지고 있다. 그러나 많은 아이디어를 고려하고 판단을 유보하는 것은 창의적 문제해결의 가장 기초적인 원리이며 아동들이 완전히 이해해야 하는 원리이다. 판단 유보를 강조하고 있는 브레인스토밍은 이런 능력을 기르는데 도움이 될 것이다.

7) 기타 창의성 훈련방법

창의성을 기르는 데 사용되는 훈련방법은 다양하다. 어떤 방법은 아동에게 단순히 발산적 사고를 요구할 수 있고 또 어떤 방법은 복잡하고 미적인 산출을 요구하거나 어려운 해결책을 찾도록 연습시킨다. Shallcross (1981)는 구체적인 교과에 통합시켜서 창의성을 기를 수 있는 방법을 제안했다. 다음은 그가 제안한 몇 가지 예이다.

- 나뭇잎, 돌, 반죽, 종이봉투 등을 이용해서 어떤 것을 조각하게 한다.
- 아동들이 즐겁게 이를 닦도록 하는 방법을 목록으로 작성하도록 한다.
- 추리소설을 쓰거나 드라마를 제작하도록 한다.
- 시간, 물, 공기, 높이 등을 재는 새로운 방법을 고안하도록 한다.

사진 6-7 유아기의 감각 경험은 후일 예술창의성 계발의 기초가 된다.

8) 창의성 계발 수업의 주제

창의성을 가르치는 수업에는 다음과 같은 주제들이 포함될 수 있다.

- 자아와 사회에 대한 창의성의 중요성
- 창의적 사람들의 특성
- 변형, 조합, 유추적 결합으로서 창의적 사고의 본질
- 창의적 과정의 본질, 즉 단계, 지각 전환, 변형, 조합, 유추적 사고
- 창의적 능력
- 창의성의 이론과 정의
- 창의성 검사와 검사에 내재된 이론적 근거
- 창의적 사고기법
- 창의적 사고의 장애물

앞에서 살펴볼 수 있었듯이, 창의적인 사람들의 전기는 바람직한 창의적 특성, 태도, 습관, 생활 방식 등을 가르치는데 유용한 방법이다. Torrance의 창의성 검사(Tests of Creative Thinking)는 유창성, 융통성, 독창성, 정교화의 의미와 창의적 사고의 중요성을 가르치는 기초로 사용된다. 학생들은 다음과 같은 창의적 사고의 원리를 배울 수 있다.

- 창의성은 인생을 흥미 있고 성공적이며 즐겁게 살아가는 데 도움이 될 것이다.
- 창의적인 사람은 융통성이 있어서 사물을 다른 관점에서 바라볼 수 있다.
- 창의적인 사람은 모든 사람들과 유사해야 한다는 순응에 대한 압력을 싫어한다.
- 창의적인 사고는 모험과 실수를 저지를 수 있다. 사고가 창의적일수록 실패할 위험이 크다.
- 창의적인 사람은 사고를 즐기고 많은 가능성을 생각하며 사고를 행동으로 옮긴다.
- 창의적인 사람은 자신의 재능을 허비하지 않고 활용한다.

사진 6-8 창의적 드라마 활동을 통한 창의성 계발

4. 기본적인 창의적 사고기법

창의적인 사고기법은 창의적인 사람들이 주제나 내용에 관계없이 새로운 아이디어를 산출하는데 의식적 혹은 무의식적으로 사용하는 방법을 말한다. 새로운 아이디어를 생산하고 조합하는데 널리 알려진 방법들이 있다. 이러한 전략들은 주로 대학이나 창의성 훈련기관에서 사용되는 것이지만 중·고등학생과 영재 학생들에게도 가르칠 수 있다. 예를 들어, Davis와 DiPego(1973)의 저서 「상상 열차(imagination express)」는 기본적인 창의적 사고기법을 환상적인 이야기를 통해 설명하고 있다. 이 책에는 또한 바람직한 창의적 태도와 의식에 대해서도 기술되어 있다. 이 책은 원래 7학년용으로 출판되었지만 모든 학년에서 사용할 수 있다. 브레인스토밍, 속성 열거법, 유추적 사고기법 등은 컴퓨터 프로그램을 통해서도 가르칠 수 있다.

1) 브레인스토밍

뉴욕에 있는 한 광고회사의 공동 설립자인 Osborn은 브레인스토밍(brainstorming)의 규칙과 조건을 제안하였다. 브레인스토밍의 주요한 원리는 아이디어에 대한 평가를 차후로 미루는 판단 유예이다. 판단 유예는 창의적인 분위기를 조성하고 바람직한 창의적 태도를 갖도록 한다. 즉 새롭고 특이한 아이디어에 대한 수용이 이루어진다. Osborn(1963)은 모든 형태의 비판이나 평가는 상상 속의 아이디어를 생산하는데 방해가 된다고 하였다. 브레인스토밍의 목적은 가능한 한 많은 해결책을 생성하는 것이다.

브레인스토밍은 교실에서 사용할 수 있는 효과적인 방법이다. 아동들은 이 방법을 학습해서 이것으로 창의적 사고를 연습할 수 있으며 높은 결석률, 운동장 쓰레기 문제, 마약 문제 등과 같은 현안 문제를 해결하는데 도움이 된다. 브레인스토밍의 네 가지 기본적인 규칙은 다음과 같다.

① 비판은 허용되지 않는다. 이것은 판단 유예를 의미하는 것으로 생생한 상상력과 창의적 분위기를 위해 반드시 필요한 것이다.
② 자유분방한 활동을 허용한다. 아이디어는 즉흥적일수록 더 좋다. 비형식적인 아이디어는 상상에 불과하지만 문제를 해결하는 데 도움이 된다.
③ 아이디어가 많을수록 좋다. 이 원리는 브레인스토밍의 목적을 반영한 것으로 아이디어가 많을수록 문제해결의 가능성은 높아지게 된다.
④ 조합과 개선이 요구된다. 이것은 아이디어의 수를 늘려준다. 브레인스토밍을 하는 과정에서 아동들은 다른 사람의 아이디어를 이용해 새로운 아이디어를 만들 수 있다.

브레인스토밍의 종류는 다양한데 그중에는 해결해야 할 문제의 방향을 완전히 바꾸어서 새로운 해결책을 찾는 역브레인스트밍(reverse brainstorming)이 있다. 어떻게 하면 문화를 파괴할 수 있을까? 어떻게 하면 창의성을 말살시킬 수 있을까? 등과 같이 이 방법은 현재 잘못 이루어지고 있는 문제를 지적하면서 암시적으로 그 해결책을 찾는다. 또한 Stop-and-Go 브레인스토밍이라는 방법이 있는데 이것은 짧은 시간 동안(약 10분) 브레인스토밍을 한 다음 브레인스토밍을 중단하고 간단한 평가를 허용하는 방법이다. 잠시 동안의 중간 평가는 최선의 해결책으로 보이는 방향으로 구성원들의 의견을 유도할 수 있는 장점이 있다. 필립스(Phillips) 66이라는 방법도 있다. 이것은 아동들을 6개의 소집단으로 나누어 6분 동안 브레인스토밍을 하고 나서 각 집단의 대표가 가장 좋은 아이디어나 혹은 모든 아이디어를 전체집단에게 발표하는 방법이다.

교실에서 브레인스토밍 방법을 시도해 보는 것은 어렵지 않다. 교사들은 먼저 창의성과 창의적 아이디어의 본질에 대한 논의를 한 다음 창의적 사고를 자극하는 하나의 방법으로 브레인스토밍을 소개할 수 있을 것이다. 우선 규칙을 정하고 토론할 문제를 선정한다. 예를 들면, 우리는 이 교실을 어떻게 우주의 한 행성으로 변화시킬 수 있을까? 우리는 어떻게 돈을 벌 수 있을까? 등으로 시작한다. 그리고 한 아동에게 토론 과정에서 나오는 아이디어들을 칠판에 적도록 한다. 리더의 역할은 "또 다른 아이디어 있어요?"와 같은 질문을 자주 하는 것이다. 특히 리더는 침묵하고 있는 아동들에게 아이디어를 내도록 권유한다. 만일 심각한 현안문제가 토론의 주제로 선정된다면 리더는 며칠 전에 그 주제를 아동들에게 미리 알려주는 것이 좋다.

브레인스토밍 과정에서 단순하게 제시된 아이디어만으로는 문제를 완전히 해결하기는 어렵다. 따라서 브레인스토밍에서 나온 아이디어들은 평가되어야 한다. 학생들이 학교장에게 현안문제에 대한 최고의 해결책을 제안하려고 할 경우 아이디어 평가는 대단히 중요하다. 그들은 평가기준에 대해서도 브레인스토밍을 할 수 있다. 예를 들어, 그것이 잘 될까? 학교가 그것을 할 수 있을까? 지역 사회가 그것을 지원해 줄까? 시간적인 여유가 있는가? 등이다.

아이디어를 평가하는 하나의 방법이 **표 6-1**에 제시되어 있다. 이것은 '어떻게 하면 애교심을 기를 수 있을까?'라는 문제에 대해서 브레인스토밍을 통해 나온 아이디어들을 평가하기 위한 평가표이다. 이 표에서 볼 수 있는 바와 같이 가장 적절한 평가 기준을 상단에 기록하고 구체적인 아이디어를 좌측에 기록한다. 총점은 학생들이 원하는 아이디어의 방향을 의미한다.

＊표 6-1 아이디어 평가표

준거 / 아이디어	비용	교사에 대한 효과	교육적 효과	학교설립 정신에 대한 효과	학생에 대한 효과	지역사회에 대한 효과	총점
학교 셔츠 구입	+3	+2	+1	+3	+3	+3	15
학교 야구팀 창단	-2	+2	0	+2	+2	+2	6
학급 간 경쟁 시작	0	0	+1	+2	+2	0	5
학교 건물 신축	-3	+3	+2	+3	+3	-2	6

긍정적 효과 : 0= 없다, 1= 좋다, 2= 우수하다, 3= 매우 우수하다
부정적 효과 : −1= 약간 부정적이다, −2= 다소 부정적이다, −3= 매우 부정적이다

이처럼 객관적인 기준으로 아이디어를 평가하게 되면 학생들에게 다음과 같은 도움을 줄 수 있다.

- 아이디어를 공평하게 평가하게 한다.
- 창의적 문제해결의 과정으로 평가하는 법을 배우게 한다.
- 효과적인 평가 기법을 배우게 한다.
- 문제 속에 포함된 많은 구성 요소들을 고려할 수 있게 한다.
- 문제와 직접적으로 관련 있는 평가 기준의 가치를 탐색할 수 있게 한다.
- 특정 학생에 대한 공격을 방지할 수 있게 한다.
- 하찮은 아이디어가 문제해결에 실제적으로 도움을 줄 수 있다는 사실을 이해하게 한다.

▲ 브레인스토밍 기법의 활용 예

△ 제목 : 쭉…… '꽈당탕' '으앙~'

황급히 쫓아간 엄마보다 도훈이의 울음은 더 빨리 터졌습니다.
욕실바닥에 미끄러진 도훈이를 안아 다독이며 엄마가 말했어요. "놀란 모양이구나. 이젠 괜찮아. 피도 안 나는걸." 피가 안 난다는 말에 씩씩한 도훈이는 울음을 그치고 '쌕쌕' 숨을 고릅니다.
'어떻게 하면 욕실에서 미끄러지지 않을까?' 도훈이의 일로 가족회의가 열렸습니다.
아빠가 오늘의 회의 주제를 달력 뒷면에 크게 썼어요.
'욕실에서 안 미끄러지는 방법 찾기'
할아버지, 할머니, 엄마, 나, 도훈이까지(8~10명 정도 인원수는 크게 문제되지 않음, 남녀 혼성, 짝수보다는 홀수가 좋다) 동그랗게 둘러 앉아 아빠의 손을 쳐다봅니다.
"자, 이제 시작. 가능한 한 많은 생각을 해야 해요. 시간은 30분에서 1시간 정도로 하고."
엄마의 말에 이어 한나가 말했어요. "엄마, 이번에는 제 손수건으로 돌려요."
회의시간에 웬 손수건이냐고요? 손수건을 쥔 사람은 꼭 한가지의 아이디어를 말하고 앞 사람에게 전하지요. 그러면 말하지 않은 사람도 없고 혼자서만 얘기하는 것도 막을 수 있거든요. 물론, 꼭 손수건이 아니어도 괜찮아요.

"욕실에 물이 없어야 해요."
"에게! 어떻게 욕실에 물이 없을 수 있니?" 주원이의 말에 한나가 말했어요.
도훈이가 한 말을 받아 적으시며 아빠가 부드럽게 말했어요.
"한나는 회의 규칙을 깜박 잊었구나. 첫 번째 규칙이었는데 말이야."
"아, 죄송해요. 빨간 깃발은 들지 마세요. 실수예요. 실수……."
규칙을 어길 때마다 빨간 깃발(호루라기, 미리 약속된 모든 물건 가능)을 들어 주의를 주는 것을 아는 한나는 빨리 무안함을 만회하겠다는 듯 네 가지 규칙을 큰 소리로 외쳤습니다.

첫째, 아이디어와 의견에 대해 비판하지 않는다.
둘째, 엉뚱한 아이디어도 모두 수용한다.
셋째, 아이디어의 양은 많으면 많을수록 좋다.
넷째, 다른 사람의 아이디어를 통해 새로운 아이디어를 생각한다.

회의를 시작하고 손수건이 여덟 바퀴 돌고 나니 더 이상 생각이 나지 않았어요.
"이제 조금 쉬었다가 해요. 그러면 다시 생각이 날 거예요. 전처럼 말이에요."
한나네 가족회의에서 어떤 아이디어가 나왔을까요?

△ 진행순서는 문제의 확인 → 집단의 구성 → 문제의 제시 → 진행 → 정리로 이루어진다. 브레인스토밍의 장점은 개인의 생각이 존중되므로 창의적인 생각을 더욱 발전시킬 수 있다. 단시간에 극대의 효과를 낼 수 있다. 아이디어의 생산성이 향상된다. 이는 광범위하고 다양한 아이디어, 제안, 가능성을 이끌어 낼 수 있으며, 토의가 흥미를 유발시켜 활성화되고 독창적인 아이디어가 많이 표출될 수 있다. 토론하면서 차례 지키기, 의논하여 문제해결하기 등 상호작용을 통한 협동적인 학습을 할 수 있다. 표현 능력, 추론 능력을 키울 수 있으며 기본적인 학문적 기능(높은 학습 참여도)을 습득할 수 있다. 활용하기가 용이하다. 아동들의 상담 등에도 적용 가능하다. 비용이 저렴하다. 특별한 지적 성취 없이 토론에 참여 가능하다. 어떤 문제든 토론의 대상으로 삼을 수 있고, 주제는 아무것이든 생활 속에서 해결해야 할 것이면 모두 가능하다.

2) 속성 열거법

속성 열거법의 창시자인 Crawford(1978)는 "사람들은 일을 추진할 때 일의 단계마다 그 일의 속성을 변화시키면서 일을 추진해 간다."라고 하였다. 속성 열거법은 창의적 활동에 대한 이론이자 창의적 사고기법이다.

이 방법에는 속성 변형과 속성 전이가 있다. 이 둘은 개별적으로 혹은 동시에 사용될 수 있다.

(1) 속성 변형

문제를 해결하는 사람은 대상의 주요 속성(특성, 차원 부분)을 열거하고 각각의 속성을 향상시킬 수 있는 방법을 생각한다. 예를 들면, 아동들은 중요한 속성(크기, 모양, 맛, 성분 등)을 칠판에 기록하고 그런 속성에 기초해서 구체적인 아이디어를 열거함으로써 새로운 형태의 캔디나 아침식사용 콘플레이크를 발명할 수 있다. 이 과정에서 매우 우수한 아이디어의 조합이 이루어질 수 있다. 대학의 설계공학 수업에서는 이런 속성 변형 전략을 설계의 대용이라고 한다.

속성 열거법을 사용한 창의적인 사람들의 예로 Lone Ranger라는 방송 프로그램을 제작한 Stryker를 들 수 있다. 그는 등장인물, 목적, 장애물, 결과 등과 같은 속성을 사용했다. 먼저 등장인물에 대한 구체적인 아이디어들을 열거했는데 여기에는 대상과 동물이 포함되도록 폭넓게 정의했다. 목적은 등장인물이 성취하고 싶어하는 대상을 말한다. 장애물은 법, 멍청함, 나약함, 무지함과 같은 것을 말한다. 결과는 거래, 자존심의 손상, 실직, 재치의 발휘 등을 의미한다. 이러한 기법으로 그는 유명한 소설을 창작했으며 많은 아이디어들을 쉽게 얻을 수 있었다.

Stryker의 전략은 '창의성과 문제해결(Creative Thinking and Problem Solving, Davis, 1985)'이라는 컴퓨터 프로그램에 삽입되어 속성 열거법, 글쓰기에 필요한 요소를 찾는 방법, 구성 요소에 알맞은 아이디어를 생성하는 방법 등을 가르치는 데 사용되었다.

(2) 속성 전이

이 기법은 유추적 사고, 즉 한 상황에서 다른 상황으로 아이디어를 전이하는 것을 말한다. 유추적 사고는 많은 분야의 창의적인 사람들에 의해 정교하게 사용되고 있다. 학교에서 속성 전이법을 활용하는 예는 학예회나 운동회와 같은 학교 행사를 할 때 축제, 서커스, 디즈니랜드, 영화 등에서 아이디어를 빌려오는 것이다.

표 6-2 속성열거법으로 새로운 탬버린 만들기

	• 탬버린의 속성 찾기 - 납작한 면이 있습니다. - 손으로 두드려 소리를 냅니다. • 탬버린의 속성을 갖고 있는 물건 찾기 - 납작한 면이 있는 물건 : 냄비 뚜껑, 납작한 상자 등 - 손 대신 두드릴 수 있는 물건 : 실로폰 채, 젓가락, 주걱 등 • 새로운 탬버린 구상하기 - 납작한 상자를 주걱으로 두드려 탬버린처럼 소리를 낼 수 있습니다.

3) 형태 종합법

이 기법은 속성 열거법 절차의 단순한 확장이라고 할 수 있다. 특정한 문제의 한 가지 속성에 대한 구체적인 아이디어를 표의 한 축을 따라 기록하고 두 번째 속성을 다른 축에 기록한다. 이렇게 하면 많은 조합이 만들어질 수 있다. 세 번째 속성이 필요하다면 육면체를 통해 가능하다. Davis(1992)는 형태 종합 기법을 이용해 가치 교육과 도덕적 사고를 가르치기 위한 900개의 연습 방법을 고안했다.

활동의 예를 들어 보면, 폐품을 이용하여 시내버스 환경을 개선할 수 있는 방법을 찾을 경우, 가로축에는 폐품 변수인 신문, 우유팩, 병뚜껑 등을 적고, 세로축에는 시내버스 환경 변수인 좌석, 운전석, 벨 등을 적어 각각 조합해 본다.

＊ 표 6-3 형태 종합법을 이용한 샌드위치

아동들이 형태 종합법을 이용하여 121개의 창의적인 샌드위치를 만들었다. 가장 맛있는 (혹은 형편없는) 샌드위치는 어느 것인가?

새로운 구성요소

대표적인 샌드위치 구성요소	토마토	견과류	오이	후추	샐러리	사과소스	대추	건포도	바나나	코티즈치즈	크랜베리 소스
간 소시지											
달걀 샐러드											
치킨											
참치											
땅콩버터											
젤리											
정어리											
데블드 햄											
콘드 비프											
연어											
치즈											

	선 택				
맛	**첫 번째**	**두 번째**	**세 번째**	**네 번째**	**다섯 번째**
수퍼 땅콩 (땅콩버터/크랜베리)	17	2	1	0	4
찰리 이모 (참치와 사과소스)	3	16	2	2	1
갈색 눈과 웃음 (콘 비프와 코티즈 치즈)	0	0	16	2	6
달걀과 샐러리 하드보일드 에그와 셀러리	1	3	2	14	4
하와이안 눈물 (오이와 연어)	3	3	3	6	9

4) 아이디어 체크리스트

우리는 종종 문제를 해결하는 데 도움이 되는 체크리스트를 발견하게 된다. 예를 들면, 전화번호부는 그러한 체크리스트 역할을 한다. 즉 전화번호부를 사용해서 전자 제품 수리점을 찾을 수 있고 이발소나 공공기관의 전화번호를 알 수 있다. 고등학교 상담 교사는 진로 상담에 대한 아이디어를 전화번호부를 통해 얻을 수 있을 것이다.

아이디어 체크리스트는 창의적 문제해결을 위해서 고안된 것이다. 이들 중에서 가장 널리 알려져 있는 것은 Osborn(1963)의 '아이디어를 생성할 수 있는 73가지 질문(73 idea-spurring question)'이다.

체크리스트 기법은 종종 SCAMPER 방법이라고 하는데, 이것은 대치(Substitute), 조합(Combine), 채택(Adopt), 변형(Modify) – 확대(Magnify) – 축소(Minify), 용도 변경(Put to other uses), 삭제(Eliminate), 역전(Reverse) – 재조직(Rearrange)에서 첫 글자를 따온 것이다.

■ 체크리스트 기법 – SCAMPER

S(substitute) – 대치(대신)하기 : 무엇으로 대치할 수 있는가?

C(combine) – 결합하기 : 무엇과 결합할 수 있는가?

A(adapt) – 순응하기(동화시키기, 비슷한 것 찾기) : 이것과 비슷한 것은? 과거에 동일한 것이 있었는가? 이것이 시사하는 다른 아이디어는 무엇인가?

M(modify) – 수정하기(새롭게 바꾸기) : 수정은 어떠한가? 새로운 진전은?

M(magnify) – 확대하기 : 확대는 어떠한가? 첨가할 수 있는 것은?

M(minify) – 축소하기 : 작게, 보다 가볍게, 짧게 만들 수 있는 방법은?

P(put to other uses) – 다르게 활용하기 : 새로운 용도(사용 방법, 장소, 대상)는?

E(eliminate) – 제거하기 : 제거하는 것은 어떠한가?

R(rearrange) – 재배열(재정리)하기 : 어떻게 재정리할 수 있는가? 부품을 교체하면?

R(reverse) – 거꾸로 바꾸기 : (위치, 방향, 순서)를 거꾸로 하면 어떠한가? 원인과 결과를 뒤바꾸면?

예 끈 있는 기저귀, 매직테이프 부착된 기저귀, 가위와 칼, 지붕, 우산, 구부러

진 빨대, 헤드폰, 이어폰, 3분 라면, 타이어로 만든 응접탁자, 거꾸로 된 마요네즈, 핸즈프리 전화기

* **표 6-4** 스캠퍼 기법의 활용

단 계	아이디어
대치하기 (Substitute)	
결합하기 (Combine)	옷걸이 + 스타킹 = 배드민턴 라켓 옷걸이 + 빨래집게 = 양말 건조대 옷걸이(거꾸로) + 모래주머니 = 운동 기구
적용하기 (Adapt)	트라이앵글 삼각형 그리기
수정-확대-축소하기 (Modify-magnify-minify)	작게 : 인형 옷걸이 크게 : 액자(작품) 걸이
다른 용도로 사용하기 (Put to other use)	수건 걸이, 양팔 저울
제거하기 (Eliminate)	옷걸이 중간부분 제거 - 휴지걸이
재배치하기 (Rearrange-reverse)	

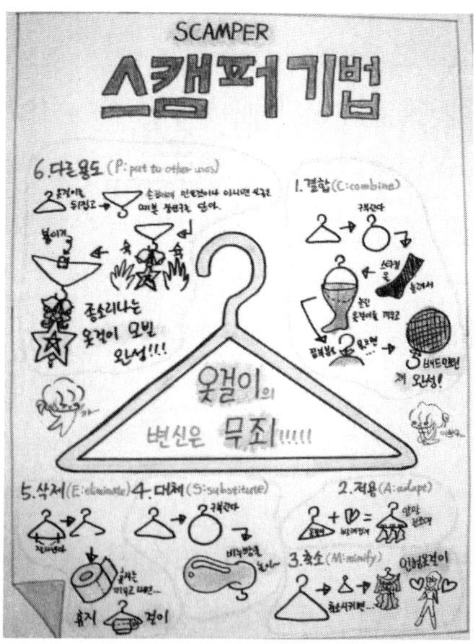

5) 시네틱스 기법

시네틱스(Synectics)란 겉으로 보기에는 전혀 관계가 없어 보이는 요소들을 서로 연결시키는 것을 말한다. Gordon과 그의 동료들은 창의적인 사람들이 무의식적으로 사용하는 전략이 무엇인가를 연구한 결과 이 기법을 제안하였다. 그는 이런 전략을 성인과 아동들에게 의식적으로 가르칠 수 있도록 만들었다. 즉, 시넥틱스 기법은 유추방법인데, 직접유추, 개인적 유추, 환상유추 그리고 상징유추를 들 수 있다.

첫째 직접유추는 특정한 문제를 동물, 새, 꽃, 잡초, 벌레, 도마뱀 등이 어떻게 해결하는 가를 생각해보도록 하는 것이다. 예를 들면, 에너지 보존을 위한 아이디어는 동물들이 겨울에 온도를 보존하는 방법을 질문해 봄으로써 얻을 수 있을 것이다. 노인들을 대상으로 한 창의성 훈련 연수에서 참석자들은 노인들의 신변 안전문제에 관심을 나타냈다. 이때 시네틱스 기법을 사용해서 "동물, 식물, 새 등은 어떻게 자신을 보호하는가? 그리고 동물들의 그러한 행동은 노인들의 신변 안전문제를 해결하는데 어떠한 도움이 되는가?"라고 질문을 하였다. 그 결과 스컹크 냄새가 나는 스프레이, 경보 장치, 여러 사람이 모여서 이동하기, 위장하기 등이 해결 방법으로 제안되었다.

둘째, 개인적 유추는 사고하는 사람이 문제의 일부분이 됨으로써 새로운 관점을 창출하도록 유도한다. 예를 들면, 당신은 당신의 친구와 함께 사탕 가게의 선반 위에 앉아 있는 캔디라고 상상해 보라. 한 꼬마가 가게에 들어와서 500원을 주고 손가락으로 당신을 가리킨다면 당신의 기분은 어떨까? 당신은 무슨 생각을 하게 될까? 15분 동안 당신의 생각을 기술해 보라. 혹은 당신이 편리한 병따개라면 어떤 모양이 되어야 할까? 등이다.

셋째 환상유추를 위하여 문제 해결자들은 창의적이면서도 실제적인 해결책이 될 수 있는 환상적이고 황당한 아이디어를 제안한다. Gordon은 정신분석학에서 이야기하는 소원 성취(wish fulfillment)의 한 가지 형태가 환상유추라고 하였다. 예를 들면, 아동들에게 어떻게 복도를 청결하게 유지할 수 있을까? 부모님들이 자발적으로 학교 교육활동에 참여하도록 할 수 있는 방법은 무엇인가? 등을 질문함으로써 문제해결책을 요구할 수 있을 것이다. 수 년 전 몇 몇 기술자들은 냉장고가 스스로 해동을 하고 냉동할 수 있도록 만들 수 있을까? 자체적으로 청소할 수 있는 오븐은 어떻게 만들 수 있을까? 자동차가 스스로 제동할 수 있을까? 등과 같은 환상유추를 했을 것이다.

넷째, 상징유추는 갈등 축약(compressed conflict) 혹은 책 제목(book title)이라고도 한다. 이 전략은 서로 모순되는 것처럼 보이는 두 단어로 된 말 혹은 책 제목을 생각하는 것이다. 예를 들면, '조심스러운 서두름', '부드러운 강함' 등이다. 갈등 축약은 특별한 문제의 관계성을 파악하고 아이디어를 자극할 것이다. '조심스러운 서두름'이란 큰 학교 건물에서 빠르고 안전하게 아동들을 대피시키는 아이디어를 자극하기 위해 교사와 소방관들에 의해 사용될 수 있다. '부드러운 강함'이란 자동차 타이어, 질긴 천, 장거리용 자전거 등을 설계하고자 할 때 아이디어를 자극할 것이다.

6) 과제수행 계획표

과제수행 계획표는 영재 아동들이 아이디어를 생성하고 한두 개의 가능한 해결책을 선정한 후 그것을 실제로 수행할 수 있도록 도와주는 역할을 한다. 아동들은 과제수행 계획표를 통해서 과제 완성에 따른 개인적 책임과 완성 시간을 구체화시킬 수 있다.

■ **표 6-5 과제수행계획표의 활용**

프로젝트 수행과정에 '과제수행 계획표'를 활용하는 것은 효과적이다. '애교심 증진 프로젝트'를 예로 들어보자.

애교심을 증진시키는 가장 좋은 아이디어로 학교 셔츠를 판매하는 것이 선택되었다면 과제수행 계획표는 **표 6-5**와 같이 작성하는 것이 적절할 것이다. 창의적 문제해결에는 평가 이상의 역할이 있다. 아이디어가 선정되고 프로젝트가 실행되면 그러한 프로젝트가 성공할 수 있을지 혹은 계속해야 할 것인가를 평가해야 한다.

＊ 표 6-5 학교 셔츠를 판매하기 위한 과제수행 계획표

활 동	책임자	실행일
① 프로젝트 허가 받기	애영	3월 10일
② 셔츠 디자인	민진, 수영	3월 15-20일
③ 디자인 승인받기	학생회	3월 22일
④ 셔츠 판매 가능자 파악	영덕, 찬형	3월 15-20일
⑤ 학생회에 상정	학생회	3월 22일
⑥ 셔츠 주문	영덕, 찬형	3월 24일
⑦ 홍보 조직	보람, 민진, 수진	3월 22-31일
a. 포스터	창기, 지훈	3월 25일
b. 학교신문에 기사 작성	나래	3월 25-31일
c. 지역신문에 기사 작성	상훈	3월 28일
⑧ 판매 개시	보람, 민진, 수진	4월 10일
⑨ 학교 셔츠를 입는 날	현민, 정현, 영주	4월 12일
⑩ 프로젝트 성공평가	브레인스토밍 집단	4월 20일

사진 6-9 창의적 산출, 발표하기

5. 유아 창의성 계발 프로그램의 실제

유아영재의 창의성을 계발하기 위해서 다양한 프로그램들이 개발되고 있다. 여기에서는 SIGT(세종영재교육연구원)의 유아 창의성 계발 프로그램의 교수-학습과정안 샘플을 소개한다.

Case SIGT 영재교육프로그램 사례 1 : 유아 창의성 프로그램

❖ 하늘 프로그램의 소개

하늘 프로그램은 창의성의 인지적 요인인 유창성, 융통성, 독창성, 민감성, 상상력을 향상시키는 데 초점을 두었으며, 다양한 자극과의 적극적인 상호작용을 통하여 유아의 잠재 되어진 능력을 계발하여 새로운 창조물을 만드는 것을 목표로 한다.

기본 창의력 프로그램의 활동내용은 탐색, 표현, 활용으로, 탐색 활동은 다양한 교수학습매체를 제시하고 사물을 민감하게 느껴보며 탐색하는 단계이다. 또한 표현에서는 다양한 매체를 활용하여 창의성 영역을 표현해 보며 마지막으로 창의적인 결과물을 발표하는 시간으로 서로의 창의적인 생각을 공유하도록 할 수 있는 활용단계로 구성되어 있다. 유아의 충분한 탐색과 동기부여를 위해 결과중심의 학습을 지양하고 유아의 무한한 상상력과 독창성을 격려하는 과정중심 활동으로 호기심과 민감성을 계발할 수 있도록 한다.

❖ 프로그램 계발요소

독창성, 융통성, 유창성, 정교성, 민감성, 분석력, 관찰력, 표현력, 상상력

＊ 표 6-6 SIGT 유아 창의 프로그램 전체 구성안 : 하늘

차시	활 동 명	활동 내용 및 목표	비고
1	'뭉게 뭉게'	다양한 구름의 모양과 색을 살펴보고 민감성을 기르며 다른 여러 가지 사물을 연상하고 색 구름 표현하며 유창성과 상상력을 기른다.	탐색 표현 활용
2	'햇살 햇살'	햇빛과 관련된 것을 연상하는 능력을 키우고, 빛과 그림자의 관계를 파악하여 색 그림자와 다양한 그림자를 이용하여 동화를 만들며 유창성과 융통성을 기른다.	
3	'보슬보슬 친구'	여러 가지 물건에 떨어지는 빗소리와 천둥소리를 느끼며 민감성을 기르고 색의 혼합을 경험하며 상상력을 키우고 비오는 날을 표현해본다.	
4	'알록달록 눈'	눈(얼음)의 활용방안을 생각해보고 화지의 종류에 따른 차이점을 느끼며 민감성을 기르고 얼음을 이용한 그림을 표현해보며 표현력과 상상력을 기른다.	
5	'장난꾸러기 바람'	다양한 종류의 바람을 느끼고 그 느낌을 다양하게 표현하며 유창성과 상상력을 기르고 동화 속 문제를 해결함으로 독창성과 분석력을 기른다.	
6	'하늘위로 걷기'	하늘에 가까이 올라갈 수 있는 방법을 생각해보며 상상력을 기르고 하늘로 가는 길에 대한 간판을 만들어 봄으로써 독창성을 기른다.	
7	'바뀌어라~ 짠!'	조류의 종류를 알아보고 동물 과학자가 되어 새로운 생물을 탄생시키는 활동을 통해서 독창성과 융통성, 민감성을 기른다.	
8	'날아라, 날아라'	비행기(헬리콥터)의 기능구조를 이해하고 미래의 비행기를 독창적으로 표현하며 유창성, 상상력과 독창성 및 표현력을 기른다.	
9	'별자리를 찾아서'	기존 별자리의 이야기를 듣고 상상하여 자신만의 독특한 별자리를 구성해보며 독창력을 기르고 각각의 별자리 신화를 지어보며 상상력을 기른다.	

(다음 페이지에 계속)

차시	활 동 명	활동 내용 및 목표	비고
10	'달달 무슨 달'	주어진 도형을 생각해 일상 속에서 같은 모양의 도형을 찾아보며 관찰력과 민감성을 기르고 달의 모형을 활용하여 다양한 모양으로 상상해본다.	
11	'움직이는 지구'	하늘의 변화와 지구의 자전을 이해하며 분석력을 기르고 해와 달, 지구의 공전을 이해하여 생활 속에서 활용해보는 능력을 기른다.	
12	'우주만찬'	우주에 관한 것을 연상하고 다양한 재료를 탐색, 결합하며 독창성과 유창성, 융통성을 기르고 외계인 식사를 표현해보며 상상력을 기른다.	

＊ 표 6-7 SIGT 영재유아 창의 프로그램 교수-학습 과정안 (사례)

영 역	창 의	단 계	2단계	분 기	1 분기	차 시	1
제 목	하늘: '뭉게 뭉게'			계발요인	민감성, 유창성, 상상력		
학습목표	• 다양한 구름의 모양과 색을 민감하게 느끼고 다른 사물을 연상한다. • 다양한 재료를 이용하여 색 구름을 표현해보며 상상력을 기른다.						

활동단계	교수 - 학습활동	시간	자료 및 유의점
◈ 도입	▸ 평소 자신이 생각하는 구름을 워크시트에 그려본다. • 유아들에게 워크시트를 나누어 주고 우리들이 생각하는 구름 모양을 그림으로 표현해보게 한다. ▸ 구름사진을 보며 구름의 다양한 모양과 색, 느낌을 이야기 나누어보고 그 상황을 상상하여 본다. • 유아들에게 준비한 구름사진을 한 장씩 보여준다. • 구름사진이 어떻게 보이는지 유아들에게 다양한 질문을 한다. T : 이 구름은 무엇처럼 보이나요? 왜 그렇게 생각하지요? 왜 하늘색과 구름색이 이런 색을 하고 있을까요? 무슨 일이 있을까요? (맑은 날의 구름, 비오는 날의 구름, 밤하늘의 구름, 노을 질 때 구름 등)	10	솜, 털실 빨대, 모루 수수깡 도화지

(다음 페이지에 계속)

<table>
<tr><th>활동단계</th><th>교수-학습활동</th><th>시간</th><th>자료 및 유의점</th></tr>
<tr><td>◈ 전개</td><td>▸ 구름나라의 다양한 모양과 색깔의 구름을 만들어 본다.
• 유아들에게 여러 가지 재료를 제시하여 준다.
• 여러 가지 재료를 사용하여 구름을 만들어 볼 수 있음을 알려 주고 다양한 형태로 구름을 만들어 보도록 한다.
• 털실, 솜, 수수깡 등을 사용하여 구름이라는 고정적인 형태의 생각을 버리게 하고 재미있고 독특한 형태의 구름을 만들어 보게 한다. (솜에 파스텔을 뿌리거나 수수깡에 털실을 감는 다거나 다양한 재료를 활용하게 한다.)

T : 구름을 만질 수 있다면 어떤 느낌일까요?
구름 나라는 어떻게 생겼을까요? 어떤 모양일까요?
구름을 무엇으로 만들까요?
색깔 구름은 어떻게 만들 수 있을까요?
▸ 구름나라에서 어떤 놀이를 할 수 있을지 이야기를 나눈다.(구름 미끄럼틀, 구름위에서 덤블링하기, 구름타고 달리기경주, 숨박꼭질.)

T : 만약 여러분이 구름나라에 간다면 어떤 놀이를 할 수 있을까요?
• 유아들이 다양한 생각을 이야기 할 수 있게 한다.
• 유아들이 말하는 것을 칠판에 적고 더 재미있는 생각을 말할 수 있게 한다.
▸ 가고 싶은 구름나라를 워크시트에 표현해 본다.
• 워크시트를 사용하여 유아들이 가고 싶어하는 구름나라를 상상하며 그림을 그릴 수 있도록 지도한다.
• 다양한 필기도구를 사용하여 그림을 그리게 한다.

▸ 워크시트에 표현한 구름 나라가 어떤 곳이며 어떤 일들이 일어나고 있는지 서로 발표하고 그림을 모아서 다시 이야기를 만들어본다.

T : 이번에는 우리 그림들을 모아서 ○장이 이어진 구름나라 이야기를 만들어 보자.
• 유아들이 꾸민 구름나라는 모두 다 다른 곳이다.
이 그림들을 모아서 새로운 이야기를 구성해보는 것이다.
유아들이 직접 나와서 해 볼 수 있게 기회를 만들어 준다.
• 3장 정도 구름나라 그림을 선택하여 이야기를 구성할 수 있게 해준다.
• 이야기를 꾸미는 능력이 좋은 유아들은 3장 이상의 그림을 선택하여 이야기를 구성해보게 해도 좋다.</td><td>35</td><td>풀, 가위, 칼

스티로폼 본드

파스텔, 싸인펜

구름 사진 그림 자료

워크시트

필기도구</td></tr>
<tr><td>◈ 마무리</td><td>▸ 도입활동의 구름모습과 여러 가지 구름 자료를 보고 난 뒤, 만든 구름을 비교하며, 자유롭게 이야기 나누며, 활동을 마무리 한다.</td><td>5</td><td></td></tr>
</table>

사진 6-10 하늘을 관찰하는 SIGT 유아영재

사진 6-11 셀로판지를 이용한 실험

Case SIGT 영재교육 사례 2 : 유아 언어 창의 프로그램

❖ 동화 분석 프로그램의 소개

다양한 장르와 여러 작가들의 동화를 통하여 자신의 의견을 효과적이고 창의적으로 표현하는 방법을 경험하고, 자신의 언어를 창조적으로 사용하도록 하는 활동이다. 또한 비평적 안목을 바탕으로 작품을 다양한 맥락에서 이해 · 감상 · 평가 하며 문학 활동의 수용과 생산에 참여하는 프로그램이다.

❖ 프로그램 계발요소

민감성, 유창성, 융통성, 독창성, 정교화, 문제발견, 문제의 정의, 시각화와 심상, 유추적 사고, 평가, 분석, 변형, 창의적 표현, 유머와 공감, 자기 존중감, 자연 속의 형태 인식, 차이점의 수용, 논리적 사고력 등

* **표 6-8** SIGT 유어언어 창의 프로그램 전체 구성안 : 동화 분석

차시	활 동 명	활 동 내 용 및 목표
1	자랑스런 나 & 함께 할 동화	동화 '내 이름이 담긴 병'을 통하여 정체성에 대해 생각해 보고, 동화의 개념과 프로그램의 방향에 대해 이해한다.

(다음 페이지에 계속)

차시	활 동 명	활 동 내 용 및 목표
2	판타지 동화 세계	실재에 대한 우리의 인식에 의문을 제기하는 판타지 동화를 통하여 현실세계를 탐색하는 새로운 방식을 접해 본다.
3	그림책 속의 사실과 정보	정보책을 통하여 전문적인 정보를 접하는 경험과 더불어 다양한 관점으로 사물과 주제를 다루는 작가의 독창성과 예술성을 감상·비평한다.
4	동화를 통한 편견 버리기	사실주의 그림책에 드러난 작가의 의도를 파악하고, 가정이나 현대 사회의 이슈(따돌림, 노인, 장애, 이혼, 인종, 다문화 등)에 대해 토론한 후, 해결책을 제안 하는 글을 써본다.
5	사실주의 그림책으로 보는 세상	전쟁을 다룬 그림책을 통하여 작품 속의 시대적·공간적 배경을 파악하고 일상생활과 연관 지어 이해한다.
6	영웅과 위인	인물이 중심이 된 작품을 통하여 인물의 삶과 배경을 파악한 후, 인물의 특성을 살려 다른 이야기로 재창조한다.
7	작가의 작품 세계 1	앤서니 브라운의 작품을 통해 작품과 작가의 특징을 분석하고 토론한 후, 작가에게 궁금한 것을 질문지로 만들어 본다.
8	작가의 작품 세계 2	박재홍의 작품을 통해 작가의 사고과정을 탐색해 보고 토론한 후, 작가에게 보내는 편지글을 작성해 본다.
9	옛 이야기를 통한 패러디	다양하게 해석되어지고 있는 국내·외 민담, 신화, 전설, 우화를 통해 유머와 해학적 요소에 대해 비교·분석해 보고, 현실을 반영하여 이야기를 재구성한다.
10	글과 그림의 어우러짐	운문을 포함한 문학 작품을 통하여 우리말의 아름다움과 글과 그림의 어우러짐을 감상한 후, 그림과 어우러지는 글을 써본다.
11	동화책 만들기 1	그동안 분석한 동화를 토대로 동화책을 제작하기 위한 계획(전체 구성, 장르, 글과 그림 등)을 하고, 작업을 한다.
12	동화책 만들기 2	작업을 마친 동화책으로 시독회(試讀會)를 연다.

＊ **표 6-9** SIGT 유아언어 창의 프로그램 교수-학습안 (사례)

단 계	1단계	분 기	20	차 시	1	교 시	
영 역	동화분석	제 목	자랑스런 나 & 함께 할 동화	계발요인	문제 상황 파악, 민감성, 독창성, 자기존중감		
학습목표	• 동화를 통해 정체성에 대해 생각해 보고, 나를 다양한 방법으로 소개한다. • 동화의 개념과 프로그램의 방향에 대해 이해한다.						
학습 자료 및 유의점	교수자료 : 동화책(내 이름이 담긴 병/최양숙/마루벌), 워크시트 원준비자료 : 필기도구						

활동단계	교수 – 학습활동	시간
◈ 도입	▸ 동화에 대해 아동들이 가지고 있는 생각에 대해 이야기를 나눈다. • 아동들이 이미 알고 있는 동화의 제목을 나열하거나, 동화에 대한 이미지 또는 자신이 좋아하는 동화와 작가의 소개 등을 통해 아동들의 사전 지식 정도를 파악한다. ▸ 동화의 개념에 대해 알아보고, 진행될 프로그램의 방향에 대해 소개한다. • 동화란? 글과 그림이 함께 실린 어린이용 도서라는 의미로 '그림책', '그림이야기책', '이야기 그림책', '이야기책', '그림 동화책' 등 여러 용어들과 혼용되어 사용된다. • 본 프로그램에서의 동화란? 글과 그림이라는 두 매체가 서로 결합하여 의미를 전달하는 도서. • 본 프로그램에서는 동화를 통해 의사소통을 하는 시간임을 이야기 한다. • 10차시를 통한 활동을 바탕으로 동화 작가가 되어 동화책을 제작하게 됨을 이야기 한다.	10분
◈ 전개 1	▸ 동화 '내 이름이 담긴 병'을 소개한다. • 오늘 이 시간에 함께 읽어 보고, 생각해 볼 책을 소개한다. ※ 동화 내용 : 미국으로 이민 온 은혜는 미국 이름을 갖고 싶어 한다. 반 친구들이 여러 가지 이름을 알려주고 도와주지만 결국 은혜는 뜻을 가진 자신의 한글 이름을 자랑스럽게 여기게 된다. ▸ 동화가 진행되는 중에 다음에 이어질 내용을 추측해 볼 수 있도록 질문한다. • 제목과 표지를 통해 미루어 짐작해 볼 수 있는 것은 무엇일까 생각해 본다. (동양적인 주인공의 외모, 속표지에 있는 이름들, 친구라고 씌여진 도장은 이야기의 중요한 요소가 된다; 동화가 끝난 후 깨닫도록 미리 말하지 않는다.) • 첫 페이지에서... 여행이나 이사등 낯선 곳에 대한 느낌이 생각나도록 아동들의 경험을 간단하게 묻는다.	20분

(다음 페이지에 계속)

활동단계	교수 – 학습활동	시간
	• 은혜의 이름을 정하는 방법에 대해 반친구들이 고민하고 있는 부분에서.. "너희들이라면 어떻게 하겠니?" 해결책을 찾아 본다.	
◈ 전개 2	▸ 작가의 의도에 대해 이야기 나눈다. • 작가가 작품을 통해 독자에게 하고 싶은 이야기가 무엇일까 생각해 보고, 서로 이야기를 나누어 본다. (이름, 적응, 정체성..) • 이름은 다른 것과 구별하기 위하여 사물, 단체, 현상 따위에 붙여서 부르는 말로 다른 사람과 상호작용을 할 수 있는 첫 번째 매개체이다. 또한 사람과의 관계를 친밀하게 하는 수단으로 자아존중감을 가지게 한다. • 다양한 인종과 언어 등 다문화시대를 살아갈 아동들이 자신에 대한 자신감과 긍정적인 태도를 가지고 다른 것을 수용할 수 있도록 유의하여 이야기 나눈다. ※ 정체성 [正體性, identity] : 변하지 아니하는 존재의 변질을 깨닫는 성질. 또는 그 성질을 가진 독립된 존재. 예 청소년기는 자신의 정체성을 확립하는 시기이다. ▸ 나에 대해 소중하게 생각하고, 나를 소개해 본다. • 나를 소개하는 다양한 방법에 대해 생각해 본다. (이름으로 소개하기, 가족 구성원 속의 나를 소개하기, 성장과정 소개하기, 내가 좋아하고 잘하는 것 등으로 소개하기...) • 다양한 방법 중 한 가지를 택하여 워크시트에 나를 소개해 본다. • 여러 사람들 앞에서 나를 소개해 본다.	
◈ 마무리	▸ '나'에 소개해 보고, 서로에 대해 알고 난 느낌에 대해 이야기 나눈다. ▸ 숙제 : 내 이름의 뜻을 정확히 알아보기. • 내 이름에 담긴 뜻 또는 담고 싶은 뜻에 대해 알아본다. ▸ 다음 시간은 "판타지 동화 세계"	

제 7 장

영재 부모의 역할

1. 영재아 가정의 구조적인 특성과 양육방식
2. 영재 부모의 역할
3. 바람직하지 못한 부모 역할
4. 문제유형에 따른 현명한 부모 역할
5. 유아영재 부모교육 프로그램

얼마 전 만 9세에 시카고 로욜라 대학에 전액장학금을 받고 입학한 쇼 야노 군의 이야기가 세상을 떠들썩하게 했다. 그는 1990년 미국 포틀랜드에서 한국계 어머니 진경혜 씨와 일본계 아버지 가쓰라야노 씨 사이에서 태어났다. 졸업 후 의대에 진학하기 위해 생물학을 전공하고 있는 야노 군은 어려서부터 남달랐다. 두 살 때 알파벳을 습득하고 세 살 때 책을 읽었으며, 다섯 살 때 독일어를 배웠고, 여섯 살 때 시를 썼다. 야노 군의 이러한 영재성의 발현에는 어머니의 노력이 컸다. 자신의 아이에게 적합한 학교를 찾지 못한 어머니는 아들을 영재학교에 입학시키고 별도로 자신이 직접 만든 교재를 이용해 아이를 가르치기도 하였다.

훌륭한 부모 역할은 모든 아동에게 필요한 것이지만 영재들에게 있어서는 특히 중요하다. 그러나 비범한 재능을 가진 아동의 부모들은 여러 가지 특수한 장애, 위험, 오류, 도전, 그리고 기쁨 등을 경험하게 된다. 모든 부모들이 항상 자신의 자녀가 영재라고 믿는 것은 아니다. 어떤 영재아 부모들은 자신의 자녀가 '보통' 혹은 적응을 잘하는 아동으로 성장할 것을 기대하면서 자녀의 특수한 능력을 부인한다. 반면 이와는 반대되는 태도를 가진 다른 부모들은 자기 자녀의 능력을 과장해서 자신의 자녀에게 모든 영역에서 좋은 성취를 보일 것을 강요하기도 한다. 이처럼 자녀의 영재성을 부인하거나 과장하는 부모의 극단적인 태도는 영재아에게 문제가 될 수 있다. 본 장에서는 영재아 가정의 구조적인 특성과 양육방식에 대해 알아보고, 유아영재의 부모가 해야 할 역할과 자녀들에게 이중적 메시지를 줌으로써 바람직하지 못한 부모 역할을 하게 되는 몇 가지 유형에 대해 살펴보고자 한다.

Section 1. 영재아 가정의 구조적인 특성과 양육방식

탁월한 성취를 보인 영재아동과 그렇지 못한 영재아동의 가족구조에 대한 분석(Bloom, 1985; Groth, 1975; Olszewski, Kulieke, & Buescher, 1987; Rimm & Lowe, 1988) 결과에 의하면, 영재아동의 과반수가 장남이거나 장녀이고, 그들 중 거의 20% 정도가 외동아이인 핵가족 형태인 것으로 나타났다. 또한 대부분 연구에서 부모의 학력은 비교적 높은 것으로 나타났고(Barbe, 1981; Benbow & Stanley, 1980; Groth, 1975; Rimm & Lowe, 1988; Roe, 1953; Ban Tassel-Baska, 1983), 부모의 평균 연령도 아동이 출생할 당시 일반적인 부모에 비해 높은 것으로 나타났다. 질병과 사망으로 인한 가족 구성원의 상실이 약간 있었다는 보고가 있긴 하지만 대부분의 경우 가족들은 안정적이었으며, 이혼한 경우는 거의 없었다(Weisner & Garnier, 1992; 김정휘, 2001).

영재아동과 우수한 성취를 나타낸 인물에 대한 연구(MacKinnon, 1965, Walberg et al., 1981)들에 의하면 독재적이거나 방임적이기보다는 권위가 있는 가족이 아동에게 보다 높은 성취를 촉진시킨다고 보고한다(Baumrind, 1989). 창의적인 예술가와 작가의 어린 시절을 제외하고, 뛰어난 업적을 나타낸 인물에 대한 전기적 자료에 의하면 유・아동기뿐만 아니라 심지어 청소년 시절에도 가족관계는 주로 정적인 경향이 있다. Goertzel과 Goertzel(1962)은 400명의 뛰어난 성취를 보인 인물들 가운데 단지 25명만이 청소년기 동안 반항적이었다는 것을 발견하였다. 또한 영재아동의 전기적 기록을 분석한 결과를 보면 대부분 초기의 가족환경이 풍부했던 것으로 나타난다. 낮은 성취를 나타낸 영재아동의 가족환경에 대한 연구에서조차도 학령 전기에 비공식적 학습이 전적으로 이루어졌고 강조된 것으로 나타났다. Bloom(1985)의 연구에서는 영재아동의 부모들은 높은 열정과 성취지향성을 가지고 있다고 하였다. Goertzel과 Goertzel(1962)의 연구에서도 뛰어난 성취를 보인 400명 가운데 1명을 제외하고는 모든 부모가 매우 높은 열정을 지니고 있었다.

Bloom(1985)은 수학자, 신경학자, 피아니스트나 조각가들은 어린 시절에 가족과의 공동작업 및 공동학습 그리고 놀이를 경험하였음을 발견하였고, Goertzel과 Goertzel(1962)은 그들이 연구한 400명 중 90%가 학습을 좋아하고 즐기는 것을 발견하였다. 이들 연구에서는 뛰어난 성취를 나타낸 인물에 대한 가족연구 대상자 중 대부분의 어머니가 전업주부이고 자원봉사 활동에 참여하고 있음에도 불구하고 그들은 자신의 역할을 긍정적으로 여기고 있었다(김정휘, 2001). 물론 최근 여성의 사회적 참여가 활발하게 진행되고 있는 오늘날의 현상이 반영된다면 결과는 다소 달라질 수도 있을 것이지만 이러한 연구결과들은 부모들에게 많은 시사점을 제공한다고 볼 수 있다.

2. 영재 부모의 역할

영재부모의 역할은 부모 자신의 야망을 아이들에게 강요하지 않으면서, 그들이 지닌 능력을 최대한 발현시켜 행복하고 필요한 인물이 되도록 돕는 것이다. 영재아는 높은 관리비용(high maintenance)이 드는 사람들이다. 이들의 특성에 맞게 어떻게 지원해야 할 것인지는 영재부모에게 주어진 과제이다.

1) 인지적 활동의 안내자

대부분 부모들은 자녀가 학교에 들어가기 전에 자신의 자녀를 어떻게 도와주는 것이 최선의 방법인지에 관해 궁금해한다. 아동의 언어와 인지발달에 미치는 초기 환경의 중요성에 관한 연구 결과들을 소개하면 다음과 같다.

White, Kaban과 Attanucci(1979)는 하버드 취학 전 프로젝트(Harvard Preschool Project)에서 아동이 생의 첫 3년 동안 학습한 '생활 언어'가 장차 그 아동의 인지적, 언어적, 그리고 사회적 영역에서 발휘하게 되는 능력에 결정적인 영향을 미치는 요인이라고 하였다. Morrow(1983)는 읽기에 높은 관심을 보이는 58명 유치원생의 가정환경과 읽기에 관심이 거의 없는 58명 유치원생의 가정환경을 비교하였다. 그 결과 높은 관심을 보이는 아동들의 가정환경은 책을 읽는 것을 장려하였다. 그러한 가정은 공공 도서관을 자주 이용하였으며 부모가 많은 양의 독서를 했고 집에 책이 많았을 뿐만 아니라 아동에게 자주 책을 읽어 주었다.

Karnes 등(1984)이 중류층 가정을 대상으로 한 연구에서는 영재아 집단과 일반 아동 집단 간의 부모 역할에 분명한 차이점이 있는 것으로 나타났다. 즉 아동과 읽기를 하고 아동과 함께 학업적 활동을 하면서 보낸 시간의 양에서 차이가 있었다. 이러한 증거는 아동의 언어적 및 비언어적인 능력의 충분한 발달시키기 위해서는 부모가 아동의 교육에 조기에 집중적으로 관여할 필요가 있다는 것을 의미한다.

아마도 가장 중요한 관여는 언어 경험일 것이다. 말하기, 읽어 주기, 이야기 들려주기, 흉내 내기, 단어 게임, 심지어는 단순한 듣기 활동도 아동에게는 의사소통과 주의집중 기술을 배울 수 있는 기회가 된다. 취학 전 아동의 읽기 능력을 향상시키는 가장 좋은 지표는 가정에서의 읽기 활동이다(Teale, 1984). 퍼즐, 블록, 장난감 조립 등은 소근육 협응, 공간 능력, 집중력을 발달시키는 데 도움이 되고 세 발 자전거와 같이 부피가 큰 장난감은 대근육 협응의 발달에 도움이 된다.

Moss(1983)는 취학 전 아동을 대상으로 영재아의 엄마와 일반 아동의 엄마 각각 14명이 아동을 어떻게 가르치는가를 비교한 결과 영재아의 엄마들은 문제를 구조화시켜 준 다음 해결해야 할 목표와 과제를 관련시켜 보도록 함으로써 아동 스스로 해결 방안을 끌어내도록 유도하는 경향이 있었다. 반면 일반 아동의 엄마들은 좀 더 지시적이고 스스로 해결 방안에 도달하게끔 하기보다는 해답을 직접 제공하는 경향이 있었다. 이처럼 영재아들은 독립적인 사고와 문제해결을 조기에 경험한다.

다음은 취학 전 영재아를 양육하는데 주의해야 할 몇 가지 사항들이다.

첫째, TV 시청 문제를 모니터하고 제한해야 한다. Morrow(1983)의 연구에서 읽기에 높은 흥미를 지닌 유치원생의 가정에서는 TV 시청에 관한 규칙이 있었으며, 그의 엄마들은 읽기에 낮은 흥미를 지닌 아동의 엄마들보다 TV 보는 시간이 더 적었다. 그러나 TV 시청을 제한하더라도 교육방송 프로그램들은 분명히 허용해야 한다.

둘째, 또래나 어른들로부터 잔소리를 너무 많이 듣는 것이 아동에게는 혼란스러운 것이 될 수 있고 아동의 주의집중과 학습에 악영향을 줄 수 있다. 부모가 아동과 의사소통을 하는 것은 바람직하지만 끊임없는 잔소리와 길고 추상적인 말은 아동에게는 아무런 의미가 없고 지루하고 주의력의 한계를 넘어서는 것이다. 부모의 끊임없는 잔소리는 아동의 '과잉행동'의 원인이 될 수 있을 뿐 아니라 아동의 사기를 떨어뜨려 아주 조용한 아동이 되게 하기도 한다.

셋째, 아동이 혼자서 책을 읽을 수 있다면 그 아동에게 약간의 기본적인 쓰기 기술을 가르칠 필요가 있다. 운동 협응력을 기르는 연습은 영재아동이 학교에 갔을 때 모든 능력이 골고루 발달했다는 느낌을 갖게 하는데 도움이 된다. 물론 아동에게 압력을 주어서는 안 되며 아동이 연필과 친숙해지는 데 도움이 될 수 있을 만큼 적절한 활동이 필요하다.

넷째, 혼자 있는 시간을 줄 필요가 있다. 또래나 형제 · 자매와 상호작용하는 것도 중요하지만 하루 중 잠깐 정도는 혼자 놀게 하는 것도 독립적인 행동과 상상력을 키우는 데 도움이 될 것이다. 창의적인 사람들의 특성 중 하나는 하루 중 혼자 있는 시간을 가지려고 한다는 것이다.

마지막으로, 영재아동의 부모는 융통성과 모호함에 대한 참을성이 필요하다. Orth(1988)는 부모가 아동의 질문, 공포와 불안에 대한 표현, 놀이 등에 융통적인 반응을 보이는 경우에 그 자녀들은 Torrance(1982)의 창의성 검사 중 동작 창의성 점수가 높다고 하였다.

2) 자녀 영재성의 인식과 조기판별

다음의 표 7-1은 영재아동의 부모 1,039명을 대상으로 조사한 결과 부모가 아동의 영재성을 아주 이른 시기에 인식할 수 있다는 것을 보여 준다(Gogel et al., 1985). 이 결과에 의하면 아동의 70%가 3세 이전에 부모에 의해 정확하게 영재아로 판별되었으며 1세에서 3세 사이에 판별된 경우가 가장 많았다. 부모가 아동의 영재성을 느끼게 된 주된 특성은 '조숙한 언어 표현력'이 가장 많았고, 다음으로 주의집중력, 우수한 기억력, 수준 높은 호기심, 독창적이고 창의적인 행동 등이었다.

* **표 7-1** 부모에 의해 영재로 판별된 아동 비율

연 령	%
0~6개월	7
6~12개월	15
1~2세	23
2~3세	25
4~5세	17
5세 이후	13
	100

출처 : Gogel 외, 1985.

메릴랜드 주에 있는 Towson 주립 대학교의 프로그램을 통해서도 부모가 취학 전 아동의 영재성을 판별하는 것이 어느 정도 신뢰할 만하다는 것이 입증되었다(Hanson, 1984). 자녀의 언어적 영재성을 지각한 부모들이 자녀들로 하여금 4, 5, 6세를 위한 영재 프로그램에 참가하도록 권유했는데, 프로그램에 참가한 이후 이 아동들을 검사한 결과 이들 중 90% 아동들이 읽기 검사에서 또래보다 1년 이상 높은 성취를 보이는 것으로 나타났다. 그러나 수학 성적은 일관성 있게 모두 높은 것은 아니었는데, 이것은 부모가 의사결정을 할 때 아동의 수학 능력을 고려하지는 않았기 때문으로 보인다. Louis와 Lewis(1992)도 부모가 가진 취학 전 자녀의 영재성에 대한 신념이 아동의 실제 능력과 상당히 일치한다는 것을 발견하였다.

이러한 연구들은 모두 부모가 자기 자녀의 영재성을 인식하는 능력이 있다는 것을 확인해 주는 것들이다. 비록 영재성이 있음에도 부모에 의해 인식되지 못하는 비율이 얼마나 되는지 알 수는 없더라도 이러한 증거들은 적어도 부모가 자녀의 영재성을 과잉 판별하지 않는다는 것을 보여 주는 것이다. 부모들이 보통 자기 자녀의 영재성을 과대 추정하기보다는 과소 추정하는 경향이 있다고 지적하는 연구도 있다(Chitwood, 1986).

취학 전 연령기에 있는 자신의 자녀가 영재라고 생각하는 부모들은 대개 자녀가 심리검사를 받게 한다. 그러나 심리검사 결과는 다소 신뢰롭지 못할 수도 있으므로 그 결과를 조심스럽게 받아들일 필요가 있다. 검사점수에는 아동의 피로, 스트레스 등 많은 요인들이 불리하게 작용할 수 있으므로(Perino & Perino, 1981), 그 점수를 아동의 능력에 관한 절대적인 측정치라고 생각하거나 능력에 한계가 있는 아이로 간주해서는 안 된다.

만일 부모가 아동의 조기입학을 염려스러워 한다면 정규 연령에 입학시키고 과목별 속진을 고려해 볼 수도 있다. 그다음 결정에 필요한 정보들은 속진 과목 교사의 관찰을 통해 얻을 수도 있다. 교사들은 영재아와 속진 연구에 대한 지식을 제공해 주는 훌륭한 관찰자이다(Rimm & Lovance, 1992a; 1992b).

최근에는 좀 더 나이가 많은 성숙한 아동들이 자신감과 교육적인 면에서 장점이 있을 것이라고 믿고 아동의 유치원 입학 연령을 늦추는 경향이 있으나 많은 연구 결과들을 통해 늦게 입학하는 것이 정상적인 연령에 입학하는 경우보다 학업적으로나 사회적으로 더 나은 성취를 보이지 못한다는 것이 확인되고 있다(Davis, Trimble, & Vincent, 1980; Gredler, 1980; Laidig, 1991; Langer, Kalk, & Searls, 1984; Shepard & Smith, 1985).

3) 놀이방과 어린이집의 선택

최근 기혼여성의 사회적 참여 확대 현상으로 인해 영유아를 위한 놀이방과 어린이집들이 더욱 늘어나고 있다. 유아기의 언어적 자극의 중요성에 관한 많은 연구들은 이러한 결정적인 시기에는 밀접한 부모와 자녀의 밀접한 관계가 중요하다는 점을 강조한다. 부모와의 언어적 상호작용을 위한 충분한 시간적 영유를 확보하기 어려울 경우 놀이방이나 어린이집 혹은 유치원에서의 또래나 교사와의 상호작용으로 대신할 수도 있다. 그러나 어린이집을 선택할 때에는 어린이집의 질과 아동들의 요구가 어떻게 반영되는가, 언어적이고 창의적인 표현에 대해 어떻게 격려해 주는가 등을 고려해야 할 것이다.

Creel과 Karnes(1988)는 유아영재의 부모들은 자녀의 교육문제에 열성적이라고 하였다. 즉, 51명의 부모 중 49명이 그들의 아동을 하루에 최소한 반나절 정도는 특별한 유아영재교육 프로그램에 참가시키고 있는 것으로 조사되었다. 그러나 영재아동을 놀이방과 어린이집에 다니게 할 것인지 아닌지에 관해서는 이분법적으로 쉽게 결정할 것이 아니다. 아동의 특별한 요구를 조사하고 아동을 위한 유용한 대안이 무엇인지를 주의 깊게 고려해야 할 것이다.

4) 자녀에게 허용하는 의사결정권의 범위

비범한 언어능력과 추론적 사고능력을 보이는 아동들은 동년배보다 총명하고 성숙해 보인다. 이들은 이러한 현혹적인 특성으로 인해서 또래들과 같은 경험을 하지 못하는 경향이 있다. 또한 이들의 부모들은 자녀의 풍부한 어휘력과 독해력 때문에 자녀에게 이상적인 환경을 조성해 주고 싶은 욕심에 매우 빨리 영재아동의 진로를 결정해 버리는 경우가 많다. 그러나 Ginsberg와 Harrison(1977)은 "영재아에게 훈련이 필요할 때 훈련을 시키고 수정하려고 할 때 수정해 주고 방향 제시가 필요할 때 제시해 주어라. 그의 지적 능력이 우수하다고 해도 그에게 특권을 부여해서도 안 되고 용납하기 어려운 행동을 용인해서도 안 될 것이다."라고 지적한 바 있다.

성공적인 성취를 한 영재아들은 학교교육을 받는 동안 자신의 부모와 교사들이 자신의 진로를 잘 안내해 주었으며 그들의 안내에 따르는 것이 현명한 결정이었다고 생각하게 될 것이다.

성인이 가지고 있어야 할 특정 문제에 대한 의사 결정권을 아동에게 부여하는 것은 바람직하지 못하다. 이것은 부모가 너무 일찍 권한을 주고 뒤늦게 이를 되찾으려고 하는 과정에서 부모와 영재아 사이에 엄청나고도 지속적인 갈등이 초래될 수 있다. 이러한 과정에서 아동들은 부모에게 완강히 반항하게 되고 결국에는 아동의 교육에 가치 있는 긍정적인 가정환경을 잃게 될 것이다. Baldwin(1988)은 이런 아동을 '뿔난 아이'라고 묘사하고 지나치게 방임된 아동들은 힘에 대한 부적절한 관념을 가지게 된다는 점을 지적하였다. 방임의 원인이 무엇이든지 간에 그것은 자신이 원하는 것을 얻는 것은 자기의 권리라는 신념과 자기 부모를 이길 수 있다는 인식을 갖게 한다. 물론 이러한 것들은 삶의 과정에서 일과 대인 관계에 부정적인 영향을 미칠 수 있다.

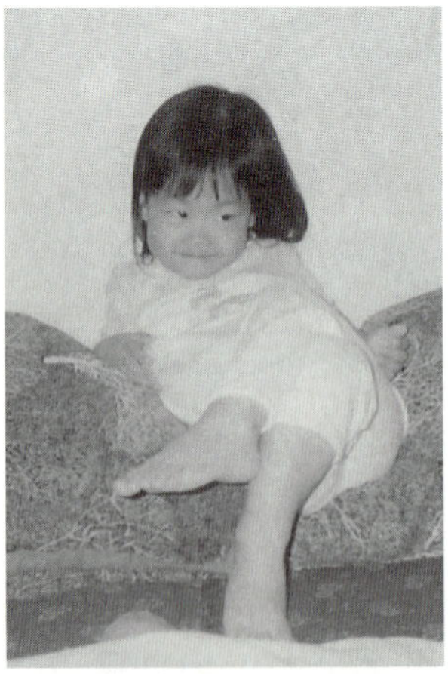

사진 7-1 부모를 이길 수 있다는 신념을 가진 아이

5) 영재교육에 관한 지속적인 관심과 정보 수집

영재들은 소수집단이기 때문에 대부분의 경우 그들만을 위한 적절한 교육기회가 제공될 것이다. 그러나 적절한 영재교육 프로그램을 이용하기가 어렵다면 영재아의 부모들이 우선적으로 해야 할 일은 학부모회에 가입하거나 이를 조직하는 것이다. 이러한 모임을 통해 부모는 자녀의 교육적 성장과 도전에 최우선의 가치를 두는 것이 중요하다는 것을 인식하게 된다.

영재아의 부모 1,039명을 대상으로 조사한 결과에 의하면 부모의 지속적인 관심이 영재아의 학업적 성공에 대한 핵심적인 요인인 것으로 나타났다(Gogel et al., 1985). 가장 적절한 부모의 역할은 아마도 지속적인 관심을 적극적으로 보이고 학업을 후원해 주는 것이라고 할 수 있을 것이다.

학부모회는 영재아들의 요구와 문제점 대해서 자체적으로 교육받고 토요일 프로그램, 여름학교, 멘터 프로그램과 같은 심화학습 활동을 조직하는 일을 도울 수 있다. 또한 부모가 개별적으로 미술, 음악, 수학, 또는 컴퓨터 단기과정 반을 가르칠 수도 있으며(Tkach, 1986), 자원 봉사자로서 개인교수를 하거나 다른 영재교육기관으로 아동을 위탁하거나 보호하는 역할을 함으로써 영재아를 위한 교육의 기회를 확장시키는 데 중요한 기여를 할 수 있다.

6) 자녀에 대한 긍정적 기대

긍정적 기대를 가지고 부모의 역할을 하는 것은 영재아동을 안내하는 데 매우 성공적일 수 있다. 만일 높은 성취, 긍정적인 태도, 건설적인 행동이 부모를 통해 기대되고 강화된다면 이는 아동에게 내면화될 것이다.

부모와 아동 모두가 동감할 수 있는 분명하고 일관적 메시지를 전달해 주어야 한다. 피아노 연주자, 조각가, 수학자, 신경학자 등의 재능 발달에 관한 Bloom(1985)의 연구에 의하면, 그들은 공통적으로 일찍부터 부모에게서 매우 분명한 메시지들을 전달받았다. 예를 들어, 그들의 부모들은 성취, 성공, 항상 최선을 다하는 것 등을 끊임없이 강조하였다.

Csikszentmihalyi(Adler, 1991)는 수학, 과학, 음악, 스포츠, 미술 분야에

서 특수한 재능을 가진 고등학생 210명을 대상으로 한 연구에서 피험자들은 지원을 해주고 도전감을 제공해 주는 가정환경 속에서 가장 동기화된다는 것을 발견하였다. 그는 지원은 하지 않으나 도전감을 제공하는 가정, 도전감은 제공하지 않으나 지원해 주는 가정, 지원도 도전감도 제공하지 않는 가정의 학생들과 지원과 도전감을 제공하는 가정의 학생들을 비교하였다. 그 결과 지원과 도전감을 제공받은 가정의 학생들이 학습에 대한 내적 흥미가 더 많았으며 공부하는 동안 주의집중을 잘한 것으로 나타났다.

Section 3. 바람직하지 못한 부모 역할

학습이나 학교생활의 중요성, 개성 존중, 적당한 휴식과 놀이의 필요성 등에 대한 부모의 호응은 긍정적이고 성취 지향적인 분위기를 촉진시킬 수 있다. 그러나 이러한 일들에 관해 지나치게 이중적인 메시지거나 반쪽 진리의 메시지를 주는 것은 아동 문제의 원인이 될 수 있다. 이중적 메시지(double message)는 한쪽 부모가 두 가지의 모순적인 메시지를 주거나, 두 부모가 상반되는 메시지를 주는 경우이다. 반쪽 진리(half-truth)는 부분적으로는 옳거나 부분적으로는 틀린 메시지여서 영재아가 쉽게 오해할 수 있다.

1) 일관성 없는 메시지를 자주 사용하는 부모

한순간 어린 자녀에게 화를 참지 못한 부모가 즉시 미안하다고 사과하고 용서를 구하는 것은 아동에게 혼란을 주는 행위다. 아동은 어떠한 행동이 부모로부터 승인받을 수 있는 행동인지를 이해하지 못한다. 그러나 아동은 부모의 주의를 끌 수 있는 행동이 어떠한 것이라는 것은 쉽게 학습하게 된다. 아동이 주의를 끄는 행동을 계속하게 되면서 부모의 처벌은 중단되고 아동의 말썽부리는 행동은 점점 증가할 것이다.

혼란스러운 '괜찮아~안 돼' 메시지는 또한 사과하는 방법이나 용서와 호의를 받아들이는 방법을 배우는 데 좋지 않게 작용한다. 이러한 아동들은 "다음에는 열심히 할게요."라는 말을 하거나 사과만 하면 모든 것이 해결될 수 있다는 것을 배우게 된다. 이런 전략을 사용하는 영재아들은 학교와 가정에서 유창한 변명꾼이 될 수 있다. 예컨대 공부를 안 하고 시험을 본 후 그들은 핑계를 대면서 사과할 것이고 교사는 이를 믿을 것이다. 가정에서 배운 것과 동일한 속임수가 교실에서도 빈번하게 나타날 수 있다. 이러한 상황은 부모와 교사 그리고 영재아 자신을 혼란스럽게 한다.

2) 우수한 성취와 사회적 적응 사이에서 갈팡질팡하는 부모

이 메시지는 적응을 잘하는 아동으로 키우고자 하는 부모들에 의해 아동에게 전달된다. 또한 이러한 부모들은 자녀가 반장, 운동선수, 댄스 왕이 되거나 탁월한 리더십을 발휘하고 인기를 얻기를 기대한다. 부모들은 특히 풍부한 어휘력이나 다양한 지적 관심으로 인하여 사회적으로 잘 적응하지 못하는 '멍텅구리'처럼 보이게 되는 것을 기대하지 않는다. 그들은 자신의 영리한 자녀가 너무 공부에만 몰두하는 것을 걱정하여 자녀를 영재교육 프로그램에 참가시키지 않으려고 할 것이다. 그들은 자신의 자녀가 경시대회나 학교에서 우수한 성적을 거둔다면 "아주 잘했어, 하지만 네가 영재라고 생각하지는 말아라." 또는 "네가 독서에 관심이 있어서 나는 기쁘단다. 하지만 다른 것도 잘할 필요가 있단다. 축구팀에 들어가는 것은 어떠니?"라고 반응할 것이다.

이런 아동은 대개 학교생활을 성공적으로 시작하고 영리한 아동으로 쉽게 판별된다. 만일 영재 프로그램이 있다면 이러한 아동이 추천을 받게 될 것이다. 그러나 교사와 학교 측에서 그의 성취에 대한 긍정적인 메시지를 보내더라도 부모의 메시지는 모호하다. 그 결과 아동은 학업에 무관심하게 되고 친구나 놀이에 우선권을 두기 때문에 성적은 떨어지지만 사회적 지도력은 향상된다. 하지만 부모는 교사로부터 자신의 자녀가 숙제도 하지 않고 학업에 무관심하다는 말을 듣기 전까지는 아동의 행동에 만족할 것이다.

교사로부터 아동의 현 상태에 대한 설명을 듣게 된 부모는 이제 아동에게 이전과는 다른 새로운 메시지를 전달한다. 즉, 아동이 학업에 무관심한 것에 대해 실망하고 성적이 좋지 않아도 된다는 특혜를 철회하기 시작하며 아동의 인기나 리더십에 대해서는 더 이상 관심을 보여 주지 않는다. 그러는 동안 아동은 무엇인가를 우수한 수준으로 성취하는 것에 대한 자신감이 없어지고 현재의 능력으로는 잘 수행하기 어렵다는 것을 느끼게 될 것이다. 그 결과 아동은 스포츠와 우정을 가장 중요시하게 되는데 대개 이러한 친구들은 영리함이나 성취에는 별로 가치를 두지 않는 경향이 있다.

내 아이가 영재일 수도 있는데 이제는 아니다라는 생각은 위험하다. 또한 이러한 부모들은 자신의 자녀가 학습부진아로 간주되는 것을 좋아하지 않는다. "성적도 좋지만, 적응을 잘하는 것이 더 좋은 거야."라고 했다가, "인기 있는 것도 좋지만, 너는 왜 네 능력만큼 좋은 성적을 받지 못하는 거니?"라는 이중 메시지는 학습부진을 초래할 수 있고 부모와 자녀간의 관계를 긴장시킬 수 있다.

3) 자녀의 성취를 통해 대리만족하려는 부모

이중적 메시지는 아동의 영재성에 높은 가치를 두고 자신의 자녀를 역동일시하려는 부모로부터 전달된다. 이러한 부모는 아동의 삶을 통해 대리만족을 얻기 때문에 아동의 성취가 곧 부모의 승리이고 아동의 실패가 곧 부모의 좌절이다. 부모는 자주 아동의 과제 수행에 지나치게 관여한다.

부모는 아동이 수행하는 모든 일을 일일이 참견한다. 이러한 참견은 부모의 의견을 단순히 제안하는 것이 아니라 대개는 아동의 처음 아이디어가 바뀌면서 아동의 과제가 부모의 프로젝트로 바뀌게 된다. 성인 수준의 프로젝트가 완성되기 때문에 아동은 교사로터 칭찬을 받거나 상을 받는다. 부모는 자녀의 수행에 대해 기뻐하면서 그것이 자신이 관여한 결과라는 사실에 대해서는 스스로 부인한다.

불행하게도 아동은 자신의 능력에 대해 의구심을 갖게 된다. 비록 성공적인 결과에 대해 기뻐했지만 자신이 기여한 점이 무엇이었는지에 대해 의문을 갖는다. 무엇보다도 부모가 너무 높은 기준을 설정하기 때문에 아동은 새로운 프로젝트를 쉽게 시작하지 못한다. 그리고 일단 프로젝트가 시작되면 아동은 완벽을 추구하려 하고 이로 인한 부담감으로 인해 작업이 지나치게 신중하고 조심스럽게 실행된다. 따라서 아동은 자신의 능력을 신뢰하지 못하게 된다.

아동은 실패와 무능감을 피하기 위해서 방어적으로 목표를 설정하게 될 것이다(Covington and Beery, 1976). 따라서 아동은 실패할 염려가 거의 없는 아주 쉬운 과제를 선택하거나 핑계를 대고 완성하지 않아도 되는 아주 어려운 과제를 선택할 것이다. 또한 부모는 자신의 아동이 실패하는 것을 원하지 않을 뿐 아니라 아동을 도울 기회가 계속 주어지는 것을 기뻐하기 때문에 아동은 자신의 프로젝트와 활동에 부모가 점점 더 관여하도록 만들 것이다.

역동일시를 하고 있는 부모들이 그들의 자녀에게 주는 이중적 메시지는 "내 아동은 영재이다. 그러나 만족스럽게 높은 수준으로 수행을 하기 위해서는 아직 나의 도움이 필요하다."는 것이다. 부모의 그런 호의는 자녀의 자신감과 자발성, 창의적 사고, 독립심을 빼앗는 결과를 초래한다. 아동들은 개인적 성취를 통해서만이 자신감을 얻을 수 있다.

4) 최고와 1등만이 최선이라고 강조하는 부모

흔히 경쟁은 아동과 부모에게 혼란을 줄 수 있지만, 경쟁은 영재아에게는 각별한 어려움을 초래한다. 우수한 성취를 보이는 영재아들은 대개 별로 노력하지 않아도 승자로서의 입장이 지속될 것이다. 그들은 노력하지 않고도 성공하고 있기 때문에 일찍부터 도전감을 보이지 않으며, 경쟁적 노력과 성취 간의 관계성을 알지 못할 것이다. 그러나 어느 순간 그들은 노력 없이는 승자가 될 수 없다는 것을 알게 될 것이다.

만일 노력하면 다시 승자가 될 수 있다는 사실을 깨닫지 못한다면 그들은 자신을 실패자나 낙오자로 여기는 부적응적인 대처 전략을 가지게 된다. 또한 자신을 경쟁할 필요가 없고 힘들게 노력하지 않아도 되는 보통 아동이라고 여기면서 경쟁하지 않으려 할 것이다. 영재아가 자기 스스로에게 주는 이러한 메시지는 자신의 우수한 능력을 발휘하지 못하게 하는 결과를 초래한다.

대개 학생이 자기 스스로에게 주는 메시지들은 그들의 부모가 주는 그릇된 메시지를 반영하게 된다. 예를 들면, "승리자가 되어야 해, 공부로서 안 되면 스포츠나 다른 것으로라도……”와 같은 메시지는 영재아가 부모에게 기쁨을 주기 위하여 관심의 분야를 체육이나 운동 분야로 돌리게 만든다. 또한 “성공하지 못하면 넌 실패자야!”라는 그릇된 메시지도 영재아가 자신을 실패자로 여기게 만드는 원인이 된다.

이러한 메시지는 세상을 살아가는 데 있어서 최고가 되는 것만이 성공이 아니라 다양한 성공의 수준이 있다는 것을 깨닫는 데 도움이 되지 못한다. 또한 아동들은 학교에서의 성공을 위해 자신의 우수한 능력을 사용하는 것이 훗날 자신의 성공을 위한 선택권을 확장시키는 결과를 가져온다는 것을 배워야 한다.

물론 성공하려면 탁월성이 필요하고, 탁월함은 분명히 아동을 성공에 이르게 할 수 있지만, 부모가 1등만을 탁월함과 성공으로 본다면 그들의 아동들은 분명히 실패의 위험에 빠지게 된다. 결과적으로 그들은 자신의 수행을 만족스러워하지 않으며 1등 하려고 경쟁하는 영역에서 계속 좌절감을 경험하게 될 것이다.

5) 부부간에 서로 경쟁하는 부모

부모는 부부간의 관계에 특별히 문제가 없더라도 아동 문제로 미묘한 경쟁을 벌인다. 그 결과 자주 한쪽 부모가 엄격한 사람의 역할이 아닌 ‘좋은, 친절한 부모’의 역할을 맡으려는 소위 ‘도깨비 게임’을 하게 된다. 영재아들은 이런 관계를 아주 효과적으로 조작하는 법을 쉽게 배운다. Ackerman(1980)은 한쪽 부모와 아동 간에 형성된 동맹관계는 다른 한쪽 부모와 아동 간의 강한 스트레스와 가족 불균형 관계를 유발한다고 강조하였다. 건전해 보이는 부모와 자녀 간의 동맹관계가 다른 한쪽 부모를 도깨비로 만들기 쉬운 것이다.

물론 부모는 아동을 기르는 데 있어서 다른 한쪽 부모의 의견을 무시할 수 없다. 그러나 부모는 서로가 생각하는 좋은 부모 역할이 무엇인지에 관해 서로 타협하고 그 결정에 따라 다른 한쪽을 지지해 주어야 한다. 영재아 교육에는 올바른 한 가지 방법이란 없으나 임상적으로 보면 부모가 서로 상대방의 의견을 존중해 주는 것이 영재아를 위한 가장 이상적인 모델이다.

지금까지 이중적 메시지를 사용하는 바람직하지 못한 부모의 다섯 가지 유형에 대해 고찰하였다. 그렇다면 영재아의 부모로서 어떻게 해야 하는 것이 바람직한 것인가? 일단 영재아 부모로서의 역할을 운명적인 것이라고 받아들여야 한다. 부모로서 어떻게 하는 것이 항상 옳다고 할 수도 없고, 절대적인 일관성이 필요하다고 말할 수도 없다. 그러나 분명한 것은 아동들에게 문제를 일으키는 원인이 되는 이중적 메시지의 패턴은 피해야 한다.

만일 어떤 영재아가 생활을 잘하고 자신의 재능을 표현하는 것을 즐거워하고 긍정적으로 성장하고 있다면 그것은 그들의 부모가 부모로서의 역할을 잘 수행하고 있다는 증거이다. 다시 말하지만, 올바른 하나의 방법이란 없다. 그러나 만약 아동들이 스트레스 상황하에 있고 성취 수준이 저조하고 심각한 사회적 문제점을 가지고 있거나 가족과의 관계에서 어려움을 느낀다면 문제의 원인이 무엇인지를 가족 구조 내에서 찾아야 한다.

Section

4. 문제유형에 따른 현명한 부모 역할

1) 아이의 경쟁적인 성향으로 인한 스트레스 문제

매우 경쟁적인 아동은 계속되는 스트레스 상황하에 놓여 있게 된다. 그런 아동들은 손톱 물어뜯기, 야뇨증, 극심하게 경쟁적인 형제 관계, 식욕부진, 예민함, 소화불량, 두통, 가위눌림과 같은 증후군을 드러낼 것이다. 이러한 문제점들은 아동의 삶을 복잡하게 만들 수 있다.

물론 대부분의 정상적인 아동들도 종종 이러한 증후군을 보일 수 있다. 그러나 이런 증상들이 계속되거나 점점 심해질 때에는 경쟁적인 스트레스에 기인한 것으로 볼 수 있다. 아동들은 좌절과 불안에 대해 신체적인 반응을 일으키기 때문이다. 부모와 교사는 스트레스를 유발하는 구체적인 원인을 밝히고 스트레스를 줄이기 위해 과제와 목표를 재구성하려고 노력해야 한다.

부모가 완벽함, 최고, 영특함, 또는 훌륭함에 관해 반복적으로 칭찬하는 것도 하나의 민감한 스트레스 유발 요인이다. 그런 최고주의는 '완벽해야 한다, 최고가 되어야 한다, 영특하게 보여야 한다, 훌륭해야 한다'는 압력으로 작용하게 된다. 어른들은 압력을 줄 의도로 그런 언급을 하는 것이 아니라 자신감을 심어 주려고 하는 것일지라도 아동으로 하여금 지나치게 1등에 주목하도록 한다면 이는 아동에게 압력으로 작용하게 되는 것이다.

어른들이 최고와 1등을 강조하지 않고 노력이나 향상, 인내심, 좋은 생각, 창의적인 문제해결력, 민감성, 재능, 그리고 지적 능력 등에 관해 강조하는 것이 동기를 북돋우는 데 도움이 될 것이다. '뛰어나다, 천재야, 영특해, 매우 창의적이야, 정말 재능이 뛰어나군!'과 같은 과장된 칭찬을 제공하는 것도 압력으로 작용할 수 있다. 좋은 의도에서 그런 극단적인 칭찬을 하는 것일지라도 아동에게 심각한 해를 끼칠 수 있다.

Cornell과 Grossberg(1989)는 영재 프로그램에 참여했던 아동의 83개 가정을 대상으로 조사한 결과 그 부모들은 모두 자신의 아동을 영재라고 생각하고 있었다. 부모가 영재성에 관해 어떻게 정의하는지 또는 그들의 아동을 '늘' 영재라고 생각하는지 '종종' 영재라고 생각하는지에 관계없이 그 아동들의 성취나 적응 면에서는 모두 의미 있는 차이가 없었다. 그러나 부모로부터 영재라는 말을 듣고 자란 아동들의 25% 정도는 학업과 자아개념이 낮고 불안과 죄의식과 같은 적응적 문제들을 보이는 경우가 많았다. 연구자들은 이것을 아동에게 직접적으로 영재라고 언급하는 것이 과도한 압력으로 작용한 것으로 해석했다. 아마도 "너는 영재다"라고 말하는 것은 극단적인 칭찬과 같은 작용을 하는 것 같다.

어떤 경우에는 아동이 실제로 열심히 공부를 할 때보다는 공부를 하지 않고 걱정을 할 때 더욱 긴장이 유발된다. 하나의 예를 들어보자.

> 2학년생 영재인 준호는 수학에 대한 걱정 때문에 위의 통증을 호소하였다. 그는 공부를 하지 않고 TV를 볼 때조차도 위의 아픔을 느꼈다. 그런 준호에게 TV를 보면서 걱정하기 전에 학교에서 오는 즉시 수학 공부를 하는 것으로 공부습관을 바꾸도록 해 보았다. 그랬더니 놀랍게도 위의 통증은 사라졌고 준호는 수학이 생각보다 쉽다는 것을 깨달았다.

만일 교사나 부모가 스트레스의 원인이 무엇인지를 알 수 없다면 상담가나 임상심리학자의 도움을 구할 필요가 있다. 더 악화되어 부적응적인 대처양식을 보이게 된 후에 치료하는 것보다는 그전에 스트레스의 원인을 밝혀내고 이를 치료하는 것이 더 쉽다.

경쟁적인 아동(대부분의 영재아는 경쟁적이다)은 스트레스에 더욱 취약하다. 부모와 교사들은 그들의 스트레스를 완전히 제거할 수는 없을지라도 스트레스를 감소시키는 방법을 알려 줄 수는 있을 것이다. 아동들은 다양한 경쟁적 활동을 함으로써 일상적으로 경쟁에 대처하는 법을 배우게 될 것이다. 아동들이 경쟁적인 상황에 처해 있을 때보다는 활동 그 자체에 몰두해 있을 때 스트레스를 덜 받고 질적으로도 우수한 수행을 하게 된다는 것을 이해하도록 해야 한다.

스트레스에 대처하는 또 다른 방법은 규칙적인 운동, 레크리에이션, 그리고 '재미있는' 활동을 하는 것이다. 특히 아동이 자신의 기쁨과 불안에 대해 자유롭게 말할 수 있는 안전하고도 공감적인 환경을 제공하는 것이 좋다. 그러나 만일 부모가 안전한 환경을 제공하더라도 부모 자신이 불안을 느끼게 되면 아동의 불안 수준도 증가하게 된다는 점에 주의해야 한다.

Webb, Meckstroth, 그리고 Tolan(1982)은 유머를 이용한 스트레스 해소법을 제안하였다. 예를 들어, 부모는 자신을 비참하게 만들고 있는 문제나 참기 어려운 스트레스에 대해 멜로드라마의 주인공처럼 행동할 수가 있다. 또한 부모는 "이런 상황에서 일어날 수 있는 가장 나쁜 일은 무엇인가? 얼마나 큰 일이 일어날까?"라는 질문을 함으로써 스트레스 상황에 대한 아동의 생각을 표현하도록 할 수 있다.

2) 자녀가 실패를 경험했을 때

Sheehy(1982)는 '탐험가(Pathfinders)'에서 성인들이 그들의 발달 위기를 어떻게 처리하는가에 관해 논의하였다. 저자는 자신을 성공한 사람으로 평가하는 사람들과 실패한 것으로 인식하는 사람들 간의 주된 차이점은 실패를 처리하는 방식에 있다고 하였다. 여기에서 '탐험가'는 다른 사람들처럼 많은 실패를 경험하면서도 자신을 좀 더 만족스럽게 여기는 사람을 의미한다. 이러한 사람들은 자신의 실패를 성장의 밑거름으로 간주하는 경향이 있었지만 자신을 만족스럽게 생각하지 않는 자신을 실패한 인생으로 받아들였다.

이러한 현상은 영재아동을 비롯한 모든 아동들에게서도 유사하게 나타난다. 창의적이면서 성공 지향적이고 우수한 성취를 보이는 아동들은 자신의 실패를 배움의 기회로 받아들인다(Covington & Beery, 1976). 그들은 실패에 직면했을 때 그 문제를 확인하고 자신의 결함을 보완하고 목표를 수정한다. 즉 그들은 실패를 일시적인 후퇴로 생각할 뿐만 아니라 실패의 원인이 자신의 노력 부족, 과제 난이도, 다른 경쟁자들의 출중한 능력에 있다고 생각한다. 이에 대한 대응 전략으로서 그들은 자신의 실수를 웃어넘기고 더 열심히 해야겠다고 다짐하며 자신의 성취목표를 수정하기도 한다. 중요한 것은 그들이 자신의 실패를 자신의 능력 부족으로 여기지 않는다는 점이다.

반면 어떤 아동들은 실패를 통해 실패 지향적인 성향을 나타낸다(Covington & Beery, 1976). 그들은 목표를 자신은 이길 수 없는 경쟁적인 게임을 하는 것으로 간주하고 아주 적은 노력만으로도 얻을 수 있는 낮은 목표를 세우며 쉽게 포기해 버리는 경향이 있다. 그 결과 이러한 영재아동들은 공부를 잘할 수 있는 능력이 있음에도 불구하고 자신감이 부족한 학습부진아가 되고 만다.

이러한 영재아동들이 실패에 대처할 수 있도록 하기 위해서는 먼저 부모 자신이 자신의 경쟁 양식을 검토해 볼 필요가 있다. 왜냐하면 아동들은 실패에 대한 부적응적인 반응을 부모로부터 배우기 때문이다. 예를 들면, 부모가 어려운 문제에 직면했을 때 경쟁을 회피하거나 자신의 노력 부족이나 자신의 결점을 인정하지 않고 습관적으로 외적인 문제에 불평과 비난을 한다면 아동들은 부모의 그러한 태도를 배우게 될 것이다. 이 경우에는 부모의 태도와 기대를 재구성하는 것이 학문적 경쟁에 미숙한 영재아동들을 돕는 첫 번째 방법일 것이다.

또 다른 대처 방법으로는 아동이 자신의 실패에 대해 창의적인 대안을 가지도록 가르치는 것이다. 예를 들면, 아동들은 모든 영역에서 항상 1등을 할 수 있는 사람은 없으며 대부분 사람들은 자신이 특별히 잘하는 하나의 영역을 가지고 있고 이것을 통해 보상을 받고 있다는 사실을 알아야 한다. 또한 부모들은 자녀의 실패에 대한 이야기를 하고자 할 때는 아동의 정서적인 긴장감이 어느 정도 누그러진 후에 이야기하는 것이 좋다. 아동들은 실패를 한 직후에는 스트레스를 받게 될 것이고 그러는 동안에는 이성적인 지각이나 논리적인 사고를 할 수 없기 때문이다.

3) 형제 · 자매간 문제

형제 · 자매간 경쟁 문제를 완전히 제거할 수는 없지만 최소화할 수는 있을 것이다. 형제 · 자매간 경쟁의 근본적인 원인은 아동들이 부모의 주목을 받고자 한다는 것이다. 영재아동을 다른 형제 · 자매와 비교하는 것은 특별한 다툼이 일어날 소지가 될 수 있으므로 부모와 교사는 특히 주의해야 한다.

이와 관련한 몇 가지 사항을 설명하자면 다음과 같다.

먼저 모든 자녀들에게 창의적이고 지적인 발달을 위한 가장 이상적인 기회를 제공해야 한다. 즉 모든 자녀들에게 동등한 기회를 제공해 주어야 한다는 것이다. 흥미와 능력이 부족한 다른 형제가 동일한 활동에 참여할 수 없다는 이유로 영재아동이 참여할 기회가 없어지고 무시되어서는 안 된다. 다른 아동에게도 교육의 기회를 반드시 동일하지는 않지만 동등하게 제공할 수 있을 것이다. 예를 들면, 한 아동이 주말 컴퓨터 반이나 러시아어 캠프에 참여하기를 강력하게 원한다면 속상해하는 다른 형제에게는 음악, 미술, 수영 또는 테니스반에 참여하도록 하는 것이 하나의 대안이다. 아동들은 서로 다른 능력과 요구를 가지고 있으므로 가장 생산적이고 공정한 접근은 그러한 차이에 맞추어 조절하는 것이다.

할머니, 고모, 삼촌 또는 이웃과 같은 중요한 타인(significant others)에 의해 일어나는 형제 · 자매간 비교와 차별대우는 형제 · 자매간의 경쟁을 유발시킬 수 있다. 부모는 모든 형제들을 공정하게 대하도록 그들에게 분명히 요구해야 하며, 그들이 공정한 대우를 하고 있는지를 종종 점검할 책임이 있다. '중요한 타인'들은 형제 · 자매 중 특정한 아동만 편애해서는 안 되며 아동의 연령이나 관심사, 그리고 능력에 적합한 대우를 해 주어야 한다.

영재아에게 특별한 문제를 일으킬 수 있는 몇 가지 전형적인 형제 · 자매 관계의 유형과 대처 방법에 대해 살펴보겠다.

(1) 재능이 부족한 형제 · 자매들과 함께 있는 경우

지능이 아주 높거나 특별한 재능이 있는 영재는 다른 형제들과 경쟁이 안 된다. 이렇게 특별한 능력을 가진 경우에는 그 재능을 계발하는 데에 필요한 특별 교육을 받기 위해 많은 시간과 재원을 필요로 한다. 시간이 지남에 따라 영재아동은 자연스럽게 많은 주목을 받게 되며 그의 형제 · 자매들은 영재 형제의 성공에 감탄하지만 자신들은 그렇게 성공할 수 없다는 것을 인식하게 된다. 그들은 자신의 능력을 평가하는 데 다른 기준을 사용해야 하거나 자신의 성공을 실패로 인식할 수도 있다. 이러한 경우에 부모는 영재아의 성공만을 보상해 줄 것이 아니라 다른 형제 · 자매의 능력과 노력에 대해서도 보상해 주어야 한다.

(2) 형제 · 자매들이 모두 영재인 경우

한 가족의 아동들이 모두 영재인 경우는 별로 특이한 일이 아니다. 이는 유전적인 요소, 좋은 환경, 긍정적인 부모와 교사의 기대 또는 이 모든 요인들의 조합에 의해서 가능하다. 이때 그 가족의 아동들은 각각 손위 형제들만큼 해야 한다는 압력을 느끼게 된다는 점을 인식해야 한다. 예를 들어, 맏형이 영재였다면 그 밑의 동생들은 형이 재학했던 동일한 학교에 입학하자마자 교사들로부터 "아! 난 네 형을 잘 알고 있지. 그 애는 훌륭한 학생이었어!" 라는 말을 들으면서 학교생활을 시작하게 된다. 만일 이러한 이야기를 들은 아동이 자신감을 가진 영재라면 자신도 그 교사의 기대에 부응할 수 있다는 것을 알기 때문에 이러한 말을 듣는 것에 대해 기뻐할 것이다.

반면 자신감이 부족한 아동은 형만큼 잘하지 못하면 어떻게 될 것인가를 걱정하게 된다. 영재 부모는 손아래 형제들에게 성적에 대한 압력을 주어 특별히 노력하도록 하기 위해서 "난 네 형을 가르쳤던 그 선생님을 잘 알지. 그 선생님은 너 역시 공부를 잘하는 학생이라고 알고 있을 거야."라고 말할 수도 있을 것이다. 그러나 이러한 비교로 인하여 아동들은 특별한 압력을 느끼게 된다는 점을 알아야 한다. 부모는 각각의 아동이 자신이 할 수 있는 최선의 노력을 기울이도록 기대해야 하며 아동의 수행은 형제간의 비교가 아니라 개별적으로 평가되어야 한다.

(3) 능력이 부족한 손위의 형(혹은 누나)이 있는 경우

가장 어려운 관계 중 하나는 우수한 동생에 비해 한두 살 많은 형이나 누나가 보통의(또는 부족한) 능력을 가진 경우이다. 이럴 때 부모들은 부족한 손위 아이를 배려하기 위해서 영재아동에게 적절한 심화 프로그램에 참여시키지 않는 것이 대부분이다. 이런 방법은 영재아의 능력을 발달시킬 기회를 막는 것이며 영재아 자신은 좌절감을 경험하게 될 것이다. 물론 손위 아동도 어쨌거나 압력을 느낀다. 또한 대부분 손위 아동은 자신에게 아무도 높은 성취를 기대하지 않는다는 확신 때문에 성취동기가 낮다.

이런 경우 부모는 영재아동의 성취를 강화하는 것이 좋다. 물론 손위 아동의 성취에 대해서도 반드시 강화해 주어야 한다. 그러나 아동들이 서로 다른 능력과 그들이 느끼는 경쟁에 대해 논의할 수 있을 만큼 성숙하게 되면 서로 터놓고 이야기할 수 있는 기회를 제공해 준다면 설사 재능이나 성적 면에서 분명히 형제간에 차이가 있더라도 스스로를 가치 있는 사람이라고 인식하도록 하는 데 도움이 될 것이다(Davis & Rimm, 1994).

Section 5. 유아영재 부모교육 프로그램

미국의 미주리 주에서 운영하는 '교사로서의 새로운 부모 프로젝트(New Parents as Teachers' Project)'는 미주리 주의 유아교육 소장과 교육국장 등이 뜻을 모아 엄마가 임신 3기부터 유아가 세 살이 될 때까지 3년 동안 한 달에 한 번 한 시간씩 가정방문과 그룹 모임을 실시한 것이다.

교육내용은 유아교육과 관련된 책, 잡지, 장난감 등에 관한 자료를 소개하고 부모로서 유아에 관하여 꼭 알았어야 할 필수적인 정보를 제공하였다. 프로젝트의 결과를 알아보기 위해 프로젝트에 참가한 부모 중 75명의 아동을 무작위로 선발하여 프로젝트에 참여하지 않았던 아동과 사회성, 지적 및 언어적 발달을 비교하였다. 프로젝트에 참가한 아동이 사회성 발달은 물론 지적, 언어적 발달에서 훨씬 더 높은 점수를 받았다.

미주리 프로젝트와 흡사한 부모교육 프로그램을 일리노이 주의 락포드 공립학교 지구에서 만 3, 4, 5세의 잠재적 유아영재와 그의 부모를 대상으로 운영한 바 있다. 이 프로그램의 구성요소는 부모 역할 기술을 가르치고 부모에게 지원그룹(support group)을 제공하는 것이다. 부모에게 '영재성'이란 무엇인가에 대해 가르치고 가정에서 교육적인 환경을 조성하는 전략을 제공한다. 또한 지역 교육청 내에서 운영되고 있는 적당한 영재교육 프로그램에 대해 소개도 한다. 아동에게 프로그램이 제공되는 동안에 부모들은 매주 반나절씩 만나서 부모교육 프로그램 혜택을 받는다.

퍼듀 대학교 부속 영재교육연구소(GERI)에서도 역시 만 3, 4, 5세 아동의 부모를 위한 부모교육 프로그램을 운영하였다 아동에게 수퍼 토요일과 수퍼 여름 프로그램이 제공되는 시간에 부모를 위한 교육을 실시한다. 부모교육 시간에는 영재아동의 행동특성과 교사, 친구, 상담가의 역할을 할 수 있는 방법을 소개하고 창의적인 사고력과 문제해결력을 함양하는 기술적인 전략을 가르치고 있다. 이 프로그램은 평생교육의 일환으로 부모가 원하면 3학점으로 인정받을 수 있는 제도적인 장치가 되어 있다(전경원, 1997).

제 8 장

영재아 상담

1. 영재아 상담의 역사적 배경
2. 영재아 상담의 원리
3. 영재아 상담의 주요 주제들
4. 영재아 상담을 위한 교사, 상담자, 부모의 역할
5. 영재아 상담 전략

여섯 살 된 슬기는 미술대회에 참가하게 되었다. 슬기는 엄마와 함께 대회장으로 가기위해 집에서 기다리고 있었다.…… 엄마가 직장에서 회의가 늦게 끝나는 바람에 슬기와 엄마는 대회장에 늦게 도착했다. 참가자들은 이미 다들 도착하여 대회 참가용 도화지를 받아와서 돗자리를 펴고 그림 그리기를 막 시작하고 있었다. 종료시간은 아직 많이 남아 있었지만 엄마는 부랴부랴 돗자리를 펴고 앉아 슬기에게 얼른 그림 그리기를 시작하라고 하였다. 슬기는 주변의 친구들이 어느 정도 진행하였는지 둘러본 후 한참 동안 빈 도화지를 내려다보고 있더니 잠시 후 울먹울먹하다가 울음을 터트렸다. 당황한 엄마는 슬기가 왜 그러는지를 알아보았다. 이유는 다른 아이들은 벌써 시작했는데 자신은 늦게 시작했기 때문에 다른 아이들보다 잘 그릴 수가 없다고 판단했기 때문이란다. 엄마는 반드시 다른 아이들보다 잘 그려야 하는 것은 아니고 참가하는 게 중요하다고 달랬지만 소용없었다. 슬기는 모든 일에서 자신이 최고가 되어야 하고 인정받아야 한다고 생각하는데, 이미 시작이 남보다 뒤져서 자신에게 불리한 게임이 되었다고 생각했기 때문이다. 그렇다. 슬기에게는 완벽주의적인 성향이 있었던 것이다…….

Terman 등은 영재아들은 신체적, 심리적, 사회적 측면에서 매우 우수하다고 주장하였다. 그러나 이러한 주장으로 인해 영재아들은 잘 적응하고 있기 때문에 이들에 대한 상담 활동은 불필요하다는 인식을 갖게 되었고 영재아 상담의 문제는 오랫동안 관심의 대상에서 제외되어 있었을 뿐만 아니라 잘못 이해되어 왔다. 실제로 영재아 상담이라는 말을 들을 때면 일반 교육현장에서 실행되는 상담과 졸업을 앞둔 고등학교 학생들을 대상으로 하는 진로상담을 생각하기도 한다. 그러나 많은 영재교육 전문가들은 상담과 생활지도가 영재아 발달에 필수적이기 때문에 모든 영재아 프로그램에 이러한 활동을 반드시 포함시켜야 한다고 주장한다(Bireley & Genshaft, 1991; Colangelo, 1991; Delisle, 1987, 1992; Gallagher, 1990, 1991a; Landrum, 1987; Perrone, 1990, 1991; Roeper, 1982; Silverman, 1983a, 1991; Van Tassel-Baska, 1983a, 1983b; Webb, Meckstroth, & Tolan, 1982).

본 장에서는 영재아들이 갖고 있는 독특한 개인적 · 교육적 문제를 이해하는데 일차적인 목적이 있다. 또한 영재아 상담의 역사적인 배경과 교사, 상담가, 부모, 혹은 그 밖의 다른 사람들에 의해서 실행될 수 있는 상담 기술, 활동, 전략 등을 살펴볼 것이다.

Section 1. 영재아 상담의 역사적 배경

영재아에 대한 과학적인 연구가 본격화되기 이전에는 영재아들을 정신이상이나 정신박약아로 비하시켰다. 그러나 지능이 높은 영재아에 대한 Terman 등의 종단적 연구(Burks, Jensen, & Terman, 1930; Terman, 1925; Terman & Oden, 1947, 1959)를 통해서 지적인 영재아들은 신체적으로나 정신적으로 열등하다는 통념이 터무니없다는 것이 밝혀졌다.

사실 Terman 등은 그들의 연구에 참여한 지능지수 135 이상의 피험자들이 신체적, 심리적, 사회적 측면에서 매우 우수하다고 주장하였다. 그러나 Colangelo(1991)는 Terman 등의 연구 결과가 영재아들에 대한 일부 생각을 변화시켰지만 영재아들은 잘 적응하고 있기 때문에 이들에 대한 상담 활동은 불필요하다는 또 다른 신화를 만들었다고 주장하였다. 즉 Terman 등의 연구로 인해 영재아들이 일반 아동들과 마찬가지로 직면할 수 있는 개인적, 사회적 문제를 간과했다고 할 수 있다.

한편 Hollingworth(1926, 1942)는 영재아 상담에 관심을 갖도록 한 초기 공헌자라고 할 수 있다. 예를 들어 그녀는 일반적인 아이들을 대상으로 하는 교육은 영재아들의 요구를 충족시켜주지 못하기 때문에 영재아들의 관심을 끌기 어렵다고 하였다. 그녀는 또한 지적, 정서적, 신체적 발달 간의 불균형으로부터 나타날 수 있는 문제를 확인하였다.

1930년대 초 이래로 영재아 상담은 하버드 대학의 Gowan과 Rothney에 의해 주도되었다. 'National Association for Gifted Children'의 창시자인 Gowan(1960, 1967, 1979; Gowan & Demos, 1964)은 영재아 상담 프로그램을 개발하여 운영하였다. 이 프로그램에는 개인상담이나 집단상담을 통하여 어린 아동들의 긴장 완화, 자기 이해와 자신감 확립, 자신의 창의적 잠재력에 대한 가치부여 등에 도움이 될 수 있는 심리 치료적 요인들이 포함되었다. 또한 이 프로그램은 직업선택과 관련된 정보를 제공해 주었으며 교사나 상담자들을 연수시키기도 하였다. 1950년대 Rothney는 'Guidance Institute for Talented Students'를 조직하였는데, 이 기구는 오늘날 영재아 상담 담당자를 연수시키고 각 학교에 생활지도 프로그램을 개설하는데 도움을 주며 영재 고교생들을 직접 상담하는 활동을 하고 있다.

Write 주립 대학교의 Webb에 의해 1980년 설립된 SENG(Supporting the Emotional Needs of the Gifted)에서는 영재아의 심리적 요구 파악과 상담 활동을 하고 있다. 이 밖에 1982년 설립된 Nebraska 대학의 'Guidance Laboratory for Gifted and Talented", 1988년 조직된 Iowa 대학의 'Connie Belin National Center for Gifted Education' 등이 영재아의 개인상담, 진로지도, 가족상담 등을 실행하고 있다.

Silverman(1983)은 지난 반세기 동안 실행되어 온 영재아에 대한 상담 활동은 학습부진에 대한 이해, 창의성의 특징 기술, 문화적으로 다양한 특수한 문제 인식, 영재성이 있는 여성의 어려움, 진로상담 프로그램 개발 등의 발전에 큰 공헌을 했다고 평가하였다. 이러한 주제들에 대한 더 많은 연구가 필요한 반면 아직 연구되어야 할 문제 역시 많다. 예를 들어, 속진 프로그램이 개인 및 사회적 적응에 어떠한 영향을 미치는가는 자아개념과 적응, 가족 관계, 지적 수준 등과 같은 영재아들의 개인차 요인과 혼합되어 매우 불분명하다(Cornell, Callahan, & Lloyd, 1991a, 1991b; Stanley, 1991; Davis & Rimm, 1994).

Section

2. 영재아 상담의 원리

상담의 필요성에 대한 예비조사에 따르면 영재아들은 흔히 남들과 다르다고 느끼며 가족이나 친구들과 조화로운 관계를 유지하는 데 어려움이 있는 것으로 밝혀졌다. 많은 영재아들은 '영재성'이란 말이 찬사와 조롱을 동시에 내포하기 때문에 혼란스러워한다.

영재아들에게서 흔히 볼 수 있는 문제의 유형은 다음과 같다(Delisle, 1992; Landrum, 1987; Silverman, 1983).

- 사회적 관계에서의 어려움, 또래로부터의 따돌림
- 재능을 드러내 보이도록 요구하는 외부 압력
- 불안, 우울
- 비난 수용의 어려움
- 획일적인 과제 수행에 대한 거부
- 지나친 경쟁심
- 일상생활에서의 지적 욕구 불충족

다음은 Van Tassel-Baska(1983a)가 제안한 영재아 상담의 원리이다.

- 영재아 상담자는 영재아의 지적 · 정의적 특성을 잘 이해해야 한다.
- 영재아가 이질감, 열등감, 사회적 고립 등을 느끼지 않도록 하며 영재아들이 자신의 특수한 특성을 이해하도록 도움을 주어야 한다.
- 학업이나 직업, 또는 심리 사회적 상담 프로그램은 영재아의 인지적 · 정의적 요구에 초점을 두어야 한다.

- 영재아가 적절한 교육을 통하여 개인적 진보를 이룰 수 있도록 도움을 주는 것과 같이 영재아를 옹호하는 행동을 해야 한다.
- 개인교사와 모델뿐만 아니라 도서관, 대학, 박물관 등과 같은 유용한 자원에 대한 정보를 제공해 주어야 한다.
- 영재아가 자기 주도적이며 독자적인 학습자가 될 수 있도록 격려하고 도움을 주어야 한다.
- 영재아의 장·단점을 평가할 수 있는 절차를 개발하고 영재아가 자신의 계획을 개발할 수 있도록 도움을 주어야 한다.
- 영재아가 자신의 문제나 현재의 상황을 파악할 수 있도록 격려해 주고 적절한 독서 목록을 제공해 주며 그 이후에 진행되는 토론을 정리해 주어야 한다.
- 사회 경제적 지위가 낮은 영재아의 가치 갈등을 잘 고려해야 한다.
- 여자 영재아에 특별한 관심을 갖고 이들이 학업적 포부수준을 높이 설정하도록 하며 수학이나 과학과 같은 과목을 더 많이 수강하도록 해야 한다.
- 영재아의 개인적 요구나 문제에 관하여 교육현장 내에 있는 다른 교사들과의 의사소통이 지속되도록 해야 한다.
- 영재아 프로그램에 참가할 영재아 판별 과정에 참여해야 한다.
- 영재아를 담당하는 교사들은 영재아의 학습부진, 사회적응, 개인적 문제 등과 같은 여러 문제와 관련된 현직 연수를 실행하기 위하여 부모, 심리학자, 혹은 기타 인사들과 협의해야 한다.

Section

3. 영재아 상담의 주요 주제들

1) 자아개념, 자아존중감, 사회적응 및 정체성

영재아는 발달 초기부터 자신의 영재성 때문에 여러 가지 심리적 문제를 경험하게 된다. Silverman(1991)에 따르면 영재아들은 태어날 때부터 잠을 잘 자지 않고 환경에 민감하게 반응하며 부모가 자신들의 욕구를 자극시켜 주기를 갈망하는 매우 활동적인 아동들이라고 하였다. 영재아들의 발달은 일정하지 않아 언어 기술은 조숙하더라도 소근육 협응 능력은 평범할 수가 있다(Rimm, 1986). 또한 이들은 자신보다 나이가 더 많은 아동이나 성인과 함께 지내기를 좋아하는 경우도 있다.

학교에서는 일반적으로 정신연령이 아니라 생활연령을 바탕으로 학급이 편성된다. 이러한 학급에서 자신의 지적·사회적 욕구를 충족시킬 수 없다는 것을 깨닫게 되는 영재아는 소외감, 좌절감, 이질감 등을 느낄 수 있다. 영재아들은 자신과 유사한 능력, 흥미, 문제, 요구 등을 갖고 있는 '진짜 또래'들과의 교류가 불가능하기 때문에 사회성이 미숙할 수도 있다. 또한 이들은 일반 아동들로부터 따돌림을 당할 수도 있을 것이다.

학령기 아동의 자아존중감은 대부분 학업성취 정도에 의하여 영향을 받는다. 일반적으로 영재아들은 일반 학생들에 비하여 학업적 자아존중감과 자신감이 높다(Colangelo, 1991; Janos, Fung & Robinson, 1985). 사실 영재아들의 학업적 자아개념은 높은 반면 사회적 자아개념은 낮은 편이다(Ross & Parker, 1980; Winne, Woodlands, & Wong, 1982). 연령이 어린 영재아들은 학업과 관련된 자신들의 영재성에 자긍심을 갖지만 자신들의 영재성 때문에 또래들과의 사회적 관계가 원만하지 않게 되는 것을 좋아하지 않는다. 영재아는 교사나 일반 아동들이 자신을 부정적으로 생각할 것이라고 믿는 경향이 있다(Colangelo & Kelly, 1983; Kerr, Colangelo, & Gaeth, 1988). 그 결과 영재아들은 자신들이 '멍청이' 혹은 '괴짜' 등으로 판단되는 것이 두려워 자신들의 영재성을 숨길 수도 있다.

지능지수가 높을수록 또래 간의 상호관계가 더 미숙한 것으로 보인다. 예를 들어, Silverman, Chitwood, 그리고 Waters(1986; Silverman, 1991)는 지적 자아개념과 사회적 자아개념 간의 관계에 관한 연구를 수행하였다. 그 결과 일반 아동들에게서는 지적 자아개념과 사회적 자아개념 간의 불일치가 없었고, 중간 정도의 영재아들(지능지수 120~131)에게는 이들 요인들 간에 약간의 불일치가 발견되었다. 그러나 지능이 매우 높은 영재아들에게서는 사회적 자아개념보다 지적 자아개념이 훨씬 높은 것으로 나타났다.

영재아는 사회적 고립감, 독특성, 이질감, 자기 분석적 능력으로 인하여 자신이 누구이며 어떠한 인간이 되어야 할 것인가와 같은 정체성 문제를 심각하게 경험하게 된다. Colangelo(1991)는 상담자들은 질문이나 토론을 통하여 영재아들이 자기 지각과 타인과의 관련성을 명확히 이해하도록 해야 한다고 제안하였다.

영재아들이 영재학교나 영재학급, 혹은 영재 프로그램에 참여하게 되었을 때 했을 때 이들의 지적·사회적 욕구 둘 다 충족될 수 있다(Higham & Buescher, 1987; Silverman, 1991). 즉 '모든 아이들이 영재들이고 지능과 능력을 가치 있게 여기는 곳에서는 학생들의 사회적 관계가 활발하게 이루어진다.'(Higham & Buescher, 1987).

영재 또래들 사이에서조차도 소외되는 영재아들이 있다. Cornell(1990)은 대학에서 주최한 심화 프로그램에 참여한 5학년에서 11학년의 영재아들을 인기가 없는 영재아, 보통인 영재아, 인기가 많은 영재아로 구분하여 연구를 수행하였다. 그 결과 세 집단 간에는 학업 성취도나 능력 면에서 차이가 없었으나 자아개념과 부친의 직업에서 차이가 나타났다. 인기가 없었던 영재아들은 학업적, 신체적 자아개념은 낮지 않았지만 사회적 자아개념은 낮았다. 인기가 많았던 영재아들의 부친은 더 저명한 직업을 갖고 있었는데, 아마도 이것이 의복, 언어 사용, 자신감 혹은 가족의 사회경제적 지위와 관련된 행동에서의 차이를 유발시켰을 것이다. 교사들은 인기가 없는 영재들이 과업과 의사결정을 독자적으로 수행하지 못하고, 새로운 과제를 주도적으로 실행하는 능력이 부족하고 지나치게 주목받으려고 하며 소란스럽고 덜 협조적이라고 생각하는 경향이 있다. 또한 이들은 실패를 잘 수용하지 못하며 지나치게 비판적이라고 생각하기도 한다.

2) 완벽주의

완벽주의는 대부분 일반인들에게 큰 문제가 되지 않지만 영재아들에게는 매우 심각한 문제의 원인이 될 수 있다. 영재아들의 완벽주의는 그들이 어린 시절부터 우수한 성적만을 받아왔다는 것과 교사나 부모로부터 뛰어나야 한다는 피드백을 끊임없이 받는 데서 기인한다. 영재아들은

'천재다', '아인슈타인 같다', '완벽해!' 등과 같은 극단적인 칭찬을 내재화함으로써 그러한 칭찬에 계속 의지하게 되고, 그러한 칭찬을 충족시킬 만한 수준의 성취를 해야 한다는 압력을 심하게 느낀다. 또한 모든 일을 완벽하게 처리해야 한다는 압력은 가족 구성원, 또래, 자기 자신으로부터 발생하기도 한다. 어떤 영재아들은 이러한 완벽주의적 성향으로 인하여 고민을 하고 죄책감을 느끼며 지나치게 공부에 몰두한다.

완벽주의자적 성향을 가진 학생들은 모든 일을 완벽하게 처리하는 것이 불가능하다는 것을 이해해야 한다. 이들은 '최선을 다한다'와 '지나치게 노력한다' 간의 차이, 즉 합리적인 판단에 의한 수월성 추구와 완벽해야 한다는 강압적인 의식 간의 차이를 이해할 필요가 있다. 영재아들은 또한 인생의 3가지 주요 영역인 공부와 학교, 놀이와 취미활동, 가족과 사회적 관계 간의 균형을 유지하는 법을 배워야 한다. 이들은 어려운 일에 봉착했을 때 대안을 탐색하는 방법이나 실수를 스스로 받아들일 수 있는 자세를 학습해야 한다. 상담자는 이처럼 영재아들의 정서에 부정적인 영향을 주는 왜곡된 완벽주의적 성향을 고칠 수 있도록 도움을 주어야 한다.

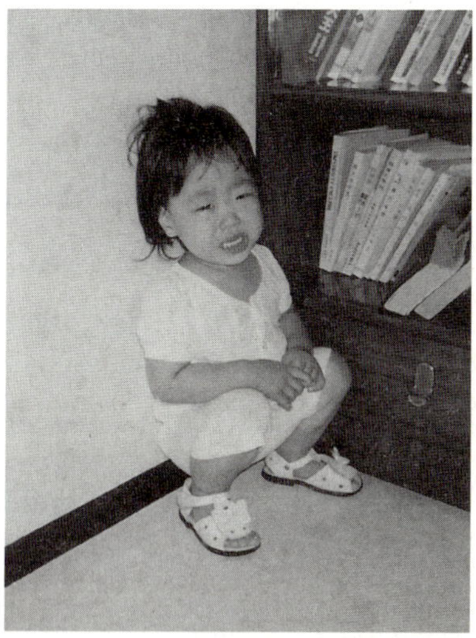

사진 8-1 완벽주의와 정서적 예민성을 가진 아이

3) 정서적 예민성과 주의력 결핍 과잉 행동장애

영재아 중에는 일반인들에게 찾아보기 어려울 정도로 정서적으로 예민하고 과도하게 흥분하는 영재아들이 있다. Piechowski(1991)는 정서적 예민성과 과도한 흥분이 심리운동, 지적, 상상, 감각, 정서 영역에 미치는 영향을 다음과 같이 기술하였다.

심리 운동적 측면에서 볼 때 이러한 아동들의 에너지, 동기, 열성, 불안 수준은 지나치게 높아 의무감에서 이야기를 하거나 말의 속도가 빠르다. 이들은 행동을 해야 한다는 압박감을 느끼고 충동적으로 행동을 하는 경우도 있다. 즉 이들은 주의력 결핍 과잉 행동장애(ADHD)의 증상을 보인다.

영재아들의 정서적 상태는 지적 분야에서 질문, 발견, 진리 탐구, 이상과 이론적 분석 등을 좋아한다. 이들은 다양한 영역의 책을 읽으며 특정한 문제해결에 몰두하고 자신이 설정한 의문을 지속적으로 탐구한다. 또한 가치와 도덕적 추론에 대한 이들의 관심은 범우주적 가치를 개발하는데 도움이 된다.

상상 분야에서 이들은 매우 창의적인 사람의 특징을 나타낸다. 이들은 생생한 상상, 환상, 꿈, 마술적 사고, 발명, 시적·드라마적 지각 등을 즐긴다. 또한 사실과 허구를 혼합하고 사물을 시각적으로 생생하게 재생하며 특이한 것을 선호하지만 미지에 대한 두려움을 갖는다.

정서적으로 예민하고 과도하게 흥분하는 영재아들은 감각 분야에서 생동감 있는 감각을 경험하게 된다. 이러한 학생들은 오감(五感)의 사용을 즐기며 과식, 음주, 자위행위 등으로 자신들의 감각을 표현하기도 한다.

마지막으로 정서적 측면에서 이들의 정서상태는 극단적이며 감정의 변화가 심한 것으로 나타난다. 정서상태가 긍정적일 때는 기쁨, 환상적인 생동감, 믿을 수 없을 정도로 많은 에너지가 발생하며 정확한 사리판단과 다른 사람에 대한 배려가 나타난다. 반면에 정서가 부정적일 때는 수줍음, 공포, 불안 등이 나타나서 위장병, 의기소침, 죄책감, 우울, 자살 충동, 열등감을 갖기도 한다.

지금까지 살펴본 특성을 지닌 아동들은 이질감, 당혹감, 심지어 죄책감까지 느끼게 될 것이다. 영재아들은 과도한 예민성과 흥분 수준을 조절할 수 없기 때문에 고립감과 자신의 능력에 대한 의구심을 갖게 되어 자신에게 무언가 잘못이 있을 것이라고 생각하게 될 것이다. 이러한 갈등을 해결하기 위해 이들은 자신의 영재성을 숨기고 '보통'이 되려고 하거나 자신들이 만든 공상적인 세계에 파묻히려고 한다. 이러한 해결법은 결국 '내부 방어'로서 생동감 상실, 성취감 축소, 자신의 정체성에 대한 혼동 등의 결과를 낳는다(Piechowski, 1991).

불행하게도 영재아들의 정서적 상태를 이해하는 교사나 상담자는 거의 없다. 영재아의 정서적 예민성과 과도한 흥분의 가치를 이해하지 못하는 교사, 상담자, 부모 등이 그것을 무시하거나 나타나지 못하도록 하는 것은 큰 손실이다.

4) 꼬리표 붙이기

정신지체아, 정서장애아, 학습장애아 등과 같이 꼬리표를 붙이는 것(labeling)은 특수교육은 물론 영재교육에서도 논란의 대상이 되고 있다. 꼬리표를 붙이는 것은 특수한 학습자의 판별, 기금 조성, 적절한 프로그램 제공 등의 과정에 반드시 필요하지만, 이로 인해 성인들로 하여금 고정관념이나 잘못된 가정을 갖도록 하는 경우가 많다. 또한 이것은 특수한 학습자로 낙인된 아동 자신이 자신을 다르게 지각하도록 하는 원인이 되기도 한다(Colangelo, 1991; Rist & Harrell, 1982).

영재 혹은 영재 프로그램이라는 꼬리표는 긍정적인 이미지를 주지만 한편으로는 민주주의나 평등의 이념과 부합되지 않는 경우도 있다. 우리는 누군가가 갖고 있는 재능을 인정하면서도 '모든 인간은 평등하게 창조되었다'라는 평등 개념을 신봉한다(Colangelo & Davis, 1991; Gardner, 1961). 이러한 평등주의적 개념은 1990년대 초기에 절정을 이루게 되어 능력별 집단편성의 폐지와 협동학습의 촉진을 유발시켰다.

대부분 영재아들은 자신이 영재라고 불리며 영재 프로그램에 참여하기를 원하지만 자신의 자아가 어느 정도 확고하게 형성되는 청소년기에 이르면 그러한 꼬리표를 좋아하지 않게 되고 영재 프로그램에 참여하기를 꺼려하기도 한다. 영재아라는 명칭이 가족의 역동성에 미치는 영향에 관한 연구는 거의 없다. 그러나 영재아가 있는 가정에서는 형제 · 자매간의 질투와 경쟁이 증가한다고 한다(Peterson, 1977). 또한 영재아의 형제 · 자매는 그렇지 않은 아동의 형제 · 자매에 비하여 사회적으로나 정서적으로 잘 적응하지 못한다(Cornell, 1983).

Renzulli와 Reis(1991b)는 영재아라는 꼬리표로 인하여 행동상의 문제가 영재아에게 나타날 수 있기 때문에 영재라는 명칭의 사용을 지양할 것을 주장하였다. 영재성은 영재아 판별 과정에서 아동에게 부여되는 꼬리표가 아니라 개발되어야 하고 드러나야 할 행동이다. 이러한 의미에서 영재라는 명칭으로 인하여 발생할 수 있는 사회적 문제를 예방할 수 있는 전략이 필요하다.

5) 진로 선택

진로 선택은 영재아를 비롯해서 모든 사람들에게 중요한 의미가 있다. 예를 들어 예술, 의학연구, 법학, 사업 등과 같은 장래 진로는 영재아의 정체성이자 자기표현의 수단이 될 것이다. 이들의 진로에는 삶의 철학과 가치가 반영되어야 할 것이다.

영재아들은 자신들의 성격, 흥미, 능력을 구체적인 진로 선택과 관련시키고 다양한 직업군의 장 · 단점, 직업을 갖는데 필요한 자격 조건, 훈련, 삶의 방식을 이해하는 데 도움이 필요하다. 이때 현장견학, 개인지도 프로그램, 현장연구 프로그램 등이 도움이 될 것이다. 또한 각종 검사나 평가 자료는 교사 혹은 상담자가 영재아의 능력, 흥미, 교육적, 직업적 요구를 이해하는데 도움을 줄 수 있을 것이다.

Perrone(1991)은 자아개념 형성과 진로 선택을 결정짓는 것은 사회계층, 지능, 성(性) 요인이라고 하였다. 즉 진로는 사회계층, 능력에 대한 지각, 성 역할에 대한 자기 정의 등을 근거로 형성되는 자기 기대와 타인의 기대를 바탕으로 결정된다는 것이다. Perron은 또한 청소년들은 진로를 결정할 때 실질적인 직업 활동보다 직업을 갖게 될 경우에 교류하게 될 사람들의 성격이나 직업 양식을 더 중요시한다고 하였다. 따라서 상담자는 학생들이 잘못된 직업관을 수정하도록 도움을 줄 필요가 있다.

Perron은 진로결정 과정에서 나타나는 사회계층, 지능, 성의 역할에 대하여 다음과 같은 5단계로 기술하였다.

1단계(3 ~ 5세)에서 아동은 성인에게 가치를 부여하는데, 그것은 성인의 신체적 크기와 힘이 특정한 활동의 허용 여부를 결정하기 때문이다. 자신에게 만족감을 주는 환상을 바탕으로 진로를 선택하기 때문에 이 단계의 아동들은 사탕 가게나 장난감 가게를 갖고 싶어한다.

2단계(6 ~ 8세)에서 아동은 성 역할에 관심을 갖게 되어 자신의 성과 부합되는 진로를 선호한다. 이 시기에 비서나 간호사가 되기를 원하는 남자 아이들은 많지 않으며 군인이나 집배원이 되기를 원하는 여자 아이들은 거의 없다.

3단계(9 ~ 13세)에서는 사회적 가치를 고려하게 된다. 사회적 계층과 직업의 위신이 포부와 기대에 영향을 미친다. 또한 이 단계의 아동들은 능력이 직업의 중요한 결정 요인이며 지적 능력이 높을수록 더 높은 수준의 직업을 가질 수 있다는 것을 인식하게 된다. 아동들의 행동과 포부 설정은 주로 또래에 의해 영향을 받으며 사회 계층이 높은 아동일수록 포부 수준이 높은 경향이 있다.

4단계(청소년 초기)는 정체성 위기로 불리는 청소년기로서 내적으로 독특한 자아(internal unique self)에 관심을 갖게 된다. 이 시기의 진로 선택 과정에서 가장 우선적으로 고려되는 것은 성 역할이다. 즉 성에 따라 부적절한 것으로 보이는 직업은 제외된다. 그다음에는 직업의 사회적 계층이 고려된다. 또한 이 시기의 학생들은 특정한 직업을 성취하는 데 필요한 노력의 양을 고려하게 되어 노력이 많이 요구되는 직업은 선택하지 않으려고 한다.

5단계(청소년 후기 ~ 성인초기)는 자신의 통합된 세계관을 바탕으로 직업을 선택하는 시기이다. 이 시기의 영재아들은 풍부하고 다양한 경험을 바탕으로 자신이 선택하는 직업이 사회와 어떤 관계가 있는가를 이해하고 수용하게 된다. 이들은 자신의 흥미를 대신해 줄 수 있는 세계관을 획득하며 자신의 직관을 발달시키고 신뢰한다. 또한 수단과 목적에 동등한 가치를 부여하며 발전 가능성을 바탕으로 직업을 선택하게 된다.

영재아들은 진로를 결정하는 데 있어 여러 면에서 일반 아동들과는 다르므로, 다음에 제시하는 **표 8-1**을 참조하는 것도 좋은 방법이다.

＊ 표 8-1 영재아의 진로 선택의 특징

〈심리학적 요인〉
- 진로를 선택할 때 성 역할 고정관념의 영향을 비교적 적게 받는다.
- 평생 동안 직업을 바꾸지 않으려고 한다.
- 진로는 정체성 확립에 중요한 역할을 한다. 자신의 의지로 진로를 선택하려고 한다.
- 성취와 숙달 욕구가 강하다.
- 사회에 기여하고자 하는 욕구가 강하다.
- 수단과 목적을 동시에 만족시킬 수 있는 목표를 추구하려고 한다.

〈심리-창의적 요인〉
- 개인적 · 환경적 한계, 현 상태에 대한 도전, 자신과 타인에 대한 의문을 검증해 보고자하며 과제를 쉽게 종결하려고 하지 않는다.
- 자신의 미래를 창조할 능력이 있다.
- 위험을 기꺼이 수용하려고 한다.
- 자신의 삶에 전적으로 몰입해 있다는 증거로 변화를 추구하려고 한다.

〈사회적 요인〉
- '미래 의식'이 강한데 이것은 곧 이들이 존재(being)보다는 성장(becoming)을 중요시한다는 의미이다.
- 폭넓은 세계관을 갖고 있다.
- 사회에 대한 책임감이 강하다.

출처 : Perrone, 1991

영재아들의 다양한 잠재력으로 인해 경험하게 되는 딜레마는 '풍요 속의 곤경'이라고 표현할 수 있다(Colangelo, 1991; Delisle, 1992; Sanborn, 1979). 특정한 분야에만 탁월한 능력을 갖고 있는 영재아들이 있지만 대다수의 영재아들은 많은 영역의 일을 잘할 수 있는 능력을 갖고 있다. 이러한 영재아들은 자신이 갖고 있는 많은 잠재력 중에서 하나 혹은 둘을 선택하기가 쉽지 않다는 것을 발견하게 될 것이다.

다음은 다양한 잠재력을 갖고 있기 때문에 곤경에 처한 학생의 사례이다.

> 재민이는 초등학생이지만 대학에서 철학과 컴퓨터 과학과 관련된 과목을 수강하고 있었는데 담당 교수들은 각각 자신의 전공에 그 아동이 적합하다고 주장하였다…… 나중에 대학에 입학했을 때 문학과 과학 전공의 교수들 역시 그 학생에게 자신들의 분야에서 학업을 계속할 것을 권장하였다.

영재아가 자신의 잠재력을 전문적으로 신장시킬 수 있는 진로를 탐색할 기회를 제공해야 한다. 아동들은 장기적인 관점이나 도전감을 줄 수 있는 직업보다는 즉각적인 흥미를 제공해 주는 직업에 매력을 느끼는 경우가 많다. 영재아들에게 단지 "네 머리로는 네가 원하는 것이라면 무엇이든 할 수 있단다."라고 말해 주는 것으로 다양한 잠재력으로 인하여 겪게 되는 이들의 문제를 해결해 줄 수 없다. 상담자들은 아이들이 편견 없이 다양한 직업 세계를 탐색하고 도전감과 성장 가능성을 고려해서 직업을 선택할 수 있도록 도움을 주어야 한다. 최근 재능 있는 많은 학생들은 독특한 직업 선택의 기회를 만들기 위해 자신의 전공을 타 전공과 결합하기도 한다. 예를 들면, 법학을 전공하는 학생이 경영학, 의학, 혹은 지질학을 동시에 공부하기도 한다.

'기대'와 관련된 문제도 매우 많다. 자녀의 높은 능력을 맹신하는 일부 부모들은 자녀들에게 최고의 성적, 일류대학 진학, 높은 직위의 직업 등을 기대한다(Zaffrann & Colangelo, 1979). 반면에 어떤 부모들은 자신의 자녀가 갖고 있는 특별한 재능을 무시하고 대학 진학을 거의 지원해 주지 않으면서 자신의 과업을 이어받거나 농장 같은 곳에서 일하기를 기대한다.

부모나 친척, 심지어 영재아 자신조차도 높은 학업과 직업적 성취를 기대한다고 해도 학생 자신은 전적으로 다른 방법으로 살기를 원할 수도 있을 것이다. 또한 영재아들의 직업과 관련된 기대는 사회경제적 지위에 의해 제한될 수 있다. 상담자들은 다양한 장학제도의 안내와 같은 방법으로 가정의 경제적 사정이 어려운 영재아들이 그들의 환경을 극복할 수 있도록 도와주어야 한다.

4. 영재아 상담을 위한 교사, 상담자, 부모의 역할

Colangelo(1991)은 영재아 상담 프로그램의 개발을 안내할 수 있는 두 가지 접근, 즉 치료적 접근과 발달적 접근을 제안하였다. 영재아들은 심각한 문제를 갖고 있거나 그러한 문제에 직면할 위험이 있다는 가정을 하는 것이 치료적 접근이다. 여기에서 상담자는 문제해결을 돕거나 영재아들이 직면하게 되는 어려움을 최소화할 수 있도록 항상 대기하는 역할을 하게 된다. 발달적 접근의 주요 목적은 치료보다는 영재아들의 교육적 성장을 지원해줄 수 있는 환경을 만들어 주는 데 있다.

1) 발달적 관점에 따른 상담 계획

발달적 관점에 따른 상담계획에는 다음과 같은 요소들이 포함될 수 있다.

- 명확하고 일관성 있는 원리
- 정의적, 인지적 요구를 바탕으로 한 활동
- 영재아에 대한 지식이 풍부한 상담자
- 치료적 서비스뿐만 아니라 개인, 가족, 혹은 교사 상담 제공
- 해당 학생은 물론 교사, 부모, 혹은 행정가의 참여
- 상담자의 전문성 개발

2) 행정가, 교사, 상담자 및 부모의 역할

영재아 상담과 관련된 행정가, 교사, 상담자, 그리고 부모의 역할과 책임은 다음과 같다(Landrum, 1987).

(1) 행정가의 역할

- 영재성의 의미를 학습한다.
- 영재아의 요구와 문제를 이해한다.
- 교사, 상담자, 그리고 기타 다른 또래들 간의 협동 작업을 조정한다.

- 교사나 다른 담당자들이 적절한 훈련을 받을 수 있도록 한다.
- 영재아 교육에 대한 학교 및 교육청 차원의 연수를 제공한다.
- 영재아 교육 담당자들이 정규적인 모임을 가질 수 있도록 한다.
- 교육적으로 가치 있는 의사결정을 할 수 있어야 한다.
- 영재아 담당자들의 의견을 경청하고 그것에 반응한다.
- 적절한 재정을 확보한다.
- 프로그램에 적절한 시설을 제공한다.

(2) 교사의 역할

- 영재아들의 의견을 경청한다.
- 아동의 재능 정도를 파악해서 아동이 모든 영역의 일을 잘할 수 있을 것이라고 기대해서는 안 된다.
- 검사 자료나 누가적 기록에 나타난 정보를 이해한다.
- 아동에게 지적인 도전감을 제공한다.
- 아동의 개인적 흥미를 지원해 주거나 자극한다.
- 진로에 관한 정보를 제공한다.
- 아동에 관한 정보를 다른 교사나 상담자와 공유한다.
- 영재아의 인적 자원이 될 수 있는 사람이나 지역 인사를 확보한다.

(3) 상담자의 역할

- 아동의 말에 경청한다.
- 아동이 상담에 참여하도록 유도한다.
- 아동이 자신의 가치를 명료화시킬 수 있도록 한다.
- 아동이 상담실에 자발적으로 찾아오도록 한다.
- 개인과 집단 회의를 제공한다.
- 아동이 적절한 자원을 찾을 수 있도록 지원한다.
- 필요한 경우 특별한 서비스를 제공한다.
- 생활지도를 하고 담임교사가 그러한 활동을 할 수 있도록 도움을 제공한다.
- 교육이나 과업 추구와 관련된 아동 자신의 흥미를 탐색해 보도록 한다.

- 별 아동들에 관한 정보를 수집한다.
- 영재아가 잘 적응할 수 있는 풍토를 조성하기 위하여 교사, 교장, 혹은 그 밖의 담당자들과 협력한다.
- 학부모와 상담을 한다.
- 상담 프로그램을 전반적으로 조정한다.
- 영재아 프로그램의 장 · 단점을 평가한다.

(4) 부모의 역할

- 아동의 말에 경청한다.
- 교사와의 의사소통을 원활하게 한다.
- 교육과정 결정에 참여한다.
- 학부모회를 조직한다.
- 아동의 잠재력을 신장시킬 수 있는 시간을 제공한다.
- 아동에게 시간 관리법을 가르친다.
- 아동이 의사결정을 현명하게 하도록 도움을 준다.
- 창의적인 사고를 할 수 있는 시간을 제공한다.
- 독서를 장려한다.
- 위험을 적절히 감수하도록 하고 여가 시간을 잘 활용하도록 한다.
- 연령에 합당한 기대를 한다.
- 아동의 흥미를 지원한다.
- 부모가 충족하지 못한 목표를 아동이 성취시켜 줄 것이라고 기대하지 않는다.

Section

5. 영재아 상담 전략

1) 영재아의 유형별 상담 전략

Betts와 Neihart(1986)는 인지적, 성격적, 동기적 차원을 바탕으로 영재아를 다음과 같은 6가지 범주로 구분하고 유형별 상담전략을 소개하였다.

(1) 성공적 영재아

의지가 굳고, 성취 지향적이며 완벽주의적인 성향이 있다. 성인이나 또래들로부터 칭찬을 받지만 위험 감수, 적극적 태도, 내재적 동기 등의 계발이 필요하다.

(2) 도전적 영재아

창의적이지만 쉽게 좌절하고 지루해하며 반항적일 뿐만 아니라 주도권을 잡으려는 경향이 있다. 이들에게는 자의식, 자기 통제감, 융통성, 소속감 등을 더 많이 갖도록 하고 이들의 창의성을 지원해 줄 필요가 있다.

(3) 소극적 영재아

불안정하고 수줍어하며 자아개념이 낮다. 영재아로 판별되지 않을 수 있으며 순응자 혹은 도전을 두려워하는 아동으로 인식될 수 있다. 이들에게는 자의식, 자기수용, 영재 또래들과의 상호작용, 독자적 의사결정 등이 요구된다.

(4) 중도 탈락 영재아

이들은 여러 해 동안 학교 교육과정이 자신의 요구를 충족시켜 주지 못했기 때문에 분개하며 언제 폭발할지 모르며 탈진되어 있다. 성인들은 이들을 고독한 반항아로 간주할 것이며 또래들 역시 이들을 '멍청이' 혹은 '중도 탈락 예정자'라고 생각할 것이다. 이들에게는 이들이 신뢰하는 성인과 함께 일을 할 수 있는 기회와 개인 및 가족 상담이 필요하다.

(5) 장애를 가진 영재아

학습장애, 신체장애, 혹은 정서장애 등을 갖고 있는 영재아가 있을 수 있다. 이들에게서는 낮은 자아존중감, 좌절감, 무기력, 분노 등을 찾아볼 수 있다. 성인이나 또래 모두 이들을 평범하거나 무언가 이상한 학생으로 볼 것이며 이들이 갖고 있는 장애만을 주목할 수도 있다. 이러한 영재아들은 이들의 영재성을 강화시켜 줄 수 있는 성인이나 또래 지원 집단, 그리고 이들의 장점과 기술 개발에 중점을 둔 대처 전략이 필요하다.

(6) 자율적 영재아

자신을 잘 파악하고 있어서 자신의 장·단점을 수용한다. 이들은 열성적이고 내재적으로 동기화되어 있으며 심리적으로도 건강하다. 이들은 성인이나 또래들로부터 칭찬을 받으며 책임감이 있는 것으로 간주된다. 이들은 자신들의 영재성이나 재능을 계발시킬 수 있는 기회와 시설, 그리고 지지가 필요하다.

2) 교사와 상담자가 활용할 수 있는 중재전략

다음은 교사나 상담자가 활용할 수 있는 중재 전략과 활동의 예이다 (Landrum, 1987).

첫째, 자의식 고취, 자아개념 개발, 자기발견, 자기향상, 자아실현 추구 등과 같은 개인적·사회적 목적을 달성하기 위한 전략이다.

- 또래 공동체를 만들고 영재아가 특정한 문제를 토론할 수 있도록 집단상담을 사용하라.
- 문제의 이해를 돕도록 시뮬레이션과 역할극을 활용하라.
- 자의식을 고취시키기 위하여 독서치료나 개인적 글쓰기를 사용하라.
- 여자 아동들이 수학, 과학, 컴퓨터와 같은 교과를 수강하도록 권장하라.

둘째, 공부 향상, 문제해결, 자기 주도적 학습과 같은 학업 목표를 안내할 수 있는 전략들이다.

- 노트 정리, 요약, 복습, 시험 치르기, 재미 삼아 책읽기 등과 같은 활동을 권장하라.
- 분석, 명료화, 문제해결 전략 수립 등과 같은 문제해결 기능을 연습하고 개발할 수 있는 활동을 제공하라.
- 도서관 활용이나 정보검색 체제와 같은 탐색 기술의 학습과 자율적 학습을 조장하라.
- 적용, 분석, 종합, 평가와 같은 고차원적인 사고를 촉진시킬 수 있는 질문을 활용하라.

- 아동(특히 사회경제적 지위가 낮은 아동)이 미술, 음악, 과학, 독서 등을 즐기도록 하라.
- 아동이 자발적인 흥미를 보이는 영역을 주목하고 지원하라.
- 지역 사회의 자원 인사가 참여하는 세미나를 개최하라.

3) 글쓰기와 독서치료

상담하는 것을 불편해하면서도 글로 자신을 잘 표현하는 영재아들이 많다. 자신에 관한 글쓰기는 영재아들이 상담자에게 말로 표현해야 한다는 부담 없이 자신의 문제, 감정, 지각, 포부 등을 분명히 하는데 도움을 줄 수 있다. 이러한 아동들에게 '미래의 나'와 같은 주제를 제시해 준다면 아동들은 개인적, 사회적, 교육적, 혹은 진로와 관련된 문제에 관한 자신의 생각을 기술할 수 있을 것이다. 이러한 에세이는 상담자에게 개인적 면담이나 생활지도에 필요한 중요한 정보를 제공해 준다.

Kenny(1987b)는 자아개념이나 또래 관계와 관련된 학생들의 긴장, 스트레스, 불안 등을 명확하게 하기 위하여 다양한 창의적 글쓰기 전략을 사용하였다. 창의적 글쓰기는 학생과 교사(혹은 상담자) 간의 관계를 긍정적으로 유지하는 데 도움이 된다. 창의적 글쓰기는 에세이, 시, 단편소설, 저명인사에게 보내는 편지 등 다양한 형태가 가능하다.

독서치료(Bibliotheraphy)는 독서 자료를 통해서 정서적 문제를 해결해 주고 정신건강을 촉진시켜 주는 것이다(Delisle, 1992). 영재아에게 영재성 때문에 겪게 되는 어려움과 장점에 관하여 독서하는 것은 영재아들이 자신을 이해하는 통로를 제공해 줄 수 있다. 일반적으로 독서치료는 영재아들이 자신의 문제를 이해하고 자신이 느끼는 감정이 특이한 것이 아니며 더욱이 잘못된 것도 아니라는 것을 인식하도록 하는 데 목적이 있다.

4) 스트레스 해소법

전술한 바와 같이 영재아들은 보통 아동들이 일반적으로 느끼지 못하는 독특한 형태의 스트레스를 받는다. 특히 이들이 경험하는 이질감은 스트레스의 근원이 되며 정서적 예민성과 과도한 흥분에 의해 더욱 확장될 수 있다. Webb, Meckstroth, 그리고 Tolan(1982)의 지적대로 모든 영재아들은 일정한 양의 스트레스를 받을 수밖에 없다. 즉 지능지수 160 이상의 아동은 어떠한 상황에서도 적응하기가 어려울 것이며 그러한 상황에서 나타나는 스트레스를 인내해야 한다. Webb, Meckstroth, 그리고 Tolan은 영재아들에게 도움이 될 수 있는 스트레스 대처전략을 다음과 같이 제안하였다.

(1) 스스로 해소

영재아들은 또래들의 질투, 분노, 혹은 그 밖의 다른 행동들에 의하여 스트레스를 받기 쉽다. 영재아들은 또래들의 행동을 통제할 수는 없겠지만 자기 자신은 통제할 수 있을 것이다. 이들은 타인으로부터 발생하는 스트레스 요인을 무시해 버리거나 대처할 수 있다.

(2) 혼잣말

우리 모두는 "난 어쩔 수 없어"와 같은 혼잣말에 속박되는 경향이 있다. 영재아들은 2~3세부터 혼잣말로 자신을 평가하기 시작한다(Webb, Meckstroth, & Tolan, 1982). 자신이 설정한 목적을 성취하지 못했을 때 발생하는 자기비판이나 자기비하와 같은 부정적인 혼잣말은 완벽주의적 성향이 있는 영재아들에게 흔히 있는 일이다. 이러한 부정적인 혼잣말은 스트레스 요인이 된다.

(3) 비합리적 신념에 대한 인식

일부 부정적인 혼잣말은 "나는 반드시 ~해야 한다."와 같은 비합리적 신념 체제의 근원이 되기도 한다. 영재아들은 자신들이 설정하고 있는 마음의 올가미를 인식할 수 있을 것이다. 비합리적 신념의 예는 다음과 같다.

- 나는 모든 일을 완벽하게 수행해야만 한다.
- 모든 사람들이 나를 좋아해야만 한다.
- 나는 아무도 실망시켜서는 안 된다.

- 내가 인기를 얻지 못한다면 나는 사회에서 버림받은 것이나 마찬가지이다.
- 내가 비행을 저지른다면 나는 나쁜 사람이 될 수밖에 없다.
- 나의 행복은 내가 나 자신을 어떻게 생각하느냐가 아니라 다른 사람들이 나를 어떻게 생각하느냐에 달려 있다.

Webb, Meckstroth, 그리고 Tolan(1982)은 영재아들이 스트레스를 통제하도록 하는데 도움을 줄 수 있는 몇 가지 전략을 제안하였다. 예를 들어 초등학교급 이상의 경우라면, 학생들에게 '최악의 경우에는 어떤 일이 일어날 것인가?'와 같은 질문을 함으로써 학생들이 스트레스를 덜 받도록 한다거나 실패를 하게 된 원인의 일부를 타인에게 전가시키도록 함으로써 영재아 자신을 적극적이고 창의적 문제 해결자라는 관점을 갖도록 하는 것이다.

또한 학생들에게 일의 선을 긋는 방법을 가르칠 수 있다. 예를 들어, 교사와의 마찰로 인하여 발생한 스트레스가 그 밖의 다른 영역에 영향을 미치지 않도록 하는 것이다. 또한 스트레스에 예민한 학생들에게는 마음의 평온을 유지하도록 하는 방법이 도움이 될 수 있다. 조깅이나 에어로빅과 같은 육체적 운동은 잘 알려진 치료법이다. 그 밖에 농담을 하거나 스트레스 요인을 적극적으로 무시하는 것 등이 스트레스 대처 방법이 될 수 있다(Davis & Rimm, 1994).

교육칼럼

▲ 교육칼럼 2 : 이경화 교수의 영재이야기

당신의 자녀는 완벽주의로 인해 압박받는가!

모든 영재아들을 자신들의 능력으로 인해 오히려 쉽게 압박감을 받는다. 그들은 즉각적으로 성취결과를 확인하고자 하거나, 항상 꾸준히 발전하기를 원한다. 만약에 이것이 이루어지지 않으면 자신 스스로에 대해 의심하기 시작한다.

비록 영재아들이 지적으로 뛰어나다고 할지라도 아직 어린아이이므로 신체적인 기능이나 정서는 성숙되지 못하다. 따라서 그들의 뛰어난 지적 능력이 자신의 신체나 정서적 성숙에 걸맞게 충족되지 못하는 경우에는 당황하게 되고 초조해지기 시작한다. 영재아들은 스스로 모든 것을 알아야 한다는 지나친 압박감으로 인하여 도움을 청하기를 두려워하며 그를 좋아하는 사람들을 기쁘게 해 주는 것에 지나치게 집착하고 염려하기도 한다.

한 재능 있는 음악가가 겪은 사건을 예로 들어보자.

한나가 어릴 때 그녀의 음악적 재능을 발견한 어른들은, 그녀가 혼자서 악보를 읽을 수 있다고 생각했다. 그러나 그녀는 자신이 그럴 수 없다고 반박하였다. 그러나 어른들은 이를 인정하지 않았으며, 오히려 "너는 물론 할 수 있어-그런 소리하지 말아라."라고 했다. 그래서 그녀는 자신이 악보를 읽을 수 있어야 한다고 결론을 내리고, 그러한 결론이 그녀의 일생을 불행하게 만드는 시작이 되었다.

위의 예에서 볼 수 있듯이, 영재아는 평범한 아동들이 지식을 획득하기 위해 거치는 과정 없이 많은 것을 알아야 한다는 압박감을 느낀다. 영재아 주변의 어른들은 고의는 아닐지라도 그 아이들이 자연스럽게 배울 수 있는 기회를 박탈하는 경우도 있는 것이다.

완벽주의는 아이가 학교생활을 해나가는 과정에서도 나타나게 된다. 학교에서 수행하는 다양한 활동에 대한 자신의 성취기대는 자신의 성취수준이나 능력을 넘어서게 되는 경우도 많다. 흔히 그 아이가 내면에 가진 기준들은 그의 부모나 선생님들의 기대수준을 더욱 능가 할 수 있으므로, 혹 부모나 선생님이 말하기를 "정말 잘 했어요, 더 이상 할 필요가 없어요."라고 할지라도 그 아이는 그 말을 믿지 못한다.

이와 같은 완벽주의는 발달과정에서 가족들에 의해 길러지게 되는 경우도 많다. 최선의 동기를 부여하는 부모가 무의식적으로 아이에게 전 과목 A를 기대하거나 뛰어난 학교 활동을 요구함으로써 완벽주의를 심어 주기도 한다. 아이는 그것에 대해 표현을 하건 안 하건 그 기대를 느끼고 무게를 내면화하게 된다.

그 주변의 어른들의 높은 기대감이 영재아이들의 자신의 문제나 일을 극단적으로 판단하게 만든다. 그들은 점차 배우는 것으로부터 오는 기쁨을 느끼기보다는 외부로부터 오는 칭찬이나 보상에 집착하고, 모든 중요한 과정보다는 결과에만 가치를 두게 된다.

그런데 최소한 완벽을 위하여 모험심을 가지고 최상을 추구하는 것과 강박적 완벽주의를 혼돈하지만 않는다면 때로는 성취를 위해 필요한 측면이기도 하다. 그러나 완벽주의는 불가능한 한계가 있다. 완벽주의 아이는 자신이 절대 실패하지 않으며, 최고와 최선을 계속적으로 하여야만 하고, 상과 칭찬을 항상 받아야 한다고 믿는다. 완벽주의라기보다 언제나 최선을 추구하는 아이의 경우에는 완벽에 대한 압박으로 스트레스를 받기보다는 모험을 감히 실행하고 새로운 것들을 해 보는 것에 자유롭다. 언제나 자신이 하는 일은 성공적이고, 남을 능가해야만 할 필요는 없고, 때론 실패할 것이라는 것도 안다.

그러면 당신의 자녀는 어떠한가? 다음의 목록 중 어느 항목에 해당되는지 점검해보자.

• 실패의 두려움으로 새로운 것을 시도하는 것을 피한다.
• 꾸물거리거나, 구체적인 것에 마음을 쓰거나, 잘하지 못할까 봐 두려워서 일을 시작하지도 않는다.
• 무엇이 잘 되었나보다는 실수에만 신경을 쓴다.
• 실현 불가능한 목표를 세워놓고 그것을 이루지 못했을 때 스스로를 책망한다.
• 비평을 받는 것을 힘들어한다.
• 스스로 조종하려고 한다.
• 배움의 과정보다는 결과물에 초점을 둔다.
• 과오가 생기거나 낮은 점수를 받게 될 상황을 가능한 한 피한다.
• 그가 어떤 불가능한 높은 목표에 다다를 수 없음을 스스로 확신시킴으로써 배움에 대한 열정을 점차 줄여나간다.

만약에 그렇다는 답이 많이 나오면 당신의 아이는 완벽주의로 인해 압박받고 있음을 알 수 있다(다음 주 칼럼에 계속됨……).

*자료제공 : 숭실대학교 세종영재교육연구원, http://www.sigt.co.kr

★★ 교육칼럼

▲ 교육칼럼 3 : 이경화 교수의 영재이야기

완벽주의 자녀를 어떻게 도와줄 것인가! (1)

- **실패의 두려움으로 새로운 것을 시도하는 것을 피한다.**
- **꾸물거리거나, 구체적인 것에 마음을 쓰거나, 잘하지 못할까 봐 두려워서 일을 시작하지도 않는다.**
- **무엇이 잘 되었나보다는 실수에만 신경을 쓴다.**
- **실현 불가능한 목표를 세워놓고 그것을 이루지 못했을 때 스스로를 책망한다.**
- **비평을 받는 것을 힘들어한다.**
- **스스로 조종하려고 한다.**
- **배움의 과정보다는 결과물에 초점을 둔다.**
- **과오가 생기거나 낮은 점수를 받게 될 상황을 가능한 한 피한다.**
- **그가 어떤 불가능한 높은 목표에 다다를 수 없음을 스스로 확신시킴으로써 배움에 대한 열정을 점차 줄여나간다…….**

당신 아이는 얼마나 완벽주의로 인해 어려움을 겪고 있는가?

우리 부모들은 자신의 척도로 아이들을 쉽게 판단하게 된다. 그리고 자녀를 위한다는 명분으로 아이들에게 지나친 기대감을 심어주고, 부모 자신도 모르는 사이에 아이들에게 완벽주의를 강요하기도 한다.

그럼 완벽주의 자녀를 어떻게 도와줄 수 있을지 생각해 보자!

당신이 영재아인 자녀들에게 심어줄 수 있는 기대치들에 대해 조심해야 한다. 스스로 물어보라: 당신의 기대치들은 합당하고 적절한가? 나의 아이에게 스스로 선택하여 할 수 있도록 하며, 스스로를 즐겁게 표현하고 장난이나 실수에 대해 관대한가? 아이들이 자유로움을 느낄 수 있도록 하고 있는가?

인내심과 이해심을 가지고 당신의 아들이나 딸이 완벽주의에서 빠져나오도록 이끌어 줘라. 그 시작 방법들이 여기에 있다. 이제 하나하나 시작해 보자.

1. 당신의 아이에게 그 아이가 무엇을 하건 그 자체를 존중하고 수용한다는 것을 보여줘라. 최소한 아이가 가진 관심분야와 그가 특별하게 여기는 개성 있는 영역에 대해 존중해 줘라. 아이가 만든 산출물이 가치 있는 것이라고 인정해 주자.
2. 당신 아이가 실현 가능한 목표를 세우게 도와줘라.
   아이에게 어떻게 큰 과제들을 작고, 다루기 쉬운 단계들로 나눌 수 있는지를 보여줘라. 아이에게 학습에 개인차가 있음을 인정할 수 있게 하며, 자신이 스스로 너무 많은 기대를 한다는 것을 알게 도와줘라.
3. 당신의 아이로 하여금 실수는 때때로 누구에게나 일어나는 것이며, 하나하나 새로운 것을 배워나가는 과정이라는 것을 알게 하라. 그리고 부모 자신도 실수를 한다는 것을 아이가 알게 하라.
4. 당신의 아이에게 그 자신이 가진 인내심과 학습 과정에서의 인내심의 가치를 가르쳐라. 집이라는 편안한 환경에서는 불완전하거나, 실수를 하는 것도 괜찮은 것이라는 것을 일깨워 줘라.
5. 어떤 사람도 모든 것을 다 잘하고, 완벽하지는 못하다는 사실에 대해 일깨워 주라.
6. 당신의 아이의 노력에 박수를 쳐 줘라. 결과보다 과정에 용기를 줘라. 즉 아이가 완성시킨 것보다 노력하는 과정이나 그가 깨닫고 배운 것에 대해 격려하라.
7. 창의적인 과정에 대해 칭찬하라. 숙제나 질문에 맞았다는 대답 대신에 독창적이거나 혁신적인 반응을 보일 때 그 점에 대해 칭찬하라.
8. 인식할 수 있게 칭찬을 하라.
   아이가 완수한 일에 대해 특히 그 앞에서 지나치게 칭찬하지 마라. 다시 말해, 아이가 완수한 업적 자체만이 그를 특별하게 만들어 준다는 느낌을 받지 않고, 꾸준히 일을 성취한 그 과정과 활동에 대해 칭찬받게 된다는 것을 느낄 수 있도록 하라. 아이가 말하거나 하는 것 하나하나를 과도하게 칭찬하게 되어, 늘 칭찬을 받는 아이는 그들이 한 일이 그 자신보다 더욱 중요하다고 느끼기 시작할 것이다. 자신이 더 소중하다는 것에 대한 인식이 필요하다.
9. 능력과는 관계없는 적극적인 행동들을 알려 줘라.
   어떤 일들이 아이가 계획된 대로 이루어지지 않은 때라도 당신의 아이에게 "모험을 택해 보아라."라고 말해 줘라. 성공뿐만 아니라 노력에도 초점을 맞추라. 실패를 이겨내는 적당한 방법들과 다른 사람들과 함께하는 사려 깊은 상호작용을 알도록 하라.

10. 아이들을 점수를 매기지도 판정하지도 않는 활동들에 참여하게 하라.

많은 시간을 아이가 좋아하는 일 – 걷기, 미스터리나 공상과학 소설 읽기, 강아지와 놀기, 친구나 형제끼리 보드 게임 놀기 – 등에 시간을 많이 쓸 수 있도록 하라.

*자료제공 : 숭실대학교 세종영재교육연구원, http://www.sigt.co.kr

교육칼럼

▲ 교육칼럼 4 : 이경화 교수의 영재이야기

완벽주의 자녀를 어떻게 도와줄 것인가! (2)

우리는 완벽주의 영재아들을 어떻게 도와줄 것인지에 관해 지난주부터 계속 이야기를 나누고 있다. 부모의 지나친 기대가 아이들을 완벽주의로 만들게 되기도 하고, 아이들 스스로가 자신의 실수를 용납하지 못하여 스트레스를 받고 어려움을 겪기도 한다. 그럼 계속해서 어떻게 하면 완벽주의 자녀를 도와줄 수 있는지에 관해 살펴보자!

- 도전이 찾아올 수 있다는 것에 대비하도록 지도하라.
  아이가 새로운 것을 시작하려 할 때는 어쩌면 그것이 잘못될 수 있다는 것에 대해서도 알려 주고, 그럴 때 어떻게 할 것인지에 대해 이야기해 보도록 한다.
- 당신의 자녀가 선택을 해야 할 경우, 어떤 것이 그의 최선의 노력을 요구하는 일인지, 시간과 에너지를 요구하는 일인지, 혹은 어떤 일이 그러한 노력을 요구하지 않는 것인지를 살펴볼 수 있도록 돕는다.
- 당신의 자녀의 재치를 북돋워 주도록 하라.
- 만약에 당신의 자녀가 자신이 한 일에 대해 만족해하지 않는다면, 왜 그런지를 살펴볼 수 있도록 도와줘라. 아이의 감정을 그냥 지나치지 말아야 한다(예: "네가 그린 포스터가 왜 좋지 않다고 생각하니? 엄마가 볼 때는 정말 좋은데!").
- 아이가 자신의 성취과정에서 발생한 문제점에만 초점을 두지 않도록 한다. 그가 그 일을 통해서 무엇을 배웠는지, 무엇을 성취했는지 등에 초점을 두도록 한다(예 "너는 네가 한 과제의 어떤 면에 대해서 실망했다고 말했지만, 사실 지금 너는 네가 무엇을 잘했는지도 내게 말해준 거야!").

당신의 자녀가 스스로 자기 능력의 개발을 원하는 것과 그가 하는 모든 것들에서 최고이기를 원하는 것과는 큰 차이가 있다. 당신 자녀 스스로가 내적인 성취, 즉 높은 사고능력의 계발, 상상력, 호기심, 독창성, 유창성 등의 창의성 계발, 모험을 택하는 능력, 탐험을 즐기는 것 등이 학교성적이 높다거나 상을 많이 받는 것보다 더욱 중요하다는 것을 인정하게 되면, 당신은 당신의 자녀가 완벽주의와의 싸움에서 이길 수 있도록 도와줄 수 있을 것이다.

당신의 자녀가 완벽주의로부터 탈피할 수 있도록 도와주기 위해서, 당신은 스스로 다음과 같은 질문을 해 보도록 하라.

- 당신의 아이가 학교에서 다른 아이의 의견에 계속적으로 지대한 관심을 보이는 듯싶은가?
- 학교 성적이 갑자기 떨어지거나, 전에 즐겨하던 것에 대한 흥미가 떨어졌는가?
- 아이의 행동이 갑작스럽게 바뀌었는가? 혼자서 많은 시간을 보내는가? 이전보다 훨씬 적게 말을 하는가? 내 아이가 하던 행동들이 아닌 것 같은 일들을 학교에서 보고받은 적이 있는가?
- 학교 갈 시간이 되면 신체적인 문제, 두통이나 두려움 등을 호소하는가?
- 당신의 아이가 느끼는 두려움에 대해서 얘기할 때 너무 극적이거나 자신에게 일어날 것 같은 일을 너무 선명하게 표현하는가? 아니면 그의 감정을 표현하지 못하고 있는가?
- 당신의 아이가 학교에서 의기소침하거나, 확실한 표현을 잘하지 못하거나 , 다른 사람이 어떻게 생각할까 하고 두려워하고, 집에서처럼 그의 흥미 있는 것에 지않아 하는가?
- 당신의 아이가 그가 하고 싶은 방법대로 생각을 표현할 수 없을 때 좌절감을 민감하게 보여 주는가? 그가 울화를 내거나 문을 꽝 닫는가?
- 당신의 아이가 변덕스러운가? 그의 기분이 극적으로 변화하는가?

만약에 당신 아이의 정신 건강에 관심이 있으면, 그리고 부모로서 아이의 문제를 혼자 감당하기 어렵다고 느낀다면, 그냥 그 일을 사소한 문제로 넘기지 말고 교사, 카운슬러 혹은 소아과 의사 등의 도움을 청하라.

***자료제공 : 숭실대학교 세종영재교육연구원, http://www.sigt.co.kr**

부 록

외국의 영재학교

1. WCGTC와 호주 영재교육
2. 호주, Adelaid의 영재학교
3. 유아영재 부모들을 위한 자료

호주의 영재학교 : Wilderness School, The Hights School
James Ruth High School

1. WCGT와 호주 영재교육

이경화(숭실대학교 교수, 세종영재교육연구원장)

2003년 8월 1일에서 6일까지, 호주 애들레이드(Adelaid)에서는 15차 세계영재학회(15th World Conference for Gifted and Talented Children: WCGTC)가 개최되었다.

세계 각국에서 참가한 학자 및 교사들이 1,000명 이상이나 되었음은 세계적으로 영재연구 및 영재교육에 대해 얼마나 지대한 관심을 가지고 있는지를 설명해주고도 남는다. 우리나라도 영재교육진흥법이 발효되고 영재학교가 설립되며 영재교육에 대한 지원과 관심이 높아지면서, 영재교육에 관계하고 있는 각계각층의 관계자들이 참가했었다. 필자는 영재교육에 관해 연구하는 연구자이자 세종영재교육연구원의 원장으로서 남다른 사명감으로 이번 학회에 참가하였다.

창의성에 관한 연구결과를 발표하기도 하였으며, 첫 시간부터 마지막 시간에 이르기까지 세계 학자들이 제공하는 최대한 많은 연구결과를 받아들이려는 노력을 했다. 이번 학회를 계기로 여러 측면에서 많은 도전을 받았다. 우리나라 영재교육이 어떤 방향으로 발전되어야 할 것인지, 이미 많은 연구와 실행을 통해 영재교육이 체계화 되어 있는 선진국과의 교류를 통해 우리나라 영재교육을 발전시킬 방안은 무엇일지 등에 대해 고민하는 계기도 되었다.

6일간의 일정 중에 특히 인상적이었던 일은, 폐회식 행사에서 있었던 영재학생들의 학회에서 받은 소감에 대한 발표였다. 애들레이드의 몇몇 영재학교에서 참가했던 학생들이 전 학회 일정 동안에 관찰하고 느낀 사항들을 발표하였다. 세계적인 학자들과 교사들이 모인 학술대회장의 연단에서 이들이 보이는 모습은 너무나 당당하였다. 당돌하리만큼 자신감 있게 다각도로 분석한 자신의 견해를 발표하는 모습은 어린아이의 모습이 아니라 이미 세계 학자의 대열에 선 당당한 연구자의 모습이었다. 나는 교육학자로서 어떤 교육방법이 저 학생들을 저렇게 당당한 모습으로 키워냈을까 하는 생각을 하지 않을 수 없었다. 그런데 그 해답은 다음날 영재학교 방문을 통해 발견할 수 있었다.

호주에는 오래전부터 다양한 형태의 영재학교들이 설립되고 운영되고 있었다. 필자가 방문한 곳은 Adelaid에 위치한 'Wilderness School'이라는 사립 영재여자학교와 'The Heights School'이라는 공립 남녀공학 영재학교였다. 교장 선생님으로부터 각 교과 교사에 이르기까지 영재교사로서의 사명감과 자부심을 가지고 활동하는 모습을 엿볼 수 있었다. 그리고 모든 학생들이 자기 주도적이며 자율적으로 사고하고, 문제해결을 위한 탐구활동을 하는 모습을 볼 수 있었다. 그리고 도시의 모든 시설들이 자원센터(resource center) 역할을 하는 것 또한 인상적이었다. 그날 어린 아동들의 경우에는 교사와 함께 시내의 박물관, 미술관 등에 현장연구를 나갔었다. 그들에게는 실제 생활 속에 참여하여 문제를 발견하고 자유롭게 생각하는 기회가 다양하게 제공되고 있었다. 학교 이곳저곳을 둘러보고, 영재학생들을 만나 얘기 나누면서 우리나라 영재교육의 현주소를 생각해보게 되었다.

시간이 참 빠르게 흘러간다. 2003년 호주 애들레이드(Adelaid)에서 개최된 15차 세계영재학회(15th World Conference for Gifted and Talented Children: WCGTC)에 참여한지 7년이 지났다. 2010년 7월 29일부터 아시아태평양 영재학회가 호주 시드니(Sydney)에서 개최되었다.

아태영재학회에 참여하면서도 또 다시 호주의 영재교육제도와 당당한 영재들을 만날 수 있는 기회가 되었다. 역시 학회 진행과정에서 사회자 역할을 담당한 영재학생들의 당당함을 보았고, James Ruth High School을 방문하여 호주의 미래를 책임질 영재들의 생각을 들어볼 기회가 있었다.

혹자는 우리나라 교육이 얼마나 많은 문제를 안고 있는지를 이야기하기에 급급하다. 우리나라 교육에 미래가 없다고 말하는 이도 있다. 자녀교육 때문에 이민을 가고, 조기 유학을 서두르는 학부모들이 늘어나고 있는 현실이기도 하다.

그러나 필자는 우리나라 교육에 미래가 없고, 어두운 면만이 있다고 생각하지 않는다. 부존자원이 부족하고 이렇게 작은 나라가 세계 강대국과 경쟁을 할 정도로 성장한 그 기저에는 무엇이 있었나? 이는 우리나라의 교육이며, 부모들의 교육열이다.

우리나라 교육의 장래는 희망적이다. 국가가 교육에 우선적인 관심을 기울이고, 전 국민이 교육학자이며 교사인 우리나라의 장래가 어두울 수가 없다. 다만 지금까지 소홀해 왔던 영재교육에 대한 관심을 이제 더 유도해야 할 것이라는 생각을 가지고 돌아왔다.

소수의 영재가 국가를 짊어지고 나갈 것이라는 국가적 문제와 아울러 각 개개인이 가지고 있는 잠재적인 능력을 어떻게 계발시켜나갈 것인가라는 개인적인 문제를 아울러 고려해야 할 시기이다. 세계영재학회에 참여하여 학자로서 교육자로서 필자가 해야 할 수많은 과제를 생각하고, 우리나라 영재교육을 위해 무엇을 해야 할 것인지에 대한 사명감도 아울러 다짐할 수 있었던 의미 있는 기회였다.

Section

2. 호주, Adelaid의 영재학교

Wilderness School과 The Heights School

1) Wilderness school의 특징

'Wilderness School'은 사립 영재여자학교이다(**사진 1**). 많은 사람들은 남자와 여자를 비교할 때 남자가 여자보다 지적으로 우수하다고 믿는 경향이 있다. 그리고 전통적으로 여자보다는 남자에 대해 교육기회 뿐만 아니라 사회적으로 활동할 수 있는 기회를 더 많이 부여하고 있다. 이러한 경향에 따라 영재아를 선발하고 교육하게 될 경우에 여자영재는 선발과정에서 탈락하게 되는 경우가 많다. 그러나 여러 연구결과를 통해 볼 때 여아들이 남아에 비해 결코 지적으로 뒤처지지 않는다. 따라서 최근에 와서 지금까지 소외되어 왔던 여자영재를 발굴하여 교육시켜야 한다는 주장과 연구가 활발히 진행되고 있다.

이번 세계영재학회에서 발표되었던 연구 중의 한 가지를 회상해본다면, 캐나다의 Alberta 대학에서는 Alberta 주에 살고 있는 11세에서 18세 사이의 여학생들을 대상으로 하여 SCIber 멘토 프로젝트를 수행하고 있었다. 이는 과학과 공학 영역에 재능을 보이는 여자영재를 발굴하고, 이메일을 통해 전문가 지도를 받는 시스템이었다. 재미있는 사실은 남학생보다 여학생의 경우에 이메일을 더 즐겨하므로 더 효과적인 지도가 가능하다는 것이었다. 이러한 예들은 세계 여러 나라에서 여자영재에 대한 관심이 더 높아지고 있다는 사실을 보여 준다.

사진 1 Wilderness School

한편 Wilderness school은 아동들에게 다음과 같은 두 가지의 완벽주의에 대해 인식할 수 있도록 지도한다.

(1) 긍정적인 완벽주의

- 강점에 초점을 두라.
- 어떻게 하는 것이 옳은지에 집중하라.
- 성공이나 수월성에의 추구를 위한 욕구에 의해 움직여라.
- 높지만 현실성 있는 개인의 표준을 설정하라.
- 성공은 만족과 즐거움, 그리고 자아존중감의 향상을 가져온다.
- 실패를 전망하라.
- 승인은 동기를 부여한다.
- 언어/혼잣말 : "나는 이 권리를 얻고 싶다(want)."
- 정서적으로 긴장되는 것을 이루기에 요구되는 것에 관해 분명히 알기

(2) 부정적인 완벽주의

- 약점에 초점을 두라
- 실수를 피하는 데 집중하라
- 거절의 회피나 실패의 두려움에 의해 움직여라
- 불가능한 표준 설정 혹은 충분하지 않은 노력 기울이기
- 성공은 힘들다.
- 실패는 불운이다.
- 실패는 회피나 꾸물대는 습관을 초래한다.
- 언어/혼잣말 : "나는 이 권리를 얻어야만 한다(have to, must)."
- 불안, 혼란, 분노, 좌절, 정서적인 고갈

2) The Heights school의 특징

'The Heights School'은 공립 남녀공학 영재학교인데, 규모가 아주 큰 학교였다(**사진 2**). 이 학교에서 인상적이었던 것은 과학시설로 천문관측을 하기 위한 교실이었다. 학교 건물을 벗어나 잔디밭을 약 200미터 정도 통과해서 가니 세 개의 컨테이너 상자 같은 건물이 보였다. 그곳이 천체관측용 시설이 갖춰진 곳이었다(**사진 3**). 한 교실에는 첨단 컴퓨터 시설이, 두 개의 교실에는 다양한 망원경 등 관측용 기자재가 구비되어 있었다(**사진 4**). 그런데 재미있는 것은 한 학생이 시범을 보이려고 스위치를 누르는 순간, 천정이 이동하며 제거되고 하늘이 그대로 나타나 하늘을 바로 바라보며 관측을 할 수 있었다. 또 다른 교실은 스위치를 누르자 우리가 앉아 있는 교실 바닥이 돌아가기 시작했다.

단적인 예를 들었지만, 공립 초등학교에 각 영역별로 최고의 시설을 갖추고, 각 분야에 영재성이 있는 아동들에게 가장 적절한 교육기회를 제공하기 위해 노력하는 모습을 살펴볼 수 있었다. 그리고 각 교실은 학생들의 창의적 산출물을 최대한 전시하여 학생들이 자신의 연구물에 대해 완성 과정을 설명할 수 있도록 하고, 계속적으로 동기를 유발할 수 있는 조건을 제공하고 있었다.

사진 2 The Heights School의 유치원 교실

사진 3 천체관측을 위한 star dome과 open roof

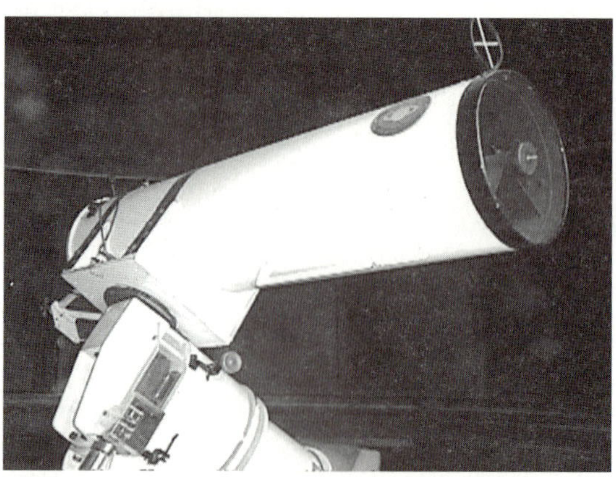

사진 4 The ASSA Teleccope(천체망원경)

3. 유아영재 부모들을 위한 자료

우리 아이 창의성 기르기

– 부모는 아이에게 어떻게 발견의 기쁨을 줄까? –

이경화(숭실대학교 교수, 세종영재교육연구원장)

사물을 찾거나 자신의 것을 만드는데 특별한 충동이 있는 똑똑한 어린이는 다른 아이들 보다 훨씬 두드러진 모습이 보인다. 창의적으로 열심히 찾아다니는 어린이는 "세상에는 참 많은 것들을 발견할 수 있고 그것을 가려내다 보면 점점 더 발전할 수 있다."는 것을 깨닫는 것이다. 그래서 이 어린이는 더욱 열심히 찾아다닌다. 똑똑하다는 것은 단순히 따라하는 능력 그 이상을 의미하며 그래서 많은 기술이 필요하다.

느낌이나 아이디어를 만들기 위해서는 직접 경험이 필요하다. 이를 위해서 만지거나 보는 것뿐 아니라 다른 각도에서도 생각해 봐야 한다. 유아기의 '바보 같은' 아이디어나 '멍청한' 질문도 사실은 탐구와 시험의 형태이기 때문에 가볍게 생각해서 지나칠 일이 아닌 것이다.

1) 창의적인 사람은 어떤 사람인가?

창의적인 사람들은 어떤 특성이 있을까? 창의적인 사람들은 자신감이 넘치고 독립적이며 위험을 감수하고 위기대처 능력이 뛰어나다. 그리고 열정적인 동시에 모험심과 호기심이 많고 재치가 있다. 또한 이들은 이상주의적이고 예술적이며 신비롭고 복잡한 것에 매력을 느끼는 경향이 있고 혼자 있는 시간을 필요로 한다. 이러한 긍정적인 특성이 있는 반면 이들은 고집이 세고, 지시받는 것을 싫어하며 비협조적이고 냉소주의적이며 규칙에 대해 의문을 갖는 경향이 있고 말이 없는 편이다.

창의적 아동들의 경우에 이들이 가진 이러한 부정적인 특성으로 인해 교사들을 골치 아프게 할 것이다. 특히 창의적 아동들은 교사 혹은 부모의 통제에 저항하고 비협조적이며 일반적으로 수용되고 있는 관행에 무관심하고 냉소적이면서 자기주장이 지나치게 강하다. 그리고 부주의하거나 세세한 부분에 관심을 기울이지 않으며 규칙과 권위에 반박하고 쉽게 잊어버리거나 혹은 과잉행동을 보이며 대화를 잘하지 않고 다른 사람과 보조를 잘 맞추지 않는다. 이러한 특성 중의 일부는 주의력 결핍 및 과잉행동장애를 나타내는 아동들의 특성과 유사하므로 때로는 혼돈하고 오해하게 되는 경우도 있다.

창의적인 사람들의 개인적 특성은 창의적 활동과 취미 생활을 통해서 나타난다. 예를 들어, 연극 공연에는 창의적 특성들(예 유머, 에너지, 미적 흥미, 위기 대처 등)을 필수적으로 요구하기 때문에 연극은 창의성을 가름해 주는 중요한 지표가 될 수 있다. 그밖에 창의적인 사람들의 성격 특성에는 여행하기, 여러 지역에서 생활하기, 자신보다 어리거나 더 나이가 많은 친구와 사귀기, 상상 속의 친구와 교류하기 등이 포함된다. 하지만 이러한 모든 특성들이 모든 창의적 아동들에게 적용되는 것은 아니다.

2) 발견한 것을 칭찬한다.

발견의 기쁨은 누구에게나 태어날 때부터 시작된다. 다행히도 이런 기쁨을 계속 지니게 되는 어린이는 아마도 평생 동안 꾸준히 배우고자 하고, 문제를 만들며 그것을 푸는 것을 열망하게 된다. 이렇게 바로 출발한 어린이는 창조적이고 만족한 삶을 영위하게 된다. 학교가 이러한 영감을 부여할 것이라고 기다려서는 안 된다. 그때는 이미 때가 늦다. 탐구방법은 그전에 가정에서 터득되기 때문이다.

어린이가 무언가를 배우는 과정에는 장난감이 중요하다. 특히 장난감을 가지고 창의적으로 무언가를 만들 때 더욱 그러하다. 장난감 회사의 설명서에 굳이 따를 필요는 없다. 어떤 아이는 퍼즐 막대기를 쌓아 재미있는 탑을 쌓는 것이 퍼즐을 맞추는 것보다 재미있을 수도 있다. 어떤 아이는 장난감을 흩어 놓고 이것을 다시 조립하여 칭찬받는 것을 좋아하기도 한다.

물론 어린이들은 종종 어른 행동을 하는 것을 장난감을 가지고 노는 것보다 더 선호하기도 한다. 이때는 못을 같이 박는다든지 요리를 같이 한다든지 아니면 집에서 어른이 하는 일에 참여하게 해 준다. 함께 일을 하면서 그 일과 관련된 아이디어나 일의 성과에 대해서 조심스럽게 얘기를 나누도록 한다.

어린이들이 무언가를 발견하도록 재촉할 필요는 없다. 다만 경험을 할 수 있는 많은 기회가 필요한데, 그 기회가 다양할수록 창의적 사고의 폭은 더욱 넓어진다. 또한 주변의 도서관을 무료로 이용할 수 있고, 유아들에게 매우 유익한 서비스를 제공한다. 도서관에서 예쁜 그림책을 많이 볼 수 있고 취학 전 아동을 위한 독서 프로그램도 곳에 따라 제공되기도 한다. 아이를 미술관이나 박물관에 데려갈 수도 있다. 이때 아이가 재미있어해야 하며 너무 시간이 오래 걸리지 않아야 한다. 부모의 호기심만 채우려고 전시실을 이리저리 돌아다니면 오히려 아이를 지치게 만들기 때문이다.

어린이의 감각을 최대한 활용하도록 가르치는 것도 가능하다. 어린이가 살고 있는 세상의 일부만 알고 있다면, 앞으로 성장하고 창조해야 하는 데 활용할 재료의 선택 폭이 그만큼 좁다는 것을 의미한다. 창조적이란 것은 아무리 좁은 방식이라 하더라도 무언가를 요구하는 것이다. 그리고 아이디어가 계발되고 결실을 맺기까지는 시간이 소요된다. 비 오는 오후에 그림을 그리는 것은 괜찮다. 그러나 어린이가 이것저것 하느라고 그림 그리는 것이 방해받거나, 충분히 마쳤다고 느끼기 전에 그림 그리기를 그만두게 한다면 그림 그리는 즐거움과 만족감을 잃게 된다. 창의적인 어린이가 어느 한 작업에 몰두하게 된다면 몇 주일에 걸쳐 그 작업을 여러 차례 반복해야 할 때도 있다. 또한 발견의 기대에 부풀기도 하지만 자기가 원하던 것을 이루지 못할 경우 절망하기도 한다. 마음 상해서 '난 이걸 못해'라고 소리칠 때면 부모는 아이가 해낼 수 있도록 용기와 관심을 보여야 한다.

다른 사람으로부터 인정받는 것이 창의력의 큰 원동력이 된다. 아이가 커다란 붓을 들고 큰 종이 위에 그림을 그리고 있는 것을 예로써 보자. 이 아이는 곁눈으로 엄마의 눈을 주의 깊게 보면서 자기가 하는 일에 대해 엄마의 반응이 어떤지를 읽고 있다. 아무리 어리다고 해도 종이에 아무렇게 색칠하지는 않는다. 직선이든 곡선이든 때론 남에게는 장난 같이 보이더라도 나름대로 구상을 하고 색을 선택한다. 하지만 엄마가 무의식

중에 어떤 신호를 보내면 마음을 바꾸어 다른 것을 선택하게 된다.

아이가 만든 귀중한 작품은 아이의 방이나 한쪽 구석에 두지 말고 누구나 보고 칭찬할 수 있도록 잘 보이는 곳에 두어야 한다. 자신이 그린 그림을 액자에 넣어 거실 벽에 걸어 두었던 어린이가 예술에 보다 많은 관심을 갖고 또한 능력도 월등했었다는 연구 결과도 있다. 창의적 활동은 무엇이든 간에 자기표현의 형식을 가지며, 결과에 대한 객관적인 평가보다 어린이 스스로가 자신을 위해 무엇을 만든다는 것 자체가 더 중요한 것이다. 즉 부모나 다른 사람들이 결과를 보고 매우 기뻐하지만 어린이 스스로의 만족감은 그 몇 배나 더 크다.

창의적 활동이 놀이라고 생각되는 경우가 많다. 이때 놀이는 배우는 모든 활동의 중요한 부분이 된다. 요즘 대부분 어린이가 학교활동에서 즐거움을 찾는 것은 그것의 창의적인 면에 기인한다. 무언가를 하면서 배우는 것은 재미있을 뿐 아니라 손쉽게 기억하고 쓸모 있다는 것이다. 개방되고 반듯한 집에서 자란 어린이가 엄격한 집에서 자란 아이보다 학교생활을 더 잘할 수가 있다.

어린이가 창의적으로 자신을 나타낼 수 있도록 도와줄 수 있는 방법은 많다. 그 중에서 그림 그리기가 가장 좋은 방법이다. 아이가 작업하는 바닥에 물감을 묻혀도 상관없다고 부모가 허용한다면 심리적으로 자유롭게 된다. 물론 아이가 도구를 사용하는 방법을 배워야 할 것이다. 붓이 너무 젖거나 종이가 너무 얇으면 일을 그르치게 된다. 그림을 그리기 위해 물을 여러 번 갈아주어야 하고 휴지를 충분히 준비해서 붓을 닦도록 해 준다. 그러나 염두에 두어야 할 것은 부모가 보는 관점이 아이가 보는 것과는 다르다는 것이다. 아이에게는 보라색 나무도 녹색 나무만큼 좋아 보인다는 것이다.

어린이는 때론 삼차원적인 것을 만들기 좋아한다. 마분지와 접착테이프 뭉치를 가지고 복잡한 집을 만들기도 하고 심지어 마을을 꾸미기도 한다. 점토를 무딘 칼로 파내어서 재미있는 것을 만들기도 한다. 옛날 초등학교 학생들은 날카로운 칼로 나무나 비누를 깎아내면서 조각하는 것을 배우기도 했다. 시중에서 쉽게 살 수 있는 도구 상자는 정교함을 가르치는 정도 이외에는 대부분 값어치가 없는 것들이고 아이들이 스스로 만들면서 느낄 수 있는 짜릿한 감동을 주지 못한다. 꼬마들은 풀과 안전 가위를 가지고 옷감이나 벽지를 잘라서 마분지에 붙여 그림 만들기를 좋아한다. 어떤 때는 사람 모양을 만들고 때로는 좋아하는 무늬를 만들기도 한다. 도안을 만들고 난 뒤에 붙이기도 하고, 아니면 도안 없이 바로 만들기도 한다.

부모가 아이에게 지시하는 방법은 두 가지다. 그 첫 번째는 명령으로, '조용히 해, 내가 그렇게 말했잖아.' 등이다. 두 번째는 교훈으로, '조용히 해, 그래야 새가 우는 소리를 네가 들을 수 있잖아.' 등과 같다. 아이에게 모험심을 키워주기 위해서는 명령적인 지시를 하지 않도록 해야 한다. 실제 그런 명령은 그리 필요치 않으며 교훈적인 접근이 훨씬 낫다. 아이가 자신을 통해 사물을 생각할 수 있게 도와주고 그것이 바로 창의력을 키우는 원동력이 되기 때문이다.

부모가 계속해서 '하지 마라.'라고 하면서 어린이 행동의 자유를 제한하게 되면 어린이의 호기심과 독립적인 사고를 제약하게 된다는 것이 입증된 바 있다. 이렇게 자란 아이는 나이가 들면서 바르고 유순한 행동을 하는 대신 반항적이고 괴로워하며, 또 남을 괴롭히는 사람이 되기 쉽다. '만지지 마라.'라는 말이 부모가 가장 많이 하는 경고인데 이런 말을 너무 많이 사용하면 아이가 세상으로 나아가는 창을 닫는 것과 같아진다. 좋은 방법은 아이가 클 때까지 깨지기 쉬운 물건들을 아이 손에 닿지 않는 곳에 두는 것이다. 일반 학업 성적에 대한 관심을 보다 적게 쏟는 가정에서 자란 아이들이 보다 창의적인 사고력을 가지게 된다. 또한 다양한 친구와 활동을 할 수 있었던 아이들도 그러하다.

상상력과 창의력을 갖는 데는 아이가 특별히 머리가 좋을 필요는 없다. 예컨대, 훌륭한 예술가들이 특히 지능이 뛰어났다고 알려진 바는 없다. 다만 지능이 높다는 것이 높은 창의력을 보장하는 것은 아니지만 지능이 낮으면 창의력 향상에 지장을 줄 수 있다고는 말할 수 있다.

하지만 발견이란 그 자체가 유용한 것이라고 할 수 없다는 것을 기억해야 한다. 발견한 것을 아이가 이미 알고 있는 것과 연결 짓고, 그다음 아이가 스스로 판단하기에 무엇이 값진 것이라는 것을 아는 것이 중요하다. 이것은 돌아가는 만화경을 가지고 노는 것 같이 이리저리 돌리다가 새로운 모양을 만들어 내고 그러다가 새로운 아이디어를 찾는 것이다.

3) 브레인스토밍(Brainstorming) 하기

어린이가 창의적으로 사고할 수 있도록 부모가 가르칠 수 있는데, 이를 위해 가장 효과적인 방법은 아이의 지성과 감성을 동시에 이용하도록 하는 것이다. 이때 정신적 훈련이 핵심이다. 어느 사업체에서 아이디어가 필요할 때는 이사들이 하루나 이틀 동안 함께 모여 머리를 짜내는 종합토의시간을 갖는다. 그들이 하는 일은 서로의 경험과 활동에 대해 토의를 해가며 아이디어를 산출해내는 것이다. 이렇게 머리를 짜내는 활동을 브레인스토밍(brainstorming)이라고 한다. 그다음 이어지는 만화경에서는 아이디어 간에 연결고리를 만들어 주고 따라서 새로운 아이디어를 창출하게 된다. 이는 또한 각자의 생각 스타일을 하나로 모아줌으로써, 말하자면 좌측 뇌와 우측 뇌를 사용하는 사람 또는 사고가 안으로 접어드는 사람과 사고가 밖으로 확산되는 사람들이 함께 서로의 생각에 자극을 주게 한다. 이러한 브레인스토밍의 기본 법칙은 결코 부정적인 반응을 보여서는 안 되고 아이디어가 나오는 대로 수용하는 것이다.

아이가 창의적인 사고를 하도록 가르치는 첫 번째 단계는 아이의 지각을 개선시키는 것이다. 아이의 능력에 맞는 문제를 줌으로써 해결을 시도하도록 한다. 이에 해당하는 질문의 예를 보면 다음과 같다.

- 세 살짜리에게 : “종이 한 장으로 무얼 할 수 있니?”
- 다섯 살짜리에게 : “사람들의 키가 두 배로 커지면 어떻게 될까?”
- 열 살짜리에게 : “세상 사람들을 먹여 살리려면 무엇이 필요할까?”

조금 머리를 복잡하게 만드는 문제의 예를 들면 다음과 같다:

- 폭풍 전에 하늘이 어두워지는 것은 동물 세계의 무엇과 비슷한가? 왜?

- 쇠 스프링은 희망과 어떻게 비슷할까?
- 빙산은 좋은 아이디어와 같다. 그 이유는?
- 호수가 테이블이라면 보트는 어떡하지?

이와 같은 질문을 가지고 창의력 계발을 위한 브레인스토밍을 할 수 있다. 물론 여기에는 정답이 없다. 아이의 상상력을 최대한 키우기 위한 것이다.

한 어린이와 이런 시간을 가질 수도 있지만 여러 아이와 함께 하는 것이 더 재미있을 것이다. 처음에는 질문에 대한 가능한 답 위주로 생각하다가 나중에는 어린이가 자유롭게 상상력을 이용하게끔 해 준다. 이때 판단은 금물이다. 옳고 그른 답이 없기 때문이다. 단순한 법칙 하에 정말 자유로운 선택을 하도록 도와주지만 매우 어려운 작업이 될 수도 있다. 대개 어린이들은 규칙을 시험하면서 시작을 하면서도 자유로움으로써 얻게 되는 결과를 믿지 않는다. 그러나 계속하다 보면 자신의 아이디어와 남의 아이디어를 인정하고 존중하게 된다. 이런 분위기에서 마음을 훈련시키면 아이에게 가치의식과 개인적인 힘을 키워주게 된다. 신뢰의 분위기 속에서 지적인 모험을 할 수 있는데, 그 분위기가 바로 창의적 사고 형성의 필수요건이다. 상황이 허락하는 한도 내에서 브레인스토밍 프로그램을 계속하면서 상상력이 더욱 확대되도록 하고 또한 의문을 제기하고 아이디어를 제시하는 등 이런 것을 반복하도록 하라. 아이들은 대체로 정신적 탐구에서 오는 기쁨을 맛보기를 좋아한다.

4) 똑똑한 아이로 키우기

우리 아이를 똑똑한 아이로 키우기 위해서는 호기심을 무디게 만들거나 순응하기만을 요구해서는 안 된다.

총명한 어린이는 종종 미래의 '우주선 지구(spaceship earth)'에 대해 관심을 가진다. 이 아이들은 미지의 가능성에 빠져들고 문제를 해결하기 위해 도전하고 싶은 충동을 가진다. 미래의 문제를 감지하고 풀어나가는데 필요한 사고의 과정은 수준 높은 능력과 관계가 있다. 문화, 과학, 정치, 교육 등 인생의 다각적인 미래에 관심이 많은 어린이가 바로 우리의 가장 값진 자연자원이다. 따라서 똑똑한 어린이들을 그들의 문제에만 국한시킬 것이 아니라 세상의 문제에 참여시키는 것이 중요하다. 불행히도 학교에서 가르치는 것 대부분은 특히 천재성이 있는 어린이의 입장에서 보면 단순히 반복되고 재생되는 정보에 관한 것뿐이므로 어린이의 자연적 호기심과 변화의 욕구를 무디게 만들 수도 있다. 만일 어린이의 사고가 이미 알고 있는 것에만 국한된다면 아직 알지 못한 것에 관해서는 어떻게 의사결정을 할 수 있을 것인가?

또한 창의성 있는 아이들은 특히 독립적이다. 이런 독립성은 가족과의 관계에서도 나타난다. 이런 어린이들의 대부분은 가정에서 그들이 하는 것에 대해 많은 격려를 받으며 자라난 것을 알 수 있다. 무언가를 발견하려고 애쓰는 아이는 격려해 주어야 한다. 몰두하는 것과 고집스러운 것은 분명히 차이가 있다. 이것은 부모가 잘 알 것이다. 아이가 갖고 있는 흥미를 보면 아이가 어떻게 자라는지를 알 수 있다. 물건을 만드는 것을 좋아하는지 아니면 음악 연주를 좋아하는지, 혹은 다른 동급생보다 더 많이 책을 읽는가? 비록 아이의 흥미가 변한다 하더라도 뚜렷한 주제에 따라 흥미가 발달하는 것이다. 아이의 흥미가 어떻게 나타나며 얼마나 진지한지에 관해서 부모는 일기에 기록해 두는 것도 좋다. 아직 아이의 관심거리를 모른다 하더라도 일기를 쓰다 보면 아이의 진짜 흥미를 알아낼 수 있고, 그럼으로써 아이의 미래까지도 예측할 수 있는 단서를 찾을 수가 있다.

아이의 타고난 창의성 중 상당히 많은 부분이 아이를 순응하게 하는 압력에 의해 소멸되는 수가 있다. 예를 들어, 어린 소년에게 실내에서 모형비행기를 가지고 놀지 말고 나가서 다른 아이들하고 공을 차고 놀라고 했다 하자. 왜? 이것이 더 건강에 좋다고? 아니면 이와 비슷한 예로 어린 딸에게 장난감 자동차나 모터 같은 것을 가지고 노는 것은 여자답지 못하다고 이를 부모가 말리는 경우도 있다.

활달한 성격의 창의성 있는 아이들에게는 때론 일정한 선 밖으로 나갈 수 있는 자신감과 의지가 필요하다. 또래 아이들과 다른 생각을 하는 어린이는 대개 독립성과 자신감을 가지고 있다. 이런 아이는 '옳고' '그른' 사고방식에서 벗어나 때로는 스스로 자유롭게 하면서 자신만의 가치관을 가지고 일을 할 필요가 있다.

만일 가정에 이런 아이가 있다면 분명히 알아두어야 할 것이 있다. 혼자 하는 일에서 행복감을 느끼는 아이와 남이 놀아주지 않아 외톨이가 된 아이를 구별할 수 있듯이 나쁜 행동과 독립적인 행동에는 차이가 있다는 것이다. 참을성 있는 아이와 무슨 일에나 쉽게 마음을 정하지 못하는 아이와는 같지 않다. 더욱이 단순히 예쁜 작품과 고유한 창의적인 작품은 정말 차이가 크다. 부모가 이런 면에서 확신이 서지 않는다면, 전문가의 자문을 구하는 것이 좋다. 진정한 창의력은 아이를 위해서나 다른 모든 사람을 위해 결코 잃어버려서는 안 될 중요한 것이기 때문이다.

상상력과 변화의 최대 적은 순응이다. 똑똑한 어린이는 능력을 키우기 위해 훈련이 필요하다. 그럼으로써 그들이 할 수 있는 일에 대해 통제력과 자신감을 얻게 되는 것이다. 따라서 근시안적인 경쟁 속에서 문제에 휩싸여 있는 것이 아니라 서로 나눔을 통해 새로운 지식을 얻고 문제를 해결할 새로운 접근법을 안전하게 찾아낼 수 있게 되는 것이다.

참고문헌

구자억 외(1999). 영재교육과정개발연구, 한국교육개발원.

김정휘(2001). 영재성 발달에 영향을 끼치는 가족의 역할, 서울 : 교육과학사.

박명순(2003). 영재아의 특성과 양육환경, 국제영재교육학회 학술대회 발표자료..

박숙희(2003). 대학생의 정신건강과 창의성의 관계, 교육심리연구, 17(4), 131-145.

박영숙(1994). 심리평가의 실제, 서울 : 하나의학사.

이경화(2002). 4, 5세 유아의 창의적 능력과 창의적 성격, 교육심리연구 16권 3호, 147-160.

이경화(2002). 4, 5세 유아의 창의적 능력과 창의적 성격, 교육심리연구, 16(3). 147-160.

이경화(2002). 영재 교수–학습방법과 과제, 영재와 영재교육, 제1권 제1호, 125-149.

이경화(2002). 유아용 통합창의성 검사, 세종영재교육연구원.

이경화(2002). The Relations Between Creative Thinking Ability and Creative Personality of Preschoolers, The 7th Asia-Pacific Conference on Giftedness.

이경화 외(2003). 유아용 통합 창의성검사, 서울 : 세종영재교육연구원.

이경화(2003). 창의성 발달의 이론과 실제, 영재와 영재교육, 2(1), 89-111.

이경화(2003). The Development Trends of Creative Thinking Ability and Creative Personality of Elementary School Children, The 15th Biennial Conference of the World Council for Gifted and Talented Children.

이경화(2005). 유아, 초등학생용 '한국형 개별 창의성검사' 개발, 교육심리연구, 19(4). 1023-1042.

이경화(2005). The relationship between creative thinking ability and creative personality of 4 to 5 year-old preschoolers, International Education Journal, vol. 6 No.2, 194-199.

이경화(2006a). 한국 4,5세 유아의 창의적 능력, 창의적 성격, 영역 창의성의 발달적 특성 연구, 유아교육연구, 26(5). 191-207.

이경화(2006b). 초등학생의 발달단계에 따른 창의적 능력과 창의적 성격 및 영역 창의성 분석, 영재와 영재교육, 5(2). 119-134.

이경화, 김혜진, 김옥분 공역(2008). 경험연구에 기초한 영재교육. 시그마프레스

이경화, 박숙희(2004). 유아영재교육, 동문사.

이경화, 박춘성, 유경훈, 최병연(2009). 수학과학 영재성 검사에서 창의성과 사고력

및 수학·과학 학업성취 간의 관계와 영재판별 준거 분석, 교육심리연구, 23(3). 543-560.

이경화, 이연주(2008), 동화활용 언어프로그램이 유아의 창의성 향상에 미치는 효과, 영재와영재교육, 7(1), 29-46.

이경화, 최병연, 박숙희 공역(2004). 창의성 계발과 교육, 학지사.

이경화, 최병연, 박숙희 공역(2005). (5판) 영재교육, 박학사.

이경화, 최병연, 박숙희 역(2005). (5판) 영재교육, 박학사.

이경화, 최병연, 박숙희(2004). Creativity and Intelligence in Preschoolers, The 8th Asia-Pacific Conference on Giftedness.

이경화, 최병연, 박숙희 역(2004). 창의성 계발과 교육, 학지사.

이경화, Freeman 공저(2007). 우리 아이 영재로 기르기. 학지사.

전경원(1997). 휴머니즘에 입각한 특수한 영재교육, 서울 : 양서원.

Abraham, W.(1976). The early years : Prologue to tomorrow. *Exceptional Child*, 42, 330-335.

Ackeman, N. J.(1980). The family with adolescents. In E. A. Carter and M. McGildrich (Eds.). *The family life cycle : A framework for family therapy*. New York:Gardner.

Adler, T.(1991, September). Support and challenge : Both key for smart kids. *Science Monitor*, 10.

Albert, R. S.(1975). Toward a behavioral definition of genius. *American Psychologist*, 30, 140-151.

Alpern, G. D., & Boll, T. J.(1972). *Developmental profile*. Indianapolis : Psychological Development Publication.

Amabile, T.(1986). The personality of creativity. *Creative Living*, 15(3), 12-16.

Bailey, D. B., & Leonard, J. A.(1977). Model for adapting Bloom's taxonomy to a preschool curriculum for the gifted. *The Gifted Child Quarterly*, 21, 97-102.

Baldwin, B. A.(1988). Beyond th cornucopia kids : How to raise healthy achieving children. Wilmington, NC : Dirctions Dynamics.

Baldwin, B. A.(1988). *Beyond th cornucopia kids : How to raise healthy achieving children*. Wilmington, NC : Dirctions Dynamics.

Baltes, P.(1977). *Life span developmental psychology* : Introduction to research methods. Monterey, CA : Brooks/Cole.

Barbe, W. B.(1955). Characteristics of gifted children. *Educational Administration and Supervision*, 41, 207-217.

Barbe, W. B.(1956). A study of the family background of the gifted. *Journal of Educational Psychology*, 47, 302-309.

Barbe, W. B.(1981). A study of the family background of the gifted. In W. B. Barbe & J. S. Renzulli(Eds.), Psychology and education of the gifted(3re ed.), N.Y. ; Irvington Publishers.

Barron, F.(1969). *Creative person and creative process*. New York : Holt.

Barron, F.(1978). An eye more fantastical. In G. A. Davis and J. A. Scott (Eds.), *Training creative thinking*. Huntington, NY : Krieger.

Barron, F.(1988). Putting creativity to work. In R. J. Sternberg(Ed.), *The nature of creativity*(76-98). New York : Cambridge University Press.

Baumrind, D.(1989). Rearing competent children. In W. Damon (Ed.), *Child development today and tomorrow*(pp. 349-378). San Francisco : Jossey-Bass.

Beckman, L.(1978, April). Personal communication.

Benbow, C. P., & Stanley, J. C.(1980). Sex differences in mathematical ability : Fact of artifact? *Science*, 210, 1262-1264.

Benbow, C. P., and Minor, L. L.(1990). Cognitive profiles of verbally and mathematically precocious students : Implications for identification of the gifted. *Gifted Child Quarterly*, 34, 21-26.

Betts, G. T.(1985). *Autonomous learner model : For the gifted and talented*. Greeley, CO : Autonomous Learning Publications and Specialists.

Betts, G. T.(1991). The autonomous learner for the gifted and talented. In N. Colangelo and G. A. Davis(Eds.), *Handbook of gifted education* (142-153). Needham Heights, MA : Allyn and Bacon.

Betts, G. T., and Neihart, M.(1988). Profiles of the gifted and talented. *Gifted Child Quarterly*, 32, 248-253.

Bient, A., and Simon, T.(1905b). Sur la necessiteé d'eétablir un diagnostic scientific des eétats infeérieurs de l'intelligence. *L'Anneée Psychologique*, 11, 163-90.

Binet, A., and Simon, T.(1905a). Methodes nouvelles pour le diagnostic du niveau intellectuel des anormaux. *L'Année Psychologique*, 11, 191-244.

Bireley, M., and Genshaft, J.(1991). Adolescence and giftedness : A look at the issues. In M. Bireley and J. Genshaft (Eds.), *Understanding the gifted adolescent : Educ- ational, developmental, and multicultural issues*. New Yor k : Teachers College Press.

Blacher-Dixon, J.(1977, April). *Preschool for the gifted-handicapped : Is it untimely, or about time?* Paper presented at the 55th Annual International Convention of the Council for Exceptional Children, Atlanta.

Bloom, B. S.(1964). *Stability and change in human characteristics*. New York : Wiley.

Bloom, B. S.(Ed.). (1985). *Developing talent in young people*. New York : Ballantine Books.

Boehm, A., & Weinberg, R.(1977). *The classroom observer : A guide for developing observation skills*. New York : Teachers College Press.

Bonsall, M.(1955). The temperament of gifted children. *California Journal of Educational Research*, 6, 162-165.

Borland, J.(1978). Teacher identification of the gifted : A new look. *Journal for the Education of the Gifted*, 2, 22-32.

Bryant, M. S.(1989). Challenging gifted learners through children's literature. *Gifted Child Today*, 12(4), 45-48.

Burk, E. A.(1980). *Relationship of temperamental traits to achievement and adjustment in gifted children*. Ann Arbor, MI : University Microfilms International.

Burks, B. S., Jensen, D. W., and Terman, L. M.(1930). *Genetic studies of genius : Vol. 3. The promise of youth : Follow-up studies of a thousand gifted children.* Stanford, CA : Stanford University Press.

Burns, J. M., Mathews, F. N., and Mason.(1990). Essential steps in screening and identifying preschool gifted children. *Gifted Child Quarterly*, 34, 102-107.

Cassidy, J., and Johnson, N.(1986). Federal and state definitions of giftedness : Then and now. *Gifted Child Today*, 9(6), 15-21.

Cattell, J. M.(1915) Families of American men of science. *The Popular Science Monthly*, 86, 504-515.

Chapman, J. W. and McAlpine, D.(1988). Students' perceptions of ability. *Gifted Child Quarterly*, 32, 222-225.

Chen, J., & Goon, S. W.(1976). Recognition of the gifted from among disadvantaged Asian children. *The Gifted Child Quarterly*, 20, 157-164.

Cheyney, A. B.(1962). Parents view their intellectually gifted children. *Peabody Journal of Education*, 40, 98-101.

Child Development Institute.(1977). Gifted-Handicapped Project taps talents. *Developments from the Child Development Institute of the University of North Carolina at Chapel Hill*, 4(2), 2-3.

Chitwood, D. G.(1986). Guiding parents seeking testing. *Roeper Review*, 8. 177-179.

Chon, S. J.(1981). What is giftedness? A multidimensional approach. In A. H. Kramer(Ed.), *Gifted children : Challenging their potential*. New York : Trillium Press.

Christensen, E.(1978, March). Personal communication.

Ciha, T. E., Harris, T. E., Hoffman, C., & Potter, M. W.(1974). Parents as identifiers of giftedness, ignored but accurate. *The Gifted Child Quartely*, 18, 191-195.

Clark, B. (1992). Growing Up Gifted, N. J. : Merrill Prentice-Hall.

Clark, B. (2002). Growing Up Gifted, N. J. : Merrill Prentice-Hall.

Coie, J. D., & Dorval, B.(1973). Sex differences in the intellectual structure of social interaction skills. *Developmental Psychology*, 8, 261-267.

Colangelo, N.(1991). Counseling gifted students. In N. Colangelo and G. A. Davis (Eds.), *Handbook of gifted education*(273-284). Needham Heights, MA : Allyn and Bacon.

Colangelo, N., and Davis, G. A.(1991). Introduction and historical overview. In N. Colangelo and G. A. Davis (Eds.), *Handbook of gifted education* (3-13). Needham Heights, MA : Allyn and Bacon.

Colangelo, N., and Kelly, K. R.(1983). A study of student, parent, and teacher attitudes toward gifted programs and gifted students. *Gifted Child Quarterly*, 27, 107-110.

Comba, T.(1978, April). Personal communication.

Combs, M. L., & Slaby, D. A.(1978) Social skills training with children. In B. Lahey & A. Kazdin (Eds.), *Advances in clinical psychology*(Vol. 1). New Yor k : Plenum Press.

Cornell, D. G.(1983). Gifted children : The impact of positive labeling on the family system. *American Journal of Orthopsychiatry*, 53(2), 322-355.

Cornell, D. G.(1990). High ability studens who are unpopular with their peers. *Gifted Child Quarterly*, 34, 155-160.

Cornell, D. G., and Grossberg, I. N.(1989). Parent use of the term "gifted" : Correlates with family environment and child adjustment. *Journal for the Education of the Gifted*. 12(3), 218-230.

Cornell, D. G., Callahan, C. M., and Lloyd, B. H.(1991a). Personality growth of female early college entrants : A controlled, prospective study. *Gifted Child Quarterly*, 35, 135-143.

Cornell, D. G., Callahan, C. M., and Lloyd, B. H.(1991b). Socioemotional adjustment of adolescent girls enrolled in a residential acceleration program. *Gifted Child Quarterly*, 35, 58-66.

Covington, M. V., and Beery, R. G.(1976). *Self-worth and school learning*. New York : Holt.

Cox, C. M.(1926). *The early mental traits of three hundred geniuses. Volume II : Genetic studies of genius*. Stanford, CA : Stanford University Press.

Cox, J., and Daniel, N.(1988). The Richardson study concludes. *Gifted Child Today*, 11(1), 45-47.

Cox, J., Daniel, N., and Boston, B. A.(1985). *Educating able learners : Programs and promising practices*. Austin, TX : University of Texas Press.

Crawford, R. P.(1978). The techniques of creative thinking. In G. A. Davis and J. A. Scott(Eds.), *Trainging creative thinking*. Huntington, NY : Krieger.

Creel, C. S., and Karnes, F. A.(1988). Parental expectancies and young gifted children. *Roeper Review*, 11, 48-50.

Cropley, A. J., & Cropley, D. H.(2000). Fostering creativity in engineering undergraduates, *High Ability Studies*, 11, 207-219.

Daivs, G. A.(1989b). Testing for creative potential. *Contermporary Educational Psychology*. 14, 157-174.

Dauber, S. L., and Benbow, C. P.(1990). Aspects of personality and peer relations of extremely talented adolescents. *Gifted Child Quarterly*, 34, 10-15.

Davidson, H. H.(1943). *Personality and economic background : A study of highly intelligent children*. New York : King's Crown Press.

Davidson, K.(1986). The case against formal identification. *Gifted Child Today*, 9(6), 7- 11.

Davis, B. G., Trimble, C. S., and Vincent, D. R.(1980). Does age of entrance affect school achievement? *The Elementary School Journal*, 80(3), 133-143.

Davis, G. A.(1989a). Gary Davis speaks to teachers : Objectives and activities for teaching creative thinking. *Gifted Child Quarterly*, 33, 81-84.

Davis, G. A.(1992b). *Good person book : Creative teaching of values and moral thinking*. Buffalo, NY : DOK. (Prepublicaion edition available from the author.)

Davis, G. A.(1993). Identifying the creatively gifted. In J. Genshaft, M. Bireley, and C. L. Hollinger (Eds.). *A guidebook for serving the gifted and talented*. Washington, DC : National Association of School Psychologists.

Davis, G. A., & Rimm, S. B. (1994). Education of the Gifted and Talented, MA : Allyn and Bacon.

Davis, G. A., and DiPego. G.(1973). *Imagination express : Saturday subway ride*. Buffalo, NY : DOK Publishers.

Davis, G. A., and Thomas, M. A.(1989). *Effective schools and effective teachers*. Needham Heights, MA : Allyn and Bacon.

Delisle, J. R.(1987). *Gifted kids speak out*. Minneapolis, MN : Free Spirit Publishing.

Delisle, J. R.(1992). *Guiding the social and emotional development of gifted youth*. New York : Longman.

Diessner, R.(1983, May/June). The relationship between cognitive abilities and moral development. G/C/T, 15-17.

Dunn, R., and Griggs, S. A. (1985, November/December). Teaching and counseling gifted students with their learning styles preferences : Two case studies. G/C/T, 40-43.

Dunn, R., Dunn, K., and Price, G. E.(1981). *Learning style inventory*. Lawrence, K S : Price Systems.

Durkin, D.(1961). Children who learned to read at home *Elementary School Journal*. 62, 14-18.

Durkin, D.(1966). *Children who read early*. New York : Teachers College Press.

Feldhusen, J. F.(1989). Synthesis of research on gifted youth. *Educational Leadership*, 46(6), 6-11.

Feldhusen, J. F., and Kolloff, P. B.(1981). A self-concept scale for gifted students. *Perceptual and Motor Skills*, 53, 319-323.

Feldhusen, J. F., and Kolloff, P. B.(1986). The Purdue three-stage enrichment model for gifted education at the elementary level. In J. S. Renzulli (Ed.), *Systems and models for developing programs for the gifted and talented*(126-152). Mansfield Center, CT : Creative Learning Press.

Feldman, R. D.(1985, October). The pyramid project : Do we have the answer for the gifted? *Instructor*, 62-65.

Fox, L. H.(1979). Programs for the gifted and talented : An overview. In A. H. Passow(Ed.), *The gifted and talented.* Chicago : National Society for the Study of Education.

Frierson, E. C.(1965). Upper and lower status gifted children : A study of differences. *Exceptional Children*, 32, 83-90.

Furth, H. G.(1970). *Piaget for teachers*. Englewood Cliffs, NJ : Prentice-Hall.

Gage, N. L., and Berliner, D. C.(1988). *Educational psychology* (4th ed.). Boston : Houghton Mifflin.

Gagné, R. M. (1974). *Essentials of learning for instruction*. Hinsdale, IL; Dryden.

Gagné, R. M. (1985). *The conditions of learning* (4th ed.). New York: Holt, Rinehart & Winston.

Gagneé, F.(1985). Giftedness and talent : Reexamining a reexamination of the definitions. *Gifted Child Quarterly*, 29, 103-112.

Gagneé, F.(1991). Toward a differentiated model of giftedness and talent. In N. Colangelo and G. A. Davis (Eds.), *Handbook of gifted education* (65-80). Needham Heights, MA : Allyn and Bacon.

Gallagher, J. J.(1958a). Peer acceptance of highly gifted children in elementary school. *Elementary School Journal*, 58, 465-470.

Gallagher, J. J.(1958b). Social status of children related to intelligence, propinquity, and social perception, *Elementary School Journal*, 58, 225-231.

Gallagher, J. J.(1975). *Teaching the gifted child.* Boston : Allyn & Bacon.

Gallagher, J. J.(1990). Editiorial : The public and professional perception of the emotional status of gifted children. *Journal for the Education of the Gifted*, 13(3), 202-211.

Gallagher, J. J.(1991). Educational reform, values, and gifted students, *Gifted Child Quarterly*, 35, 12-19.

Galton, F.(1869). *Hereditary genius.* London : Macmillan.

Gardener, J. W.(1961). *Can we be equal and excellent too?* New York : Harper &

Row.

Gardner, H.(1983). *Frames of mind : The theory of multiple intelligence.* New York : Basic Books.

Gear, G. H.(1978). Effects of training on teachers' accuracy in the identification of gifted children. *The Gifted Child Quarterly*, 22(1), 90-97.

George, D. R.(1992). The challenge of the able child. London : David Fulton.

Getzels, J. W., and Jackson, P. W.(1962). *Creativity and intelligence.* New York : Wiley.

Getzels, W., & Dillon, J. T.(1973). The nature of giftedness and the education of the gifted child. In R. W. M. Travers (Ed.), *Second handbook of research on teaching.* Chicago : Rand McNally.

Ginsberg, G., and Harrison, C. H.(1977). *How to help your gifted child.* New York : Monarch Press.

Goertzel, V., and Goertzel, M. G.(1962). *Cradles of eminence.* Boston : Little, Brown.

Gogul, E. M., McCumsey, J., and Hewett, G.(1985, November/December). What parents are saying. G/C/T, 7-9.

Gordon, I. J.(1972). An instructional theory approach to the analysis of selected early childhood programs. In I. J. Gordon (Ed.), *Early childhood education.* Seventy-first yearbook of the National Society for the Study of Education. Chicago : University of Chicago Press.

Gordon, W. J. J.(1974). *Making it strange.* Books 1-4. New York : Harper & Row.

Gordon, W. J. J., & Poze, T.(1980). The new art of the possible. Cambridge, MA : Porpoise.

Gordon, W. J. J., & Poze, T.(1980). *The new art of the possible.* MA : Porpoise.

Gordon, W. J. J., and Poze, T.(1972a). *Teaching is listening.* Cambridge. MA : SES Associates.

Gordon, W. J. J., and Poze, T.(1972b). *Strange and familiar.* Cambridge, MA : SES Associates.

Gorsuch, R. L., Henighan, R. P., & Barnard, C.(1972). Locus of control : An example of dangers in using children's scales with children. *Child Development*, 43, 579-590.

Gowan, J. C.(1960). The organization of guidance for the able. *Personnel and Guidance Journa*l. 39, 275-279.

Gowan, J. C.(1967). Issues in the guidance of gifted and creative children. *Gifted Child Quarterly*, 11, 140-143.

Gowan, J. C.(1979). Differentiated guidance for the gifted : A developmental view. In J. C. Gowan, J. Khatena, an E. Paul Torrance (Eds.), *Educating the ablest : A book of readings* (190-199). Itasca, IL : Peacock.

Gown, J. C., and Demos, G.(1964). *Education and guidance of the ablest*. Springfield, IL : Thomas.

Gredler, G. R.(1980). The birthdate effect : Fact or artifact? *Journal of Learning Disabilities*, 13(5), 9-12.

Griggs, S.(1984). Counseling the gifted and talented based on learning style. *Exceptional Children*, 50, 429-432.

Griggs, S., & Dunn, R.(1984). Selected case studies of the learning style preferences of gifted students, *Gifted Child Quarterly*, 24, 115-129.

Grossberg, I. N., & Cornell, D. C.(1988). Relationship between personality adjustment and high intelligence : Terman versus Hollingworth, *Exceptional Children vol. 55, no. 3*, 266-72.

Groth, N.(1975). Mothers of gifted. *The Gifted Child Quarterly*, 19, 217-222.

Guilford, J. P.(1967). *The nature of human intelligence*. New York : McGraw-Hill

Guilford, J. P.(1977). *Way beyond the IQ*. Buffalo, NY : Creative Education Foundation.

Guilford, J. P.(1986). *Creative talents : Their nature, uses and development*. Buffalo, NY : Bearly Limited.

Guilford, J. P.(1988). Some changes in the structure of intellect model. *Educational and Psychological Measurement*, 48, 1-4.

Hall, A. S., & Roedell, W. C.(1978). *Programs for intellectually advanced preschool children : Developing social skills*. Unpublished manuscript, University of Washington, Child Development Research Group.

Hanninen, G.(1978, April). Personal communication.

Hanson, I.(1984). A comparison between parent identification of young bright children and subsequent testing. *Roeper Review*. 7(1), 44-45.

Hartup, W. W.(1970). Peer interaction and social organization. In P. H. Mussen(Ed.), *Carmichael's manual of child psychology*(Vol. 2). New York : Wiley.

Hauck, B. B., & Freehill, M. F.(1972). *The gifted-case studies*. Dubuque, LA : William C. Brown.

Herber, R. F.(1956). The relation of intelligence and physical maturity to social status of children. *Journal of Educational Psychology*, 47, 158-162.

Hess, R. J.(1975). *Hess school readiness scale*. Johnstown, PA : Mafex.

Heward, W. L., and Orlansky, M. D.(1992). *Exceptional children* (4th Ed.). Columbus, OH : Merrill.

Higham, S. J., and Buescher, T. M.(1987). What young gifted adolescents understand about feeling different. In T. M. Buescher (Ed.), *Understanding gifted and talented adolescents : A resource guide for counselors, educators, and parents* (26-30). Evanston, IL : Center for Talent Development, Northwestern University.

Hildreth, G.(1938). Characteristics of young gifted children. *The Journal of Genetic*

Psychology, 53, 287-311.

Hildreth, G.(1954). Three gifted children : A developmental study. *The Journal of Genetic Psychology*, 85, 239-262.

Hitchfield, E. M(1973). *In search of promise*. London : Longman Group Ltd.

Hollingworth, L. S.(1926). *Gifted children : Their nature and nurture*. New York : Macmillan.

Hollingworth, L. S.(1942). *Children above 180 IQ Stanford-Binet : Origin and development*. New York : World Book Co.

Hubbard, R.(1929). A method of studying spontaneous group formation. In D. Thomas & Associates, *Some new techniques for studying social behavior* (Chap. IV). New York : Child Development Monographs 1, Bureau of Publications, Teachers College, Columbia University.

Hunt. J. McV.(1961). *Intelligence and experience*. New York : Ronald Press.

Irwin. D. M., & Ambron, S. R.(1973) *Moral judgment and role-taking in children ages three to seven*. Paper presented at the meeting of the Society for Research in Child Development, Philadelphia.

Jackson, N. E.(1978). Identification and description of intellectual precocity in young children. In H. B. Robinson (Chair), *Intellectually advanced children : Preliminary findings of a longitudinal study*. Symposium presented at the Annual Convention of the American Psychological Association, Toronto, August 30.

Jackson, N. E.(1979). *Passing the individual differences test : A cram course for developmental psychologists*. Seattle : University of Washington, Child Development Research Group (Eric Ed 174358).

Jacobs, J. C.(1971). Effectiveness of teacher and parent identification of gifted children as a function of school level. *Psychology in the Schools*, 8, 140-142.

Janos, P. M. et al.(1988). A cross-sectional developmental study of the social relations of students who enter college early. *Gifted Child Quarterly*, 32, 210-215.

Janos, P. M., Fung, H. C., and Robinson, N. M.(1985). Self-concepts, self-esteem, and peer relations among gifted children who feel "different" *Gifted Child Quarterly*, 29, 78-82.

Jensen, A. R.(1969). How much can we boost I. Q. and scholastic achievement? *Harvard Educational Review*, 39, 1-23.

Kamii, C. K., & Radin, N. L.(1967). A framework for a preschool curriculum based on some Piagetian concept. *Journal of Creative Behavior*, 1, 314-326.

Kaplan, D.(1978, April). Personal communication.

Kaplan, S.(1975). *Providing programs for the gifted and talented : A handbook*. Reston, VA : The Council for Exceptional Children.

Karnes, F. A., and Chauvin, J. C.(1982, September/October). Almost everything that parents and teachers of gifted secondary school students should know about early college enrollment and college credit by examination, G/C/T, 39-42.

Karnes, M. B.(1977). *Program performance report for handicapped children's early education program*, Part I (Grant #GOO-75-00232). Washington, D. C. : Depart- ment of Health, Education and Welfare, Bureau of Education for the Handicapped.

Karnes, M. B.(1984). A demonstration/outreach model for young gifted/talented handicapped. *Roeper Review*, 7(1), 23-26.

Karnes, M. B., & Bertschi, J. D.(1978). Identifying and educating gifted/talented nonhandicapped and handicapped preschoolers. *Teaching Exceptional Children*, 10, 114-119.

Kaufman, A. S(1973). Comparison of the WPPSI, Stanford-Binet, and McCarthy Scales as predictors of first-grade achievement. *Perceptual and Motor Skills*, 36, 67-73.

Kelly, K. R., and Colangelo, N.(1984). Academic and social self-concepts of gifted. general, and special student. *Exceptional Children*, 50, 551-554.

Kerr, B. A., Colangelo, N., and Gaeth, J.(1988). Gifted adolescents' attitudes toward their giftedness. *Gifted Child Quarterly*, 32, 245-247.

Klausmeier, H. J. Physical, behavioral and other characteristics of high-and lower-achieving children in favored environments. *Journal of Educational Research*, 51, 573-581.

Kolloff, P. B., and Feldhusen, J. F.(1984). The effects of enrichment of self-concept and creative thinking. *Gifted Child Quarterly*, 28, 53-57.

Kranz, B.(1993). *Curriculum by design : Challenging gifted learners*. New York : Longman.

Krinsky, R.(1978). *Use of parent information in the screening of precocious intellectual development in young children*. Unpublished manuscript, University of Washing- ton, Child Development Research Group.

Krinsky, R., Jackson, N. E., & Robinson, H. B.(1977) Analysis of parent information in the identification of precocious intellectual development in young children. In H. B. Robinson, et al., *Identification and nurturance of extraordinarily precocious young children : Annual report to the Spencer Foundation*. Seattle : University of Washington, Child Development Research Group (ERIC ED 151 095).

Laidig, P.(1991, Summer). The summer birthday dilemma : Outcomes of delayed school entry. *The Wisconsin School Psychologist*, 1, 3.

Landrum, M. S.(1987). Guidelines for implementing a guidance/counseling program for gifted and talented students. *Roeper Review*, 10, 103-107.

Langer, P., Kalk, J. V., and Searls, D. T.(1984). Age of admission and trends in achievement : A comparison of Blacks and Caucasians. *American Educational Research Journal*, 21. 61-78.

Laycock, F., & Caylor. J. S.(1964). Physiques of gifted children and their less gifted siblings. *Child Development*, 35, 63-74.

Leithwood, K. A.(1971). Motor cognitive and affective relationships among advantaged preschool children. *Research Quarterly*, 42, 47-53.

Levine, S., Elzey, F. F., & Lewis, M.(1969). *California preschool social competency scale*. Palo Alto, CA : Consulting Psychologist Press, Inc.

Liddle, G.(1958). Overlap among desirable and undesirable characteristics in gifted children. *Journal of Educational Psychology*, 49, 219-223.

Livesley, W. J., & Bromley, D. B.(1973). *Person perception in childhood and adolescence*. London : Wiley.

Loeb, R. C., and Jay, G.(1987). Self-concept in gifted children : Differential impact in boys and girls. *Gifted Child Quarterly*, 31, 9-14.

Louis, B., and Lewis, M.(1992). Parental beliefs about giftedness in young children and their relationship to actual ability level. *Gifted Child Quarterly*, 36, 27-31.

Ludwig, G., and Cullinan, D.(1984). Behavior problems of gifted and nongifted elementary girls and boys. *Gifted Child Quarterly*, 28, 37-39.

MacKinnon, D. W.(1962). The nature and nurture of creative talent. *American Psychologist*. 17, 484-495.

MacKinnon, D. W.(1965). Personality and the realization of creative potential. *American Psychologist*. 20, 273-281.

MacKinnon, D. W.(1975). IPAR's contribution to the conceptualiztion and study of creativity. In I. A. Taylor and J. W. Getzels (Eds.), *Perspectives in creativity* (60-89). Chicago : Aldine.

MacKinnon, D. W.(1978). Educating for creativity : A modern myth? In G. A. Davis and J. A. Scott(Eds.). *Training creative thinking*, Huntington, NY : Krieger.

Malone, C. E.(1976). *Parent inventory–kindergarten*. San Diego, CA : Western Behavioral Sciences Institute.

Malone, C. E., & Moonan, W. J.(1975). Behavioral identifiction of gifted children. *The Gifted Child Quarterly*, 19, 301-306.

Mancini, P.(1977). School for whiz kids. New York, November 14, 73-87.

Mann, H.(1957). How real are friendships of gifted and typical children in a program of partial segregation? *Exceptional Children*, 23, 199-201.

Martindale, C.(1975). What makes a person differnet? *Psychology Today*, 9(7), 44-50.

Martinson, R. A.(1974). *The identification of the gifted and talented.* Ventura, CA : Office of the Ventura County Superintendent of Schools.

Meeker, M. N.(1969). *The structure of intellect : Its interpretation and uses.* Columbus, OH : Merrill.

Meeker, M. N., and Meeker, R.(1986). The SOI system for gifted education. In J. S. Renzulli (Ed.), *Systems and models for developing programs for the gifted and talented*(194-215). Mansfield Center, CT : Creative Learning Press.

Mensh, I.(1950). Rorschach study of the gifted child : A survey of the literature. *Exceptional Children*, 8(14), 17-18.

Milgram, R. M., and Milgram, N. A.(1976). Personality characteristics of gifted Israeli children. *Journal of Genetic Psychology*, 125, 185-192.

Miller, J., Roedell, W. C., Slaby, R., & Robinson, H. B.(1978, April). *Sex-role development in intellectually precocious preschool children.* Paper presented at the meeting of the Western Psychological Association, San Francisco.

Miller, R. V.(1956). Social status and socioempathic differences among mentally superior, mentally typical, and mentally retarded children. *Exceptional Children*, 23, 114-119.

Morrow, L.(1983, April). *Home and school correlates of early interest in literature.* Paper presented at the American Educational Research Association. Montreal.

Moss, E. S.(1983, April). *Mothers and gifted preschoolers—teaching and learning strategies.* Paper presented at the American Educational Research Association, Montreal.

Moss, E.(1990). Social interaction and metacognitive development in gifted preschoolers. *Gifted Child Quarterly*, 34, 16-20.

Newland, T. E.(1976). *The gifted in socioeducational perspective. Englewood Cliffs*, NJ : Prentice-Hall.

O'Shea, H.(1960). Friendship and the intellectually gifted child. *Exceptional Children*, 26, 327-335.

Oden, M.(1968). The fulfillment of promise : forty-year follow-up of the Terman gifted group. *Genetic Psychology Monographs*, 27, 3-93.

Ogilvie, E.(1973). *Gifted children in primary schools.* London : Macmillan Education Ltd.

Olenchak, F. R., and Renzulli, J. S.(1989). The effectiveness of the Schoolwide Enrichment Model on selected aspects of elementary school change. *Gifted Child Quarterly*, 33, 36-46.

Olszewski-Kubilius, P., Kulieke, M. J., and Krasney, N.(1988). Personality dimens-tions of gifted adolescents : A review of the empirical literature. *Gifted Child Quarterly*, 32, 347-352.

Olszewski-Kubilius, P., Shaw, B., Kulieke, M. J., and Willis, G. B.(1990). Predictors of achievement in mathematics for gifted males and females. *Gifted Child Quarterly*, 34, 64-71.

Ondo, E., and Session, E.(1989). Update : The pyramid project. *Gifted Child Today*, 12(3), 46-49.

Osborn, A. F.(1963). *Applied imagination*(3rd Ed.). New York : Scribner's.

Parker, M.(1979, September/October). Bright kids in trouble with the law. G/C/T, 62-63.

Parkyn, G. W.(1948). *Children of high intelligence*. New York : Oxford University Press.

Passow, A. H.(1989). Designing a global curriculum. *Gifted Child Today*, 62(3), 24-26.

Perino, S. C., and Perino, J.(1981). *Parenting the gifted-developing the promise*. New York : R. R. Bowker Company.

Perkins, D. N.(1988). The possibility of invention. In R. J. Sternberg(Ed.), *The nature of creativity*(362-385). New York : Cambridge University Press.

Perrone, P. A., and Pulvino, C. J.(1979). New directions in the guidance of the gifted and talented. In J. C. Gowan, J. Khatena, and E. P. Torrance (Eds.), *Educating the ablest* (2nd Ed.). Chicago : Peacock.

Perrone, P. A., Karshner, W. W., and Male, R. A.(1979). Identification of talented students. In N. Colangelo and R. T. Zaffrann (Eds.), New Voices in counseling the gifted. Dubuque, IA : Kendall/Hunt.

Perrone, P.(1990). Social and psychological concerns of gifted persons. In R. Blocksom and J. Smutney (Eds.), Educating the gifted person. Buffalo, NY : DOK Publishers.

Perrone, P.(1991). Career development. In N. Colangelo and G. A. Davis (Eds.), Handbook of gifted education (321-327). Needham Heights, MA : Allyn and Bacon.

Peterson, D.(1977). The heterogeneously gifted child. *Gifted Child Quarterly*, 21, 396-408.

Piaget, J.(1966). *Psychology of intelligence*. Totowa, NJ : Littlefield-Adams.

Piaget, J., and Inhelder, B.(1969). *The psychology of the child*(H. Weaver, Trans.). New York : Basic Books.

Piechowski, M. M.(1991). Emotional development and emotional giftedness. In N. Colangelo and G. A. Davis (Eds.), *Handbook of gifted education*(285-306). Needham Heights, MA : Allyn and Bacon.

Plessas, G. P., & Oakes, C. R.(1964). Prereading experiences of selected early readers. *The Reading Teacher*, 17, 241-245.

Porter, L. (2005). Gifted young children(2nd ed.). ALLEN & UNWIN.

Ramos-Ford, V., and Gardner, H.(1991). Giftedness from a multiple intelligence perspective. In N. Colangelo and G. A. Davis (Eds.), *Handbook of gifted education*(55-64). Needham Heights, MA : Allyn and Bacon.

Reis, S. M., and Renzulli, J. S.(1986). The secondary triad model. In J. S. Renzulli (Ed.), *Systems and models for developing programs for the gifted and talented. Mansfield Center*, CT : Creative Learning Press.

Reis, S. M., Westberg, K., Kulikowich. J. Caillard, F., Hebert, T., Purcell, J., Rogers, J., and Smist, J.(1992, April). Modifying regular classroom instruction with curriculum compacting. In J. S. Renzulli(Chair), *Regular classroom practices with gifted students : Findings from the National Reseach Center on the Gifted and Talented.* Symposium conducted at the annual meeting of the American Educational Research Association. San Francisco.

Renzulli, J. S.(1977). The enrichment triad model : *A guide for developing defensible programs for the gifted and talented.* Mansfield, CT : Creative Learning Press.

Renzulli, J. S.(1983, September/October). Rating the behavioral characteristics of superior students G/C/T. 30-35.

Renzulli, J. S.(1984). The triad-revolving door system : A research-based approach to identification and programming for the gifted and talented. *Gifted Child Quarterly*, 28, 163-171.

Renzulli, J. S.(1986). The three-ring conception of giftedness : A developmental model for creative productivity. In R. J. Sternberg and J. E. Davidson (Eds.), *Conceptions of Giftedness*. Cambridge, MA : Cambridge University Press.

Renzulli, J. S.(1987, April). *The triad/revolving door model.* Workshop presented in Madison, Wisconsin.

Renzulli, J. S.(1988). *The multiple menu model for developing differentiated curriculum for the gifted and talented.* Unpublished manuscript, Bureau of Educational Research. University of Connecticut. Storrs, CT.

Renzulli, J. S.(1991a). The National Research Center on the Gifted and Talented : The dream, the design, and the destination. *Gifted Child Quarterly*, 35, 73-80.

Renzulli, J. S.(1991b, April). Chair/discussant comments. In J. S. Renzulli(Chair), *The National Research Center on the Gifted and Talented : Present activities, future plans, and an invitation for input and involvement*. Symposium conducted at the annual meeting of the American Educational Research Association, Chicago.

Renzulli, J. S., & Hartman, R. K.(1971). Scale for rating behavioral characteristics of superior students. *Exceptional Children*, 38, 243-247.

Renzulli, J. S., and Reis, S. M.(1985). *The schoolwide enrichment model : A compre-*

hensive plan for educational excellence. Mansfield Center, CT : Creative Learning Press.

Renzulli, J. S., and Reis, S. M.(1986). The enrichment triad/revolving door model : A schoolwide plan for the development of creative productiity. In J. S. Renzulli(Ed.), *Systems and models for developing programs for the gifted and talented*(216-266). Mansfield Center, CT : Creative Learning Press.

Renzulli, J. S., and Reis, S. M.(1991a). The Schoolwide Enrichment Model : A comprehensive plan for the development of creative productivity. In N. Colangelo and G. A. Davis (Eds.), *Handbook of gifted education*(111-141). Needham Heights, MA : Allyn and Bacon.

Renzulli, J. S., and Reis, S. M.(1991b). *The reform movement and the quiet crisis in gifted education.* Gifted Child Quarterly, 35, 26-35.

Renzulli, J. S., and Smith, L. H.(1979). Issues and procedures in evaluating gifted programs. In A. H. Passow(Ed.), *The gifted and the talented,* Chicago : National Society for the Study of Education.

Renzulli, J. S., Reis, S. M., and Smith, L. H.(1981). The revolving door identification model. Mansfield, CT : Creative Learning Press.

Ricca, J.(1984). Learning styles and preferred instructional strategies of gifted students. *Gifted Child Quarterly*, 28. 121-126.

Rimm, S. B.(1982). *PRIDE : Preschool interest descriptor.* Watertown, WI : Educational Assessment Service.

Rimm, S. B.(1986). *Underachievement syndrome : Causes and cures.* Watertown, WI : Apple Publishing Company.

Rimm, S. B., and Davis, G. A.(1976). GIFT : An instrument for the identification of creativity. *Journal of Creative Behavior*, 10, 178-182.

Rimm, S. B., and Davis, G. A.(1983, September/October). Identifying creativity, Part II. G/C/T, 19-23.

Rimm, S. B., and Lovance, K. J.(1992a). How acceleration may prevent underachivement syndrome. *Gifted Child Today*, 15(2), 9-14.

Rimm, S. B., and Lovance, K. J.(1992b). The use of subject and grade skipping for the prevention and reversal of underachievement. *Gifted Child Quarterly*, 36, 100-105.

Rimm, S. B., and Lowe, B.(1988). Family environments of underachieving gifted students. *Gifted Child Quarterly*, 32, 353-359.

Rist, R., and Harrell, J.(1982). Labeling the learning disabled child : The social ecology of educational practice. *American Journal of Orthopsychiatry*. 52, 146-160.

Robinson, H. B.(1977, October). Current myths concerning gifted children. National/

State Leadership Training Institute, Gifted and Talented Brief No. 5, 1-11.

Robinson, H. B., Jackson, N. E., & Roedell, W. C.(1978). *Annual report to the Spencer Foundation : Identification and nurturance of extraordinarily precocious young children.* Seattle : University of Washington, Child Development Research Group. (ERIC ED 162 756).

Robinson, H. B., Roedell, W. C., & Jackson, N. E.(1979). Early identification and intervention. In A. H. Passow(Ed.), *The gifted and the talented : Their education and development.* The 78th yearbook of the National Society for the Study of Education. Chicago : University of Chicago Press.

Roe, A.(1953). A Psychological Study of Eminent Psychlolgists and Anthropologists and a Comparison with Biologists and Physical Scientists. *Psychological Monographs, 67*(352). Entire Monograph.

Roedell, W. C.(1977a, April 21). Individual differences among intellectually advanced children. In T. Naumann (Chair), *Current research concerning gifted young children.* Symposium presented at the Annual Meeting of the Western Psychological Association, Seattle.

Roedell, W. C.(1977b, May 27). Issues in the assessment of social-emotional development. In H. B. Robinson (Chir), *Assessment of advanced intellectual abilities in young children.* Symposium presented at the Fifth Annual Pacific Northwest Research and Evaluation Conference, Seattle.

Roedell, W. C.(1978, August 30). Social development in intellectually advanced children. In H. B. Robinson (Chair), *Intellectually advanced children : Preliminary findings of a longitudinal study.* Symposium presented at the Annual Convention of the American Psychological Association, Toronto.

Roedell, W. C., & Robinson, H. B.(1977). *Programming for intellectually advanced children : A program development guide.* Seattle : University of Washington, Child Development Research Group. (ERIC ED 151 094).

Roedell, W. C., Jackson, N. E., & Robinson, H. B.(1980). *Gifted Young Children,* N.Y. : Techers College Press.

Roedell, W. C., Jackson, N. E., & Robinson, H. B.(1980). Gifted Young Children, N.Y. : Techers College Press.

Roedell, W. C., Slaby, R. G., & Robinson, H. B.(1977). *Social development in young children.* Monterey, CA : Brooks/Cole.

Roeper, A.(1966). Finding the clue to children's thought processes. *Young Children,* 21, 335-348.

Roeper, A.(1978, April). Personal communication.

Roeper, A.(1982, November). How the gifted cope with their emotions. *Roeper Review,* 5(2), 21-24.

Ross, A., and Parker, H.(1980). Academic and social self-concepts of the academically gifted. *Exceptional Children*, 47, 6-10.

Rothenberg, B. B.(1970). Children's social sensitivity and the relationship to interpersonal competence, intrapersonal comfort, and intellectual level. *Developmental Psychology*, 2, 335-350.

Rubin, K. H.(1973). Egocentrism in childhood : A unitary construct? *Child Development*, 44, 102-110.

Sanborn, M.(1979). Career development : Problems of gifted and talented students. In N. Colangelo and R. T. Zaffrann (Eds.), *New voices in counseling the gifted.* Dubuque. IA : Kendall/Hunt.

Schaefer, C. E.(1969). Imaginary companions and creative adolescents. *Developmental Psychology*, 1, 747-749.

Schlichter, C. L.(1986a). Talents unlimited : An inservice education model for teaching thinking skills, *Gifted Child Quarterly*, 30, 119-123.

Schlichter, C. L.(1986b). Talents unlimited : Applying the multiple-talent approach in mainstream and gifted programs. In J. S. Renzulli(Ed.), *Systems and models for developing programs for the gifted and talented.* Mansfield Center, CT : Creative Learning Press.

Schlichter, C. L.(1987). Thinking skills instruction for classrooms. *Gifted Child Today*, 10(2), 2-7.

Schlichter, C. L., and Palmer, W. R.(1993). *Thinking smart : A primer of the Talents Unlimited model.* Mansfield Center, CT : Creative Learning Press.

Schuster, P.(1976). *Learning and enrichment for able preschoolers.* Unpublished manuscript, Johns Hopkins University.

Shallcross, D. J.(1981). *Teaching creative behavior.* Englewood Cliffs. NJ : Prentice-Hall.

Shantz, C. U.(1975). The development of social cognition. In E. M. Hetherington (Ed.), *Review of child development research* (Vol. 5). Chicago : University of Chicago Press.

Sheehy, G.(1982). *Pathfinders.* New York : Bantam Books.

Sheldon, P. M.(1954). The families of highly gifted children. *Marriage and Family Living*, 16, 59-61.

Shepard, L. A., and Smith, M. L.(1985). *Boulder Valley kindergarten study : Retention practices and retention effects.* Boulder, CO : Boulder Valley Public Schools.

Shore, B.M. and Dover, A.C. (1987). Metacognition, intelligence and giftedness. Gifted Quarterly, Child Vol. 31, No. 1. pp.37-9.

Shorr, D. N.(1978, June). Personal communication.

Shorr, D. N., Jackson, N. E., & Robinson, H. B.(1978). Achievement test performance of intellectually advanced preschool children. *Exceptional Children.*

Silverman, L. K.(1983). Issues in affective development of the gifted. In J. Van Tassel-Baska(Ed.), *A practical guide to counseling the gifted in a school setting*. Reston, VA : Council for Exceptional Children.

Silverman, L. K.(1991). Family counseling. In N. Colangelo and G. A. Davis (Eds.), *Handbook of gifted education* (307-320). Needham Heights, MA : Allyn and Bacon.

Silverman, L. K., Chitwood, D. G., and Water, J. L.(1986). Young gifted children : Can parents identify giftedness? *Topics in Early Childhood Special Education*, 6, 23-38.

Simonton, D. K.(1988). Creativity, leadership, and chance. In R. J. Sternberg(Ed.), *The nature of creativity* (386-426). New York : Cambridge University Press.

Sisk, D.(1977). From the classroom. *The Gifted Child Quarterly*, 21, 552-554.

Slaby, R., & Frey, F.(1975). Development of gender constancy and selection attention to same-sex models. *Child Development*, 46, 849-856.

Smith, C. B.(1991). Literature for gifted and talented. *The reading Teacher*, 44, 608-609.

Smith, J. M.(1966). *Setting conditions for creative teaching in the elementary school.* Boston : Allyn and Bacon.

Somers, J. V., and Yawkey, T. D.(1984). Imaginary play companions : Contributions to creativity and intellectual abilities of young children. *Journal of Creative Behavior*, 18, 77-89.

Spivack, G., & Shure, M. B.(1974). *Social adjustment of young children*. San Francisco : Jossey-Bass.

Stanish, B.(1977). *Sunflowering*. Carthage, IL : Good Apple.

Stanish, B.(1981). *Hippogriff feathers*. Carthage, IL : Good Apple.

Stanish, B.(1986). *Mindglow*. Carthage, IL : Good Apple.

Stanish, B.(1988). *Lessons from the hearthstone traveler : An instructional guide to the creative thinking process*. Carthage, IL : Good Apple.

Stankowski, W. M.(1978). Definition. In R. E. Clasen And B. Robinson(Eds.), *Simple gifts*. Madison, WI : University of Wisconsin-Extension.

Stanley, J. C.(1991). An academic model for educating the mathematically talented. *Gifted Child Quarterly*, 35, 36-42.

Sternberg, R. J.(1988). Three-facet model of creativity. In R. J. Sternberg(Ed.), *The nature of creativity*(125-147). New York : Cambridge University Press.

Stevenson, H. W., Parker, T., Wilkinson, A., & Fish, E.(1976), Predictive value of teachers' ratings of young children. *Journal of Educational Psychology*. 68,

507-517.

Strom, R., Johnson, A., Strom, S., and Strom, P.(1992). Designing curriculum for parents of gifted children. *Journal for the Education of the Gifted.* 15(2), 182-200.

Tannenbaum, A. J.(1979). Pre-Sputnik to post-Watergate concern about the gifted. In A. H. Passow(Ed.), *The gifted and the talented.* Chicago : National Society for the Study of Education.

Tardif, T. Z., and Sternberg, R. J.(1988). What do we know about creativity? In R. J. Sternberg(Ed.), *The nature of creativity* (429-440). New York : Cambridge University Press.

Taylor, C. W.(1978). How many types of giftedness can your program tolerate? *Journal of Creative Behavior*, 12, 39-51.

Taylor, C. W.(1986). Cultivating simultaneous student growth in both multiple creative talents and knowledge. In J. S. Renzulli(Ed.), *Systems and models for developing programs for the gifted and talented.* Mansfield Center, CT : Creative Learning Press.

Taylor, C. W.(1988). Various approaches to and definitions of creativity. In R. J. Sternberg (Ed.), *The nature of creativity* (99-121). New York : Cambridge University Press.

Teale, W.(1984). Reading to young children : Its significance for literacy development. In H. Goelman, A. Oberg, and T. Smith (Eds.), *Awakening to literacy* (110-121). Portsmouth, NH : Heinemann.

Terman, L. M.(1925). *Genetic studies of genius : Vol. 1. Mental and physical traits of a thousand gifted children.* Stanford, CA : Stanford University Press.

Terman, L. M., and Oden, M. H.(1947). *Genetic studies of genius : Vol. 4. The gifted child grows up.* Stanford, CA : Stanford University Press.

Terman, L. M., and Oden, M. H.(1959). *Genetic studies of genius : Vol. 5. The gifted group at midlife : Thirty five years' follow-up of a superior group.* Stanford, CA : Stanford University Press.

Terman, L. M., Burks, B. S., and Jensen, D. W.(1930). *Genetic studies of genius : Vol. 3. The promise of youth : Follow-up studies of a thousand gifted children.* Stanford, CA : Stanford University Press.

Tittle, B.(1978). Personal communication.

Tkach, J. R.(1986, March/April). What to do with a gifted kid this summer. G/C/T, 24-25.

Tongue. C., and Sperling, C.(1976). *Parent nomination form. Raleigh*, NC : North Carolina Department of Public Instruction.

Torrance, E. P(1984). Teaching gifted and creative learners. In M. Wittrock(Ed.),

Handbook of research on teaching (3rd Ed.). Chicago : Rand McNally.

Torrance, E. P.(1979). *The search for satori and creativity*. Buffalo, NY : Creative Education Foundation.

Torrance, E. P.(1980). Assessing the further reaches of creative potential. *Journal of Creative Behavior*, 14, 1-19.

Torrance, E. P.(1981b). Non-test ways of identifying the creatively gifted. In J. C. Gowan, J. Khatena, and E. P. Torrance (Eds.), *Creativity : Its educational implications* (2nd Ed.). Dubuque, IA : Kendall/Hunt.

Torrance, E. P.(1987). *The blazing drive : The creative personality*. Buffalo, NY : Bearly Limited.

Torrance, E. P.(1988). The nature of creativity as manifest in its testing. In R. J. Sternberg (Ed.), *The nature of creativity* (43-75). New York : Cambridge University Press.

Torrance. E. P. (1982). *Thinking creatively in action and movement*. Bensenville, I L : Scholastic Testing Service.

Torrance. E. P.(1962). *Guiding creative talent*. Englewood Cliffs. NJ : Prentice-Hall.

Torrance. E. P.(1966). *Torrance tests of creative thinking*. Bensenville, IL : Scholastic Testing Service.

Torrance. E. P.(1981a). Creative teaching makes a difference. In J. C. Gowan, J. Khatena, and E. P. Torrance (Eds.), *Creativity : Its educational implications* (2nd Ed.). Dubuque, IA : Kendall/Hunt.

Treffinger, D. J.(1975). Teaching for self-directed learning : A priority of the gifted and talented. *Gifted Child Quarterly*, 19, 46-59.

Treffinger, D. J.(1978). Guidelines for encouraging independence and self-direction among gifted students. *Journal of Creative Behavior*, 12, 14-20.

Treffinger, D. J., and Barton, B. L.(1988). Fostering independent learning. *Gifted Child Today*, 11(1), 28-30.

Treffinger, D. J., and Renzulli, J. S.(1986). Giftedness as potential for creative productivity : Transcending IQ scores. *Roeper Review*, 8, 150-154.

Tsuin-chen, O.(1961). Some facts and ideas about talent and genius in Chinese history. In G. Z. F. Bereday and J. A. Lauwerys (Eds.), *Concepts of excellence in education : The yearbook of education*. New York : Harcourt, Brace and World.

Urban, K. K., & Jellen, H. G.(1996). Test of Creative Thinking-Drawing Production(TCT-DP), Frankfurt : Swets Test Services.

Van Tassel-Baska, J.(1983a). Introduction. In J. Van Tassel-Baska (Ed.), *A practical guide to counseling the gifted in a school setting*(1-5). Reston, VA : Council for Exceptional Children.

Van Tassel-Baska, J.(1983b). Purdue offers summer programs. *Midwest Talent Search Quarterly*, 1(1), 11.

Van Tassel-Baska, J.(1988, September/October). Developing scope and sequence in curriculum for the gifted learner : A comprehensive approach. Part 4. *Gifted Child Today*, 11(5), 42-45.

Walberg, H. J., and Herbig, M. P.(1991). Developing talent, creativity, and eminence. In N. Colangelo and G. A. Davis (Eds.), *Handbook of gifted education* (245-255). Needham Heights, MA : Allyn and Bacon.

Walberg, H. J., Tsai, S., Weinstein, T., Gabriel, C. L., Rasher, S. P., Rosecrans, T., Robai, E., Ide, J., Truijillo, M., and Vukosavich, P.(1981). Childhood traits and environmental conditions of highly eminent adults. *Gifted Child Quarterly*, 25, 103-107.

Wallach, M. A., and Kogan, N.(1965). *Modes of thinking in young children.* New York : Holt.

Webb, J. T., Meckstroth, E. A., and Tolan, S. S.(1982). *Guiding the gifted child.* Dayton, OH : Ohio Psychology Press.

Weikart, D. P., Rogers, L., & Adcock, C.(1971). *The cognitively oriented curriculum.* Urbana : University of Illinois.

Weisner, T. S., & Garnier, H. (1992). Nonconventional family lifestyles and school achievement : A 12-year longitudinal study. *American Educational Research Journal*, 29, 605-632.

White, B. L.(1975). *The first three years of life.* Englewood Cliffs, NJ : Prentice-Hall.

White, B. L., Kaban, B. T., and Attanucci, J. S.(1979). *The origins of human competence : Final report of the Harvard Preschool Project.* Lexington, MA : D. C. Heath.

Willerman, L., & Fiedler, M. F.(1977). Intellectually precocious preschool children : Early development and later intellectual accomplishments. *Journal of Genetic Psychology*, 131, 13-20.

Williams, A. T.(1980, March/April). Academic game bowls : Competition for the gifted and talented. G/C/T, 10-12.

Williams, F. E.(1970). *Classroom ideas for encouraging thinking and feeling.* Buffalo, NY : DOK Publishers.

Williams, F. E.(1979, September/October). Williams' strategies to orchestrate Renzulli's triad. G/C/T, 2-6, 10.

Williams, F. E.(1982). *Classroom ideas for encouraging thinking and feeling* (Vol. 2). Buffalo, NY : DOK Publishers.

Williams, F. E.(1986). The cognitive-affective interaction model for enriching gifted programs. In J. S. Renzulli (Ed.), *Systems and models for developing programs for the gifted and talented.* Mansfield Center, CT : Creative Learning Press.

Winne, P., Woodlands, M., and Wong, B.(1982). Comparability of self-concept among learning disabled, normal, and gifted students. *Journal of Learning Disabilities*, 15, 470-475.

Zaffrann, R. T., and Colangelo, N.(1979). Counseling with gifted and talented students. In N. Colangelo and R. T. Zaffrann(Eds.), *New voices in counseling the gifted.* Dubuque. IA : Kendall/Hunt.

Hunter college elementary school - http://hces.hunter.cuny.edu.

Seattle Country Day School - http://www.seattlecountryday.org/default.asp.

찾아보기

ㅇ

ㅈ

저자소개

이경화

- **숙명여자대학교 대학원 교육학과** (교육학 박사, 교육심리학 전공)

2010년 현재 :
숭실대학교 인문대학 평생교육학과 교수
숭실대 교육개발 센터장, 아동교육원/세종영재교육연구원장
한국창의력교육학회 회장, 한국영재교육학회 상임부회장

- **저서 · 역서 및 논문**

우리 아이 영재로 기르기(공저, 2007, 학지사)
부모교육(공저, 2009, 학지사)
교육심리학(공저, 2010, 교육과학사)
영재교육-5판(공역, 2005, 박학사)
자아개념 검사도구 개발(공저, 학지사, 2006)
유아, 초등학생용 '한국형 개별 창의성 검사' 개발(논문, 2006)
영재의 지능, 창의성, 자아개념 간의 관계분석(논문, 2007)
The Effect of Personal Intelligence Program on Improving Interpersonal and Intrapersonal Intelligence in Young Children (2010, IJECE, 논문)
Global Leader Model for Promotion of Cognition, Creativity and Leadership (2010, TIF 논문)
유아 창의적 리더십 검사 개발 및 타당화 (2010, 교육방법연구, 논문)
글로벌 리더 프로그램이 유아의 인지 · 창의 · 리더십 향상에 미치는 효과 (2010, 교육심리연구, 논문) 외 수십 편

박숙희

- **숙명여자대학교 대학원 교육학과** (교육학 박사, 교육심리학 전공)

현, 협성대학교 교양교직학부 교수, 세종영재교육연구원 연구교수

- **저서 · 역서 및 논문**

영재교육의 이론과 방법(공역, 2001, 학문사)
창의성 계발과 교육(공역, 2004, 학지사)
대학생의 정신건강과 창의성 간의 관계(논문, 2003) 외 다수

저 자
인 지

유아영재교육

2010년 9월 15일 초판 인쇄
2010년 9월 20일 초판 발행

공저자 / 이경화 · 박숙희
발행인 / 이 중 수
발행처 / **동 문 사**

서울특별시 서대문구 홍제동 137-8
Tel : (02) 736-3718(대), 736-3710, 3720
Fax : (02) 736-3719
등록번호 : 제9-17호
가격 : 17,000원

ISBN : 978-89-8251-448-7 (93370)
E-mail : dms736@korea.com
www.dongmunsa.com